바다의
시   간

바다에서 이루어진 역사적 순간들, 바다가 결정지을 우리의 미래

바다의 시간

HISTOIRES DE LA MER

자크 아탈리 지음 · 전경훈 옮김

책과함께

"바다는 알려지지 않았다.
거의 저 너머의 세상만큼이나 아득할 뿐이다.
역사의 순서가 뒤집혔다면,
하늘의 자리를 차지했을 수도 있는 어떤 형이상학적인 것이다."
카멜 다우드

일러두기

- 이 책은 Jacques Attali의 *Histoires de la mer* (Fayard, 2017)를 완역한 것이다.
- 〔 〕는 옮긴이가 덧붙인 해설이다.
- 부록에 있는 〈참고자료〉에는 자료마다 번호가 매겨져 있다. 본문 글에 달린 미주 번호는 해당 참고자료의 번호다.

들어가며

바다. 온갖 풍요로움과 가능성으로 가득한 곳. 인류는 바다를 파괴하기 시작했고, 바다는 인류를 파괴하게 될 것이다.

이는 우리 시대의 당면한 문제다. 그럼에도 이를 심각하게 받아들이는 사람은 아무도 없다.

이 주제의 각 차원에 대한 연구 작업이 방대하게 이루어졌음에도, 내가 알기로 바다가 부상한 이래 해양의 역사를 종합적으로 연구하려는 시도는 지금까지 없었고 가까운 미래에도 나오지 않을 것 같다. 어떠한 인류의 역사도 종교와 문화, 기술과 기업, 국가와 제국의 발전 과정에서 바다가 행한 결정적 역할에 역점을 두고 충분히 다루지 못했다. 우리는 바다의 시각에서 본 인간의 역사를 전혀 이야기하지 않는다. 하지만 가장 중요한 핵심은 바로 그곳, 바다에 있다.

바다는, 적어도 겉으로 보기에는, 우리 일상의 삶에서 멀리 떨어져 있다. 바다에 사는 사람은 거의 없고, 바다를 위협하는 것들은 구체적으로 눈에 보이지 않는다. 바다의 가능성은 수수께끼처럼 난해하다. 해양 탐험은 자주 이루어지지 않는다. 인류는 깊은 심연의 바다보다 우주를 훨씬 더 많이 방문했다.

바다를 알지 못하기 때문에 우리는 바다를 존중하지도 않는다. 바다를 약탈하고 더럽히면서 죽이고 있다. 우리 자신도 함께.

우리는 어쩌다 이 지경에 이르게 된 것일까? 물론 부분적으로는 해파리, 거북, 상어는 투표할 권리가 없고, 시위도 하지 않으며, 쿠데타를 일으키지도 않기 때문일 것이다.

하지만 그럼에도….

오늘날 바다는 우리가 사는 지구 표면의 71퍼센트를 덮고 있으며, 그 면적은 3억 6100만 제곱킬로미터에 이른다. 바다에는 13억 3000만 세제곱킬로미터의 물이 담겨 있다. 이 정도 양의 물을 담으려면 한 변이 1000킬로미터가 넘는 정육면체가 필요하다. 살아 있는 생물 대부분이 바다의 보호를 받는다. 해양은 우리 삶에 없어서는 안 될 만큼 중요하다. 생명을 부여받은 모든 존재는 대개 물로 구성되어 있다. 특히 인간은 잉태되고 첫 아홉 달 동안 물속에서 보내며 제 모습을 갖춘다. 성인 신체의 70퍼센트는 물로 구성되어 있다. 인간의 혈장은 그 구성 성분이 바닷물에 매우 가깝다. 바다는 인간이 마시는 모든 물을 제공하고, 인간이 숨 쉬는 산소의 절반과 인간이 섭취하는 동물 지방의 5분의 1을 공급한다. 바다는 또한 기후를 조절한다. 바다가 없다면 대기 온도는 최소한 35도 더 상승할 것이다.

좀 더 현실적으로 이야기해보자면, 경제·정치·군사·사회·문화의 주도권은 늘 바다와 항구를 지배할 줄 아는 이들에게 귀속되어왔다. 인간

사회를 뒤집은 혁신들은 대부분 바다에서 일어났거나, 혹은 바다를 항해하기 위해 이루어졌다. 바다를 통해 수천 년 동안 사상과 상품이 유통되었고, 노동의 경쟁과 분업이 이루어졌다. 오늘날 상품과 통신과 정보의 90퍼센트는 바다를 통해 이동하고 있으며, 내일이면 그 비율이 더 높아질 것이다.

바다는 또한 권력에도 필수불가결한 것이다. 제국은 해양 패권을 확보함으로써 품고 있던 최고의 야망을 이룬다. 그 패권을 상실해 바다를 통제하지 못할 때 제국은 쇠퇴한다. 전쟁의 승패는 거의 예외 없이 바다에서 정해진다. 모든 주요한 이데올로기적 변화는 바다를 경유한다. 그러므로 지정학이란 이와 같이 바다의 관점에서 읽어야 할 것이다.

바다에 배를 띄우며 사는 사람과 땅을 일구어 먹고사는 사람 사이의 구분은 종교적 차이보다 더 뚜렷하다. 바다와 땅 사이의 구분이 시장경제 및 민주주의를 창조할 줄 알았던 이들과 그렇게 할 줄 몰랐거나 그렇게 하고 싶지 않았던 이들 사이의 경계를 확정하며, 그들의 부와 자유의 원천을 이룬다. 이는 역사의 승자들 중에 네덜란드, 잉글랜드, 미국의 프로테스탄트 신자들도 있지만 플랑드르, 제노바, 베네치아의 가톨릭 신자들도 있는 까닭을 다른 어떤 이론보다도 잘 설명한다. 이 역사의 승자들은 모두 해안에 사는 이들이다. 역사의 패자들 중에 프랑스와 러시아의 가톨릭 신자들도 있지만, 독일의 프로테스탄트 신자들도 있는 까닭 역시 마찬가지로 설명된다. 그들은 모두 내륙에 사는 이들이다.

다가올 미래에도 가장 위대한 초강대국은 바다를 통해서, 바다 덕분에 솟아오를 것이다.

이러한 바다의 중요성은 우리를 압도한다. 인류의 생존에 필요한 바다의 생태학적 근본 역할을 이해하기 시작한다면 우리는 더더욱 바다에 압도될 것이다. 그럴 때 우리는 바다를 보호하기 위해 할 수 있는 모든 일을 하게 될 것이다.

그런데 현실은 전혀 그렇지 않다. 바다가 처한 상황은 갈수록 나빠지고 있다. 오늘날 사람들은 별 걱정 없이 채집생활로 살아가던 5만 년 전의 사람들보다 처신을 잘하고 있지 못하다. 바다 속 물고기들의 서식처는 파괴되었다. 무서울 만큼 엄청난 규모의 쓰레기가 바다에 쌓여간다. 바다의 온도와 수면이 오르고 산소가 사라진다. 생물들도 점점 약해져만 간다.

다가올 미래에는 인류의 3분의 2가 집중되어 있는 해안 지역 대부분이 거주 불가능 지역이 될 것이다. 바다에는 생물이 살아갈 가능성이 점점 더 줄어들 것이다. 균형을 잡아주는 메커니즘이 작동하지 않는다면 여러 생물 종이 사라지는 속도는 점점 더 빨라질 것이다.

엄마가 죽으면 자신도 죽게 되리라는 걸 아는 아이가 엄마에게 독을 먹여 천천히 죽어가게 할 수 있을까? 상상만으로도 말이 안 되는 일이다. 하지만 그런 일을 오늘날 인류가 저지르고 있다. 인류는 바다를 통해 숨 쉬고 양분을 섭취하는 바다의 자식이다. 그런 인류가 어머니 바다를 죽이느라 여념이 없으니, 이제 곧 그 어머니보다 먼저 죽게 될 것이다.

우리는 무엇을 할 수 있을까? 우리가 할 수 있는 일은 많다.

우선, 우주의 첫 순간부터 오늘날에 이르기까지 바다의 역사를 이야기하는 것이다. 이는 인류의 역사와 생명의 영속에서 바다가 하는 필수 불가결한 역할을 이해하기 위함이다. 바다에 대해 이야기하다 보면 우리는 수없이 놀라게 된다. 모든 것이 바다에서 이루어지기 때문이다. 바다의 역사는 바다에서 바라본 인류의 역사와 다시 만난다. 전자는 후자를 끝내버릴 수 있다.

이 책 또한 그 본래의 의미에서, 바다에 던져진 유리병, 구조를 요청하는 외침이다. 이 외침은 우리 자신을 향해 내지르는 것이다. 우리 이외에 다른 어느 누구도 우리를 구해주러 오지 않는다.

바다는 인간의 정체를 비추는 거울이다. 이 지구는 우리가 물려받은 유산이며, 우리는 잠시 이 유산을 빌려 쓰고 있을 뿐이고, 바다는 이 유산의 필수불가결한 요소다. 인류가 바다는 물론 바다와 관련이 적은 분야에서도 개발 방식을 근본적으로 바꿀 때라야 바다는 구제될 수 있을 것이다.

그러므로 나는 여기에서 위험을 무릅쓰고 '총체적 역사' 집필을 새로이 시도해보려고 한다. 매우 길고도, 시간과 공간을 가로지르는 그런 역사 말이다. 나는 이미 다른 주제들(음악, 의료, 교육, 시간, 재산, 유목遊牧, 유토피아, 이데올로기, 유대교, 근대성, 사랑, 예언 등등)을 가지고 이런 역사 저술을 시도한 바 있다.

이 '총체적 역사'는 세분화된 영역들의 전문가들로부터 그토록 오랫동안 오해를 받아왔다. 또한 나는 그러한 역사에 관심을 갖는다는 이유로 지난 수십 년 동안 사람들에게 비난을 받아왔다. 하지만 오늘날 이 역사는 제대로 인정받게 되었다. 사람들이 역사와 자연에서 가장 비밀스러운 원동력을 발견하는 것은, 아래만 바라보던 눈을 위로 들어 높이 솟아오를 때라는 걸 인정하기 시작한 것이다.

나는 오랫동안 바다에 흥미를 느껴왔다. 경제를 지배한 항구, 국가의 운명을 결정한 해전, 대양 횡단, 배와 뱃사람, 특히 해양 유랑민, 그리고 시간에 박자를 붙여주는 모래시계에 관심을 기울여왔다.

물론 이 오래된 관심의 뿌리는 내가 나고 자란 항구에 있다. 나는 그곳의 불빛도 냄새도 소음도 잊은 적이 없다.

나는 수많은 자료를 읽고 커다란 영감을 얻었다. 자료의 출처는 이 책의 끝에 밝혀놓았다. 그리고 지난 수십 년 동안 진행된 열정적인 대화들에서도 크게 영감을 받았다. 최근에는 몇몇 최고 전문가들과 이 주제의 각기 다른 측면에 대해 이야기를 나누었다. 그중 다수가 이미 세상을 떠났지만 따로 언급하자면, 프랑시스 알바레드, 클로드 알레그르, 에리크 베랑제, 페르낭 브로델, 마르크 쇼시동, 대니얼 코언, 뱅상 쿠르티요, 자크-이브 쿠스토 사령관, 그의 딸 디안과 그의 아들 피에르-이브, 모 퐁트누아, 스테판 이스라엘, 올리비에 드 케르소종, 에리크 오르세나, 프랑시스 발라와 폴 왓슨, 파스칼 피크와 미셸 세르 등이다. 이 중 어떤 이들은 기꺼이 이 책의 어떤 부분들을 다시 읽고 상세하게 논평해주었다.

이 자리를 빌려 그들 모두에게 감사를 표한다. 다만 이 책에 대한 모든 책임은 아무리 작은 것이라도 나의 몫이다.

차례

1
우주, 물, 생명
130억 년 전부터 7억 년 전까지

"바다는 자연의 광대한 저수지다.
이를테면 지구는 바다로 시작되었으니,
바다로 끝나지 않을지 어느 누가 알겠는가!"
쥘 베른, 《해저 2만 리》

오늘날 바다가 무엇인지를 이해하려면 우선 바다의 기원에 관심을 기울여야 한다. 우주를 가로질러 던져진, 우리가 지구라고 부르는 이 작은 구체球體 위에 바다가 존재하고 지속되어왔다는 그토록 우연한 기적에 관심을 두어야 한다. 이를 위해서는 우주의 탄생으로 거슬러 올라가 물이라는 것이 창조된 환경을 경탄하며 살펴보아야 한다. 그로부터 우주의 어떤 장소들에, 과거든 현재든, 우발적으로 물이 존재하게 되고, 지구에도 물이 생겨났다. 그리고 이 행성에 대양이 형성되고 마침내 생명이 탄생했다.

물 없이는 생명도 없을 것이다. 물은 생명을 낳는 매개물이기 때문이다.

이제 시작하려는 첫 장에서는 현재의 우리와 우리의 미래에까지 이어지는, 엄청난 진화의 메타역사적 근원을 제시하려 한다. 내용이 어쩌면 조금은 현학적이라고 해서 독자들이 걱정할 필요는 없다. 이번 장을 건너뛰고 다음 장으로 넘어간다고 해서 크게 잃을 것은 없다.

우주의 탄생과 물의 생성

137억 년 전 보통 '빅뱅'이라 불리는 거대한 폭발이 일어났다. 이 폭발로 인해 우주가 탄생했고, 그 순간부터 즉각 팽창하기 시작했다. 폭발 직후 100만 분의 몇 초가 지난 후에 10억 도가 넘는 뜨거운 물질로부터 에너지가 쏟아져 나와 최초의 원자들이 형성되었다. 먼저 그중에서도 가장 가벼운 수소가 생겨났다. 오늘날 존재하는 모든 수소는 바로 이때 생겨난 것이다. 이어서 다른 원자들(중수소와 헬륨)이 차례로 등장했다.

이 가스 덩어리들이 팽창하기 시작하고 충분히 다시 차가워지면서 원자들이 서로 결합해 더 무거운 원자들의 핵을 이루고 이어서 탄소, 산소, 질소를 형성했다. 오늘날 가장 오래된 산소 원자는 131억 년 전에 나타난 것으로 알려져 있다.

이 가스 덩어리들은 가스와 먼지를 모아 ('적색 거성'이라고 하는) 거대한 별들을 형성했다. 이 별들이 모여 은하계를 이루었다. 이로써 수많은 별이 수많은 은하계 안에 존재하게 되었다.

빅뱅이 일어나고 5억에서 10억 년이 지난 뒤, 이 거대한 별들 가운데 어떤 별들이 폭발해 품고 있던 산소를 항성 간의 공간에 방출했고, 방출된 산소가 수소와 반응해 수소와 산소로 구성된 최초의 물 분자를 형성했다.[45]

물 분자는 다른 분자들과 사뭇 다르다.[45] 물은 주위 온도와 압력에 따라 고체가 되기도 하고, 액체나 기체가 되기도 한다. 다른 원소로 이루어진 분자들은 물속에서 기체 안에서보다는 덜 빠르고 고체 안에서보다는 더 빠르게 이동할 수 있다. 물 분자는 다른 분자들에 쉽게 고착된다. 분자를 이루는 원자들 사이의 연결고리를 끊을 수 있기 때문이다. 물 분자는 다른 분자들과 함께 매우 다양한 방식으로 연결될 수 있다. 물 분자는 산과 염기의 역할을 할 수도 있다. 물은 보편적 용매다. 이처럼 절대적일 만큼 독특한 성질을 지닌 덕분에 물은 우주의 역사와 생명의 역사에서 필수불가결한 역할을 하게 된다.[45]

태양계의 탄생, 그리고 그 행성들에 생겨난 물

정확히 45억 6700만 년 전에 팽창 중인 이 우주의 한구석에서 거대한 구름 같은 가스 덩어리(성운)가 중심에서 뿜어져 나오는 맹렬한 열에 의해 무너져 내리면서 태양계를 형성하게 된다.

이 성운 안에 얼음 상태의 물 분자들이 어떤 식으로든 존재했음을 우리는 알고 있다. 이 가스 덩어리는 우주에서 물이 생겨난 유일한 장소였다. 왜 그곳에 물이 있었을까? 그것은 아직 수수께끼다. 여하튼 그곳에 물이 생겨났기 때문에 우리가 지금 이곳에 존재하고 있다.

오늘날의 지배적인 가설에 따르면,[45] 물은 이 성운 안에서 얼음 형태로 생겨났다. 그리고 곧바로 증기가 되었다가 고형의 먼지들 안에 갇혔고, 이 먼지들은 서로 응결되어 원시행성을 이룬 뒤, 연이은 충돌을 거쳐 마침내 중심 항성, 곧 태양 주위의 궤도를 도는 행성이 되었다. 최초의 행성은 대략 45억 2000만 년 전에 형성된 목성이다.

이 가설을 뒷받침하는 근거는 물이 태양계의 여러 행성에 증기나 얼음 상태로 존재한다는 사실이다. 우선 수성의 표면에는 아주 적은 양이지만 얼음이 존재하며, 수성 대기의 1퍼센트 정도는 물로 구성되어 있다. 또한 과거에는 화성 표면에도 액체 상태의 물이 존재했다. 지구에 비견될 만한 바다도 있었다. 화성에서 바다가 사라진 이유는 아직 알 수 없지만, 화성의 극지방에는 여전히 상당한 양의 얼음이 남아 있다. 마지막으로, 목성의 몇몇 위성에도 얼음 형태의 물이 여전히 존재한다. 유로파 같은 위성에는 깊이가 90킬로미터에 달하는 대양이 존재할 것으로 보인다. 가니메데와 칼리스토 같은 위성의 표면에도 액체 상태의 물이 존재하는 것으로 추정된다.[182]

이 과정에서 태양계를 형성하는 성운 안에 존재하던 물의 일부는 아마도 태양계 밖으로 빠져나갔을 것이다. 어쩌면 다른 은하계로 날아가 버렸을 수도 있다.

똑같은 결과가 지구에도 잇따라 일어날지도 모른다.

지구에 생겨난 물*

지구는 태양계가 형성되기 시작하고 3000만 년에서 5000만 년이 지난 45억 3000만 년 전에 형성되었다. 지구의 궤도는 그 시초부터 태양 광선이 너무 센 행성들(수성, 금성)과 태양 광선이 너무 약한 행성들(목성부터 해왕성까지의 행성들) 사이에 이상적으로 자리를 잡았다.

처음에 지구는 고온의 마그마로 뒤덮여 있었다. 이후 표면이 차츰 식어가면서 최초의 암석 껍데기랄 수 있는 지각이 생겨났다. 지구를 감싸고 있던 대기는 네온과 아르곤으로 이루어져 있었는데, 질소, 메탄, 암모니아가 차례로 추가되었다.

이 특별한 행성에 물이 생겨난 메커니즘은 아직 확실하게 밝혀지지 않았다.

지구는 형성된 직후에, 즉 대략 45억 3000만 년 전에서 44억 6000만 년 전 사이에, 물을 품고 있던 다른 원시 행성과 충돌했을 것으로 보인다. 이때 지구에서 떨어져 나간 부분은 달이 되었고, 충돌 결과 지구의 대기는 안정되었다. 지구 표면에서 100킬로미터 떨어진, 이른바 카르만 라인이라 불리는 경계 안쪽에 있던 (물 분자가 포함된) 기체 분자들이 지배적인 지구의 인력에 끌려 지구의 대기를 이루었다.

44억 4000만 년 전에서 43억 년 전까지, 물을 품은 다른 소행성들이 목성과 화성 사이의 궤도를 돌다가 목성에도 떨어지고 지구에도 떨어졌다. 서부 오스트레일리아의 지르콘(광석 내부에 변화가 있더라도 거의 변질되지 않는 광물)에서 발견되는 44억 5000만 년 된 액체 상태 물의 흔적이 이 가설을 뒷받침한다.

• 이 단락의 내용은 대체로 프랑시스 알바레드 및 마르크 쇼시동과 나눈 수많은 대화에서 영감을 받은 것이다.

바다의 형성과 최초의 생명

대략 44억 4000만 년 전 지구 대기에 포함된 수증기가 충분히 응축되어 액체 상태의 물이 되고, 이 물이 비가 되어 땅 위로 떨어졌다. 그리고 이 빗물이 축적되어 최초의 바다가 형성되었다. 이 바닷물 속으로 화산에서 뿜어져 나온 탄산가스, 황산염, 염화물이 녹아들었다. 또한 암석이 침식되면서 소듐, 칼슘, 마그네슘 등의 다른 이온들이 바닷물 속에 용해되었다. 이렇게 해서 소금이 생겨났다. 39억 년 전 최초의 바다에 쌓인 침전물이 발견되기도 했다. 이런 침전물은 이후에 모래가 된다.

물론 최초의 바다에는 지구의 자전과 지구 주변을 둘러싼 천체들의 인력으로 발생하는 조수간만의 현상도 생겨났다.

그리고 마침내 생명이 탄생했다. 생명의 탄생은 물속에서 이루어졌고, 아마도 물에 의해서 이루어졌을 것이다. 41억 년 전에서 38억 년 전 사이에 살아 있는 최초의 존재, 즉 단세포 유기체나 (핵이 없는) 원핵생물이 바다에 등장했다. 이들의 등장을 설명하기 위해 두 가지 가설이 제시되었다. 하나는 우주에서 생명이 유래했다는 것이고, 다른 하나는 지구에서 생명이 형성되었다는 것이다.

첫 번째 가설, 즉 생명의 외계 기원설에서는 지구에 충돌해 부서진 운석과 혜성에 있던 아미노산에서 최초의 생물이 비롯되었을 거라고 본다 (혜성 탐사선 로제타가 관측한 '추류모프-게라멘시코' 혜성에서는 아미노산이 발견되었다). 하지만 이런 아미노산이 거대한 바다에서 다시 활성화되어 서로 화학반응을 일으킨 결과 생명이 창조되었을 개연성은 거의 없다.[25]

첫 번째 가설보다 더 중시되는 두 번째 가설에서는, 지구라는 행성의 바다 밑바닥에서 생명이 탄생했다고 본다. 해저의 높은 압력과 열기가 결합되어 아미노산 분자들의 생성을 유도하고, 여전히 수수께끼처럼 난해한 화학반응을 촉진했을 것이다. 그리하여 결국 생명, 곧 고유한 DNA를 지닌 개체가 출현하게 되었다. (1953년에 메탄, 아미노산, 수소를 물과 섞어 이러한 상황을 재현한) 밀러-유리Miller-Urey 실험은 충분히 설득력이 있다. 하지만 이런 분자들이 출현해 살아 있는 유기체로 변화된 이행 과정은 여전히 과학적으로 풀리지 않는 신비로 남아 있다. 물이 어떤 역할을 하지 않았다면 그런 과정은 일어나지 못했을 것이다.

대략 38억 년 전, 이 살아 있는 최초의 유기체들 중 일부가 햇빛이 제공하는 에너지 덕분에, 여전히 단세포 구조이긴 하지만 좀 더 복잡한 형태를 지닌 (아직 단세포 생물이며 원핵생물임에도, 사람들이 흔히 '남조류'라고 부르는) 남세균으로 진화했다.[25] 이들은 최초의 광합성을 통해 자신의 양분인 포도당을 스스로 생산하는 동시에 산소와 오존을 만들어냈다. 이들 기체는 물에서 빠져나와 대기를 보전했다. 어떤 면에서 생명은 이와 같이 긍정적인 역작용의 연쇄를 통해 생명의 생존 조건을 향상시켰다. 아직은 모두가 물속에서 일어난 일이다.

하지만 그것이 마지막은 아니었다. 우리가 곧 보게 될 테지만, 단세포 생물에서 우리 인류에 이르기까지, 생명이 복잡해지는 현상은 수많은 긍정적 역작용의 연쇄에 따른 결과였다. 물론 물과 바다는 거기에서 늘 결정적인 역할을 했다.

적어도 37억 7000만 년 전에 생겨난 유기체들 가운데 가장 오래된 것들이 캐나다 퀘벡주 허드슨만 동쪽 해안 누부악잇턱Nuvvuagittuq의 녹암 지대에서 튜브나 가는 실 형태로 발견되었다. 이들은 아마도 개별 세포

들이 한데 뭉친 결합체였을 것이다.[219] 그린란드에서도 침전 형성물로부터 37억 년 된 스트로마톨라이트가 발견되었다. 이는 직접적인 흔적이 남아 있지 않은 유기체들의 신진대사 활동의 결과로 형성된 듯하다. 그밖에도 34억 6000만 년 전의 것으로 추정되는 유기체들의 흔적이 서부 오스트레일리아에서 발견되었다. 이 단세포 미생물들(선충류와 완보류) 가운데 어떤 것들은 오늘날에도 여전히 존재한다. 이 생물들은 물 없이도 수천 년을 견딜 수 있으며, 물과 접촉하면 다시 활성화된다. 물은 생명의 조건이다.

다세포 생물과 초대륙

27억 년 전부터는 남세균에 의해 생겨난 침전 형성물(스트로마톨라이트)이 이산화탄소를 포집하고, 바다에 양분을 공급했으며, 남세균의 광합성을 가능케 했다. 남세균의 광합성을 통해 엄청난 양의 산소가 발생했고, 이 산소는 대기로 스며들었다.

25억 년 전에는 태양 자외선의 영향으로 대기 중 산소의 일부가 오존으로 변했고, 오존은 지구를 자외선으로부터 보호했다. 이처럼 생명의 생존 조건은 늘 긍정적 역작용의 연쇄를 통해 계속해서 향상되어갔다.

24억 년 전에는 대기 중 산소와 메탄이 반응해 빙하기가 시작되었고, 이로써 대기 중 탄소 농도가 줄고 산소 농도는 더욱 높아져서 22억 년 전에는 대략 4퍼센트에 이르렀다. 이로써 더 이상 바다 속 산소만이 아니라 대기 중 산소를 이용할 수 있는 호기성 생물이 등장할 수 있게 되었다. 이 또한 긍정적 역작용의 연쇄를 통한 것이었다.

22억 년 전에는 원핵생물 중 어떤 것들이 여전히 해저에 존재하면서도 진핵생물(하나의 핵과 여러 개의 미토콘드리아를 갖춘 단세포 유기체)로 진화했다. 그라이나이 스피랄리스라는 이름이 붙은 이 최초의 진핵생물들이 남긴 흔적은 중국, 인도, 북아메리카에서 발견된다.

그리고 아주 중요한 시기가 다가왔다. 21억 년 전 바다에 덮여 있던 오늘날의 가봉 지역에 지금까지 알려진 최초의 다세포 생물 가보니온타가 등장한 것이다.[180] 하지만 이 생물도 여전히 원핵생물이었다.

18억 년 전부터는 지구의 맨틀과 핵에서 방출된 열 때문에 '초대륙'이 잇달아 생겨나고 사라지는 일이 반복되었다. 하지만 이들 초대륙은 지구의 나머지 부분을 모두 덮고 있던 단 하나의 바다에 둘러싸여 있었다. 지하에 열이 축적되면서 초대륙은 여러 조각으로 분리되고, 각각의 조각은 이리저리 이동하다가 다른 곳에서 다시 합쳐져 새로운 초대륙을 형성했다.

최초의 초대륙은 18억 년 전에 나타났다. 이 초대륙은 누나Nuna라는 이름으로 알려져 있다. 8억 년 전에는 로디니아 대륙이 나타났다.

이 당시 바닷물에서는 식물성 플랑크톤의 광합성 덕분에 산출되는 수소와 산소의 양이 이산화탄소의 양과 균형을 이루었고, 이산화탄소는 석회질 속에 포집되었다. 지구 대기의 구성은 질소와 산소가 각각 78퍼센트와 21퍼센트를 차지하며 안정을 이루었다. 그때 이후로 지금까지 이 비율은 변하지 않고 유지되어왔다.

이제 인류 탄생에까지 이르는 생물의 다양한 변화와 분화를 위한 모든 조건이 갖추어졌다.

2

물과 땅:
해면에서 인간까지
7억 년 전부터 8만 5천 년 전까지

"장엄하고 웅대하고 당당한 바다는 완고한 제 소리를 낸다.
지독하고 가혹한 풍문은 기이한 화제들을 취한다.
어떤 무한자의 목소리가 당신 앞에서 들려온다.
인간의 삶에 관한 것은 아무것도 없다."

외젠 들라크루아

바다 속에서 복잡해져가는 생명

이 시기에 생물은 아직 바다 밖으로 나가지는 못했지만, 여러 갈래로 나
뉘어 다양해졌으며 더욱 복잡해졌다. 남세균은 여전히 존재했지만, 더
이상 남세균만 존재하지는 않았다. 다세포 생물들은 점점 더 복잡해졌
다. 12억 년 전에는 최초의 다세포 진핵생물인 홍조류가 등장했다.

　7억 년 전 바다는 여전히 단일했으나, 그 안에서는 이전보다 뚜렷하
게 복잡해진 다세포 생물 해면이 탄생했다. 뒤이어 부드러운 형태의 산
호가 등장했고, 6억 4000만 년 전에는 평균 95퍼센트의 물로 이루어진
해파리가 나타났다.

　6억 3500만 년 전에서 5억 4100만 년 전 사이, 흔히 에디아카라라

고 불리는 이 시기에는 이전보다 훨씬 더 복잡한 해초류, 지의류, 균류, 연체류 같은 새로운 무리가 생겨났다. 남세균은 특정 진핵세포에 양분을 만들어 제공하면서 그 진핵세포 안에 자리를 잡고 살아가기 시작했다. 이른바 '세포 내 공생'이라는 생존 방식이 등장한 것이다.

5억 4000만 년 전에 이르면, 캄브리아기의 폭발과 더불어, 여전히 물속에서 140종 이상의 식물과 동물이 등장했다. 이들의 산소 교환 작용으로 오늘날 존재하는 대부분의 식물·박테리아·동물 다세포 생물 종들이 여러 갈래로 크게 나뉘어 발전했고, 삼엽충류와 완족류에 속한 다수의 종이 그러했던 것처럼 어떤 생물들의 갈래는 멸종되었다.

4억 4500만 년 전에는 생물 진화의 흐름에 커다란 단절이 일어났다. 그 기원은 확실히 알 수 없지만 지구 전체에 심각한 빙하기가 찾아왔고,

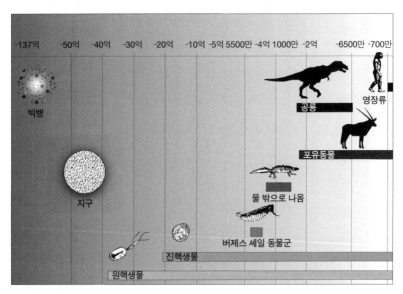

지구와 생명의 연대기

바다의 시간

여전히 바다에만 존재했던 전체 생물의 절반가량이 사라졌다. 최초의
대량절멸이었다.

굳은 땅으로 올라온 생명

4억 4000만 년 전, 이 거대한 빙하기가 끝나자 생명은 더욱 아름답게 거
듭났다. 이때까지도 모든 생물은 여전히 물속에 존재했다. 하지만 곧 절
대적인 혁명이 일어났다. 이제 지구 대기에는 생물이 바다에서 나와 살
수 있을 만큼 산소가 충분했으며, 지구 둘레에는 생물을 태양 광선으로
부터 보호할 수 있을 만큼 충분한 오존이 존재했다. 지의류와 이끼류를
비롯한 식물들이 물에서 나와 물기슭의 땅을 점령하기 시작했다. 식물
이 먼저 물 밖으로 나왔고, 동물은 아직 물속에 그대로 있었다.[82]

4억 2000만 년 전 바다에는 최초의 척추동물과 최초의 어류가 등장
했다. 이들에게는 딱딱한 껍데기나 뼈가 있었고, 턱뼈는 있기도 하고 없
기도 했다. 유성 생식을 통해 번식이 이루어지기 시작했으나, 아직 생식
기의 삽입은 없었고 수컷의 정액은 바닷물을 매개로 암컷에게 전달되었
다. 그러니까 어류는 생명이 식물의 형태로 바다 밖으로 나간 뒤에야 탄
생한 것이다. 특히 이 시기에 등장한 상어는 이후에 찾아온 여러 차례
대량절멸 시기를 견디고 오늘날까지 살아남았다.

3억 8000만 년 전, 기온과 바다의 수위가 다시 심각하게 변하면서, 바
닷물 속 산소량이 눈에 띄게 줄어드는 현상(일종의 '산소 결핍')이 일어났
고, 이로 인해 바다와 육지에 존재하던 전체 생물 종의 4분의 3가량이

사라졌다. 해양생물보다는 육상생물이 더 많이 멸종되었다. 이것이 지구에 일어난 두 번째 대량절멸이다.

이 거대한 재앙이 닥친 뒤로 생명은 다시 빠르게 회복되었다. 마치 수많은 종의 소멸이 새롭고 더 복잡한 수많은 종의 출현을 위한 조건이 되어준 듯했다. 또한 바다는 마치 생명을 보호하는 성역이 되어준 듯했다.

3억 7500만 년 전, 어류가 변화하면서, 원시적 지느러미뼈를 이용해 진흙으로 된 물가에서 더 쉽게 이동할 수 있게 되었다. 그러다 완전히 물 밖으로 나가 살 수 있는 동물로 진화했다.

3억 5000만 년 전, 이제 생물은 매우 중요한 단계에 접어들었다. 바다를 벗어난 최초의 동물, 즉 파충류가 등장한 것이다. 이들은 조금씩 천천히 진화해 유린류有鱗類(뱀과 도마뱀), 거북류, 악어류, 공룡류, 포유 파충류 등 서로 다른 무리를 이루었다. 최초의 육상 동물들이 등장하면서 습지가 다음 세대를 잉태하는 장소로 이용되는 점진적 변화가 일어났다. 어류는 바다를 수정과 잉태의 장소로 이용했지만, 초기의 육상 동물들은 암컷의 배설강을 휴대용 바다로 이용한 셈이었다.

3억 년 전에는 판게아라고 하는 새로운 초대륙이 형성되었다. 이 초대륙 역시 여전히 단일한 바다에 둘러싸여 있었다. 2억 5200만 년 전, 석탄기에서 페름기로 넘어가던 시기에는 다시 빙하기가 시작되었다. 바다 수위의 변화, 거대한 운석의 충돌, 혹은 화산 활동의 증가 등이 빙하기의 원인으로 꼽히지만 정확한 원인은 알기 어렵다. 이번 빙하기에는 해양생물의 95퍼센트, 육상생물의 70퍼센트가 사라졌다. 이것이 세 번째 대량절멸이다. 하지만 이번에도 빙하기가 끝나자—바다에서도 육지에서도—생명은 금세 회복되었고 이전보다 더욱 복잡한 형태를 갖추었다.

포유류의 등장과 바다의 분리

2억 3000만 년 전, 시노그나투스와 트리낙소돈 같은 육상의 포유 파충류가 진화해 완전한 포유류, 즉 새끼를 낳아 직접 젖을 먹여 키우는 동물이 등장했다. 지금까지 알려진 가장 오래된 포유류 화석은 2억 2000만 년 전의 것이다. 포유류 암컷의 경우, 배설강이 진화해 자궁을 외음부와 연결하는 질膣을 이루었다.

2억 년 전, 다시 바다의 수위가 변하고, 알 수 없는 이유로 기후가 변하고, 화산이 폭발하면서 지구 전체의 기온이 상승했다. 이로써 네 번째 대량절멸이 일어났다.

그리고 또다시 생명은 회복되고 더욱 복잡해졌다. 1억 8000만 년 전(트리아스기 말)에 이르면, 대량절멸 이전과 같은 수준의 생물 다양성이 회복되었다.

이와 동시에 거대한 지질학적 변화가 일어났다. 북아메리카판과 인도판이 초대륙에서 떨어져 나왔다. 이때까지 하나였던 바다가 2개로 나뉘어 판타랏사와 팔레오-테티스를 이루었다.

1억 년 전에는 유럽과 아시아가 떨어져 나갔고, 초대륙의 나머지 부분도 다시 분리되어 각기 남아메리카와 아프리카가 되었다. 인도는 7000만 년 전에 아시아판과 다시 만났다. 바다 역시 새로운 바다가 갈라져 나가고 남은 바다는 오늘날의 태평양이 되었다.

6500만 년 전, (오늘날 멕시코 지역에 거대한 운석이 충돌하고 데칸고원에서 중대한 화산 활동이 일어난 결과로) 공룡이 사라지면서 다섯 번째 대량절멸이 일어났다.

대륙 판

지구는 팔레오세에서 에오세로 넘어가면서 지구 역사에서 평균 기온이 가장 높아진 시기를 경험한다. 북극권에서 남극권에 이르는 지구 표면이 온통 숲으로 덮여버렸다.

바다의 안정과 영장류의 등장

대략 5500만 년 전, 단단한 육지의 숲 속에서는 포유동물들이 등장하더니 빠르게 분화하는 것을 볼 수 있었다. 포유동물은 크게 유태반류와 유대류로 나뉘었다.

그리고 최초의 영장류가 등장했다. 이들이 남긴 화석 가운데 가장 오래된 것(돈루셀리아와 칸티우스)은 5500만 년이나 되었다. 이들은 대부분 나무에서 살았고, 나무에서 핵심적인 양분을 얻었다.

5000만 년 전에는 북극해가 등장했고, 대서양, 태평양, 인도양이 성립되었다.

4000만 년 전, 아프리카에서 최초의 원숭이가 탄생했고, 같은 시기에 지중해가 형성되었다.

3000만 년 전에는 지구 전체가 대대적으로 냉각되었다. 대양과 대기의 흐름이 바뀌면서 극지방에는 거대한 빙원이 생겨났다. 바다의 수위가 100미터가량 낮아졌고 지구의 평균 기온은 15도나 떨어졌다. 이런 돌연한 기온 하강으로 오스트레일리아와 남아메리카 대륙에서 떨어져 나가기 시작한 남극 대륙의 완전한 분리가 촉진되었다. 유라시아와 아프리카에서는 각기 북쪽 지역과 남쪽 지역의 숲이 사라져서 남·북 회귀선 사이의 좁은 지역에만 남았다. 영장류와 원숭이 또한 이 지역 안으로 후퇴했다.

이 시기부터 지구는 지질학적으로 평온을 찾고, 여전히 취약하긴 하지만 균형 상태에 이른 것으로 보인다.

운석이 대기를 통과해 지구 표면에까지 닿는 일은 매우 드물어졌다. 그리고 그런 운석조차 아주 미소한 양의 물 분자만을 지구로 가져왔다. 이제 사용 가능한 물의 양은 안정되었다. 지구상의 물의 양은 전체 1조 3860억 세제곱킬로미터이며, 이 가운데 1조 3380억 세제곱킬로미터가 바다에 있고, 하천과 호수에 있는 민물은 4800만 세제곱킬로미터밖에 되지 않는다. 여기에 지구 중심부 광물 속에 녹아 있는, 대양 2개에서 5개 분량의 물을 더해야 한다. 오늘날에도 여전히 이 정도 양의 물이 지구에 존재한다.

나중에 태평양이라 불리게 되는 대양은 오늘날에도 당시와 같이 표면적 1억 7900만 제곱킬로미터, 물의 양 7억 700만 세제곱킬로미터, 평균 수심 4282미터이고, 최저 수심(마리아나 해구) 1만 1035미터다. 대서양은 표면적 1억 600만 제곱킬로미터, 물의 양 3억 2300만 세제곱킬로미터, 평균 수심 3926미터, 최저 수심(카리브해의 밀워키 해구) 8605미터다. 인도양은 표면적 7300만 제곱킬로미터, 물의 양 2억 9100만 세제곱킬로미터, 평균 수심 3963미터, 최저 수심(오스트레일리아 근처 디아만티나 해구) 7450미터다. 남극해는 표면적 2000만 제곱킬로미터, 물의 양 1억 3000만 세제곱킬로미터, 평균 수심 4200미터, 최저 수심(사우스샌드위치 제도 해구) 7236미터다. 북극해는 표면적 1400만 제곱킬로미터, 물의 양 1600만 세제곱킬로미터, 평균 수심 1205미터, 최저 수심(그린란드 북동쪽) 4000미터다. 북극해는 몇몇 섬들과 얼음 바다, 겨울에 형성되었다가 여름에도 일부 남아 있는 빙산들로 구성된 빙원으로 이루어져 있다.

천체의 인력과 지구의 회전력 때문에 일어나는 조수간만 현상도 일정해졌다. 이름이 주어진 더 작은 바다들 또한 안정화되었다.

바닷물의 구성도 거의 안정화되었다. 바닷물의 염분은 (침강과 증발에 의해) 소멸하지만, 다양한 염화물(염화나트륨, 염화칼슘, 염화마그네슘, 염화칼륨, 염화브롬, 염화불소 등 지각이 침식되어 형성된 모든 것)이 정확하게 그리고 영구적으로 소멸한 염분을 벌충한다. 칼륨은 점토에 흡수되는 반면, 칼슘은 해양 유기체들에 의해 이용된다. 대기 중 이산화탄소의 10분의 9는 바닷물에 용해되어 해류를 따라 바닥으로 가라앉는다. 당시와 마찬가지로 오늘날에도 1리터의 바닷물에는 평균 35그램의 다양한 염분이

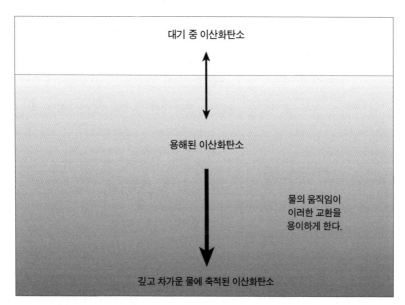

대기 중 이산화탄소

용해된 이산화탄소

물의 움직임이
이러한 교환을
용이하게 한다.

깊고 차가운 물에 축적된 이산화탄소

이산화탄소의 전이

들어 있다. 전체 바다에 있는 염분의 총량은 총 4경 8000조 톤에 이른다. 이 때문에 북극해에서는 바닷물이 영하 2.6도에서 얼고, 염분이 그보다 적은 다른 곳에서는 조금 더 높은 온도에서 언다.

아마도 최초의 영장류는 이미 염분을 사용했을 것으로 보인다.

영장류의 첫 해상 이동과 최초의 배

3000만 년 전, 최초의 영장류 가운데 일부가 아프리카를 떠나 남아메리카에 당도했다. 그들이 바다를 항해했다는 것은 쉽게 믿기지 않지만, 사실은 사실이다. 물론 자발적인 이주는 분명히 아니었을 것이다.

가장 널리 인정되는 가설에 따르면, 이 영장류는 자연스레 형성된 커다란 뗏목을 타고 아프리카에 있는 큰 강의 하구로 떠밀려왔을 것이다. 오늘날에도 '식물 빙산들'이 우연히 동물들을 태우고 남대서양을 횡단하는 일이 벌어지곤 한다. 게다가 3000만 년 전 아프리카와 남아메리카 사이의 거리는 오늘날보다 훨씬 가까웠다. 아소르스제도와 카리브제도를 통하든, 아프리카 남부, 북극해 서부, 파타고니아를 통하든 해류 또한 순조로웠다.

그러나 반론도 존재한다.[25] 원숭이들은 아주 드문 예외적인 사례들을 제외하고는 물을 싫어하는 데다, 우연히 바다를 건너게 되었더라도 매일 먹을 양식과 마실 물이 필요했으리라는 것이다. 하여간 오늘날 남아메리카 남부에 이 원숭이들의 흔적이 남아 있다는 사실을 그럴듯하게 설명할 다른 방법은 없다. 아마도 이것이 영장류 최초의 항해였을 것이다. 물론 스스로 원해서 했던 것은 아니더라도 말이다.

2000만 년 전, 영장류가 진화해 오늘날의 인류와 침팬지, 보노보, 고릴라, 오랑우탄의 조상인 유인원이 되었다. 유인원은 이전의 영장류에 비해 나무보다는 땅에서 지냈고, 조금 더 직립에 가까운 자세로 초원지대를 걸어 다니기 시작했다.

1600만 년 전에서 1200만 년 전 사이에는, 지중해가 생겨난 것과 더불어 여전히 이리저리 옮겨 다니며 살던 유인원들이 바다를 건너 유라시아 대륙으로 이주하기 시작했다. 더 멀리 아시아로 이동하거나 혹은 다시 아프리카로 돌아가기도 했다. 이후에 아시아 혈통은 사라졌고, 아프리카의 혈통이 다양화되어 현대 인류에 이르게 된다.

바다의 시간

유인원의 직립보행과 멕시코 만류

700만 년 전에서 500만 년 전 사이에 현재의 인류와 가까운 차드의 투마이, 케냐의 오로린, 에티오피아의 아르디피테쿠스가 다소 조밀하거나 개방된 숲과 초원에서 살고 있었다. 이들은 점점 더 직립에 가까운 자세로 걷게 되었고, 이로써 모든 것이 변하기 시작했다. 멀리에서도 적들을 볼 수 있었고, 머리를 몸으로 지탱하게 되자 뇌가 더욱 커질 수 있었다. 더욱이 남녀 간의 성교 자세가 뒤집히면서 남녀 간 관계도 변화했다.

500만 년 전에는 2개의 아메리카 아대륙이 결합되면서 대서양과 태평양 사이의 통로가 차단되었고, 이로써 멕시코 만류가 형성되었다.

이 해류의 형성은 이후 일어나는 현상에 핵심적인 역할을 하고, 그 현상을 설명하는 데에도 매우 중요하다.

바닷물은 오늘날과 마찬가지로 정말 끊임없이 순환했다. 해수의 순환이 일어나는 것은 온도와 염도의 차이 때문이다. 표면의 바닷물은 심해의 바닷물보다 온도가 더 높고, 물의 증발 현상 때문에 염도도 더 높다. 이 바닷물은 바다 표면을 따라 적도에서 북극과 남극으로 이동한 뒤, 거기에서 급격히 냉각되어 얼음으로 변하고 함유되어 있던 염분을 바다 밑바닥으로 방출한다. 이렇게 해서 극지방의 빙원이 형성된다. 이제 농도가 매우 높아진 바닷물은 방향을 역으로 바꾸어 해저면을 따라 적도를 향해 흘러간다. 적도에 이르면 다시 데워져서 표면으로 올라온다. 이 현상을 가리켜 '대류 순환' 혹은 열염熱鹽 순환(열과 염분에 의한 순환)이라고 한다. 그리하여 대서양에서는 멕시코 만류가 남동부 대서양 표면의 따뜻한 물을 북극해의 차가운 물로 보내고, 그 과정에서 서유럽의 해안 지방을 덥혀준다. 마찬가지로 태평양에서는 쿠로시오 해류가 중국해 표면의 따뜻한 물을 일본 북동부로 보내고, 그러는 과정에서 일본의 해안 지방을 덥혀준다.

같은 시기에 아프리카의 동부와 남부에서는 다른 종류의 영장류인 오스트랄로피테쿠스가 성큼성큼 걸어 다니기 시작했다. 400만 년 전에서 200만 년 전 사이에는 계절의 분화가 오스트랄로피테쿠스의 분화를 일으켰고, 이들 중 일부는 채식을 덜 하게 되었다. 고기를 더 많이 먹는 이들은 '최초의 인류'가 되어 이동생활을 했지만 여전히 아프리카 안에 머물렀다. 이들로부터 그 유명한 루시가 탄생했다.[92]

280만 년 전에는 오스트랄로피테쿠스의 후손인 호모 가우텐겐시스, 호모 하빌리스, 호모 루돌펜시스, 호모 게오르기쿠스가 여전히 아프리카에서 두 발로 돌아다니고 있었다. 이들은 이전보다 더 다양한 석기石器

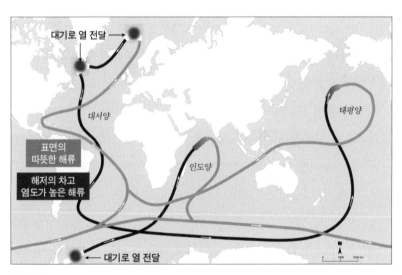

열염 순환

를 제작했고, 더 잘 걸었으며, 더 큰 뇌를 가졌다. 그럼에도 이들은 여전히 부분적으로 나무에 의존하는 상태에 머물러 있었지만 이동할 때만큼은 늘 땅에 난 길을 통해 걸어 다녔다.[92]

200만 년 전, 인류의 무리가 아프리카에서 나와 바다를 건너지 않고도 갈 수 있는 땅의 한계에 이르도록 멀리까지 이동했다. 우리는 이들이 남긴 흔적을 중국에서도 찾아볼 수 있다. 이들이 바다나 광산, 혹은 하천에서 나오는 소금을 사용했는지, 바다나 강의 기슭에서 낚시를 했는지는 알 수 없다. 하지만 이들이 사용한 도구, 특히 최초의 갈고리를 보면 확실히 물고기를 낚을 줄은 알았던 것 같다.[25]

이 당시의 인류는 이미 우리와 매우 유사했다. 그들의 몸은 혈장 속에 응축된 70퍼센트의 물로 구성되었다. 신장의 81퍼센트가 물로 되어 있었고, 뇌의 76퍼센트 역시 물이었다. 신진대사의 노폐물을 제거하고 체온을 유지하기 위해서는 마실 물이 필요했다.

최초의 인간과 최초의 바다 횡단*

200만 년 전 아프리카에서는 더욱 강인하고 혁신적인 호모 에렉투스가 등장했다. 이들은 장례 예식을 치렀고, 애정 행위를 즐겼으며, 정교한 조직을 꾸렸다.[92] 열을 방출하는 능력이 있어서 다른 어떤 동물보다 오래 달릴 수 있었다. 또한 불을 피우고 거처를 마련했으며 위장할 줄 알았다.

• 이 글과 바로 앞의 글은 고인류학자 파스칼 피크와 나눈 대화를 글로 정리한 것이다.

수십 일 동안 한 장소에 자리를 잡고 머물기 시작했지만, 그럼에도 여전히 주기적으로 이동하며 생활했다. 180만 년 전에는 오늘날의 조지아 드마니시에까지 이르렀던 것으로 확인된다.

이들은 바다로 여행하기 시작했고 비상한 업적을 이루었다. 대략 80만 년 전에 호모 에렉투스 중 일부가 걸어서 오늘날의 말레이시아에 도달했다. 하지만 강력한 화산 폭발의 위협 때문에 피신해야 했는데, 피신하는 데는 한 가지 문제밖에 없었다. 즉 오늘날 인도네시아 순다열도에서 발리섬과 롬복섬 사이의 해협을 건너 플로레스섬을 향해 가야 했던 것이다. 그들이 건너야 할 해협은 생물지리학적 장벽이었다. 즉 이 장벽을 기준으로 한쪽의 동물들이 다른 쪽으로 넘어가 살 수가 없었던 것이다. 그래서 이 해협의 서쪽에는 유태반류가 살았고, 동쪽에는 유대류(새끼를 암컷 몸에 있는 주머니에 넣어 보호하는 것이 특징인 포유동물)가 살았다.

폭이 20킬로미터 정도 되는 이 해협을 걸어서 건널 수는 없었다. 더욱이 물살이 거셌고 수심도 깊었다. 이 원인原人들은 스테고돈의 등에 올라 해협을 건넜다. 스테고돈은 1200만 년 전에 등장한 일종의 코끼리인데 수영에 매우 능했다. 최후까지 생존한 스테고돈은 1만 1000년 전까지 바로 이 플로레스섬에서 살았다.

이들이 해협을 건너가던 모습을 상상해보자. 화산 폭발에 대한 공포에 짓눌린 그들은 발이 땅에 닿지 않는 불안을 견뎌야 했다. 더욱이 수평선 너머에 다른 해안이 있으리라는 것도 알지 못했다.

이 긴 기간 동안 발리와 롬복 사이의 해협을 건넌 것 말고는 또 다른 항해에 대한 증거는 발견되지 않았다. 다만 오늘날 잉글랜드 해변에 화석화된 발자국이 남아 있을 뿐인데, 이는 80만 년 전 해수면이 낮아진 덕분에 드러난 땅을 발로 딛고 건넌 흔적이다. 물론 이들 호모 에렉투스가 바다에서 낚시를 했다거나 소금을 거두어들였다는 것은 의심할 여지가 없다.

80만 년 전에서 50만 년 전 사이에, 호모 에렉투스의 인구 구성이 다양해지면서 여러 인간 종이 등장했다. 유럽과 서아시아에서는 네안데르탈인(호모 네안데르탈렌시스), 중앙아시아와 동아시아에서는 데니소바인, 아프리카에서는 호모 사피엔스가 나타났다.

네안데르탈인과 데니소바인은 또다시 이동한다. 데니소바인의 유전자 흔적은 스페인에서, 네안데르탈인의 유전자 흔적은 시베리아의 경계에서 발견된다. 이들은 근동 지역에서 만나 서로 뒤섞였다.

현생 인류인 호모 사피엔스 사피엔스(특별히 뇌가 발달하고 유전적으로 현대 인류에 매우 가까운 호모 사피엔스에게 부여된 이름)[92]의 가장 오래된 흔적은 31만 5000년 전 모로코에, 그다음으로 오래된 흔적은 25만 년 전 에티오피아에 남겨졌다.

25만 년 전쯤 내륙이 건조해지자 호모 사피엔스 사피엔스는 아프리카의 해안 쪽으로 이주했다. 물론 그들은 하천을 따라 이동했는데, 아마도 뗏목을 이용했을 것이다. 간단한 다리를 짓기도 했을 것이다. 대략 20만 년 전까지도 호모 사피엔스 사피엔스는 마그레브 지역, 동아프리카, 남아프리카, 그리고 근동 지역에만 존재했다. 하지만 돌, 보석, 조각, 도구를 자르고 다듬는 기술뿐 아니라 장례 의식까지도 매우 빠르게 발전시켰다. 15만 년 전에는 부족을 이루어 아프리카를 떠나 유럽과 아시아로 향했다.

13만 년 전 키프로스에서도 호모 에렉투스의 흔적이 발견된다. 하지만 이들이 네안데르탈인인지 호모 사피엔스인지는 알 수 없다. 이들 또한 바다로 여행을 했을까? 어떤 고고학자들은 크레타에서도 12만 년 전에 사용된 것으로 보이는 도구들이 발견되었다고 주장한다. 이 도구들은 대륙에서 유래한 것으로밖에는 보이지 않는다. 그렇다면 이 시기 크레타인들이 바다로 이동할 수 있는 능력을 갖고 있었다는 추정이 가능해진다.

이 시기에 유럽에서 호모 사피엔스와 관련된 것으로 보이는 가장 오래된 장소들은 이탈리아와 스페인에서 발견되는데, 이는 오직 바다를 통한 이동으로밖에 설명되지 않는다.

10만 년 전, 호모 사피엔스 사피엔스는 아프리카 중심부를 떠났다. 아마도 사하라 사막이 확장되었기 때문이거나, 혹은 인구 증가로 자원이 부족해졌거나, 다른 동물이나 다른 종의 인류와 충돌했기 때문일 것이다. 호모 사피엔스 사피엔스는 이동하는 중간에 강을 만났고 강을 따라 바다에 이르렀다. 남아프리카 희망봉에서 동쪽으로 300킬로미터 떨어진 해안의 블롬보스 동굴과 피너클포인트 동굴에서는 해양 자원을 활용한 가장 오래된 흔적들이 발견되었고, 물감을 사용하고 '예술' 작품을 만든 증거들이 나왔다. 이후 호모 사피엔스 사피엔스의 흔적은 아프리카의 모든 해안(서부 해안, 모로코, 근동 지역, 동부 해안)에 분포한다. 이들 해안에서는 조개껍데기에 구멍을 내고 황토색으로 염색한 뒤 엮어서 만든 귀고리, 팔찌, 목걸이와 더불어, 동굴 벽에 그리거나 새긴 예술의 최초 형태들이 발견된다. 이들이 소금이 나오는 곳에서 소금을 소비했으리라는 것은 의심할 여지가 없다. 아마도 그들은 이미 소금을 사용한 생선 저장법을 알고 있었을 것이다. 우리는 이들이 단지 해안을 따라서만

바다의 시간

이동했는지, 혹은 바다로 여행을 했는지는 알지 못한다. 더 오래된 항해와 주거의 증거를 보여줄 잠재적 유적들이 바다에 다시 잠겼기 때문이다. 여하튼 그들은 걸어서 아프리카를 떠나 근동 지역을 거쳐 흑해로 향했고, 그곳에서 네안데르탈인들에 의해 가로막혔다.

그리고 바로 그곳에서 절대 바다와 떼어놓을 수 없는 현생 인류의 모험이 시작되었다.

3

인류 최초의 항해

6만 년 전에서 기원후 0년까지

"세 종류의 사람이 있다. 산 사람, 죽은 사람,
그리고 바다로 다니는 사람."
아리스토텔레스

기원전 6만 년, 당시 사람들은 (전부 100만 명이 채 되지 않았지만) 여전히 종이 다양했으며, 여전히 이리저리 이동하며 살았다. 그들은 한 장소에 영구 정착하지 않았다. 어떤 경우에도 몇 달 이상은 절대 머무르지 않았다. 때로는 해안가를 따라 바다로 이동하기도 했다.

이 최초의 인류에게 바다는 양식과 위험이 가득한 곳이었다. 바다는 또한 신이 분노를 표출하는 공간이기도 했다. 바다는 따뜻할 때는 생명의 요람이었으며, 차가울 때는 죽음의 위협이었다. 최초의 인류 가운데 어떤 이들은 바다 역시 육지처럼 끝없이 평평하다고 생각했다. 하지만 또 다른 이들은 바다에도 끝이 있고 그 끝은 현기증 나는 낭떠러지일 거라고 생각했다. 그럼에도 이 최초의 인류는 장래의 어떤 탐험가보다도 더 큰 용기를 품고 스스로를 파도에 내맡겼다.

바다에 대한 지식은 하늘의 별들에 대한 지식과 더불어 늘어났고, 이 지식들은 기하학, 점성학, 점술과 연결되었다. 하늘이 없다면 바다도 없었다. 별, 바람, 구름, 해류, 물고기 떼와 새들의 비행에 대한 깊은 지식 없이는 항해도 불가능했다. 이 시기의 사람들이 대물림하여 전한 정교한 지식들은 그들이 만든 인류 최초의 지도들에서 발견할 수 있다. 신을 달래는 의식, 기도, 미로를 따라 진행하는 가상의 여행,[7] 짐승이나 사람을 바치는 희생제사, 징조 풀이가 없었다면 항해도 없었다. 선원과 선장을 구분하고 승무원과 승객을 구분하는 사회적 위계가 없었다면 배를 타는 것 자체가 불가능했다. 이 사회적 위계란 단단한 땅을 딛고 걷는 유목민에게서 발견되는 것과 동일한 것이었다.[10]

그들은 우선 중국해, 페르시아만, 지중해와 같이 고요한 바다의 해안을 따라 항해했다. 아직까지 파도와 폭풍 때문에 대서양을 항해하는 경우는 거의 없었으며, 그나마 항해를 하더라도 연안을 벗어나지 않았다.

태평양에서

영장류가 처음으로 대서양에서 항해를 시작한 것은 대략 3000만 년 전으로 추정된다. 현생 인류 역시 항해를 했던 것으로 보이며, 태평양에서 항해를 시작한 것은 80만 년 전으로 추정된다. 호모 사피엔스 사피엔스가 최초로 장거리 이동을 하게 된 것은 6만 년 전으로 추정된다. 이들은 인도양과 태평양 연안에 살던 이들이었다.

발로 걸어서 아라비아반도를 통과한 다음, 이란과 인도를 지난 이들은 중국에 이르기 전에 여전히 발로 걸어서 더 남쪽으로 내려가, 해수면이 매우 낮아진 6만 년 전쯤 원양항해를 통해 순다열도에 이르렀다.

얼마 뒤에는 오세아니아를 향해 이동했는데, 그곳에는 이 시기에 그려진 최초의 배 그림이 있다. 그림에는 길이가 8미터 정도 되는 배 2척이 있다. 속이 빈 나무를 가지고 석기를 사용해서 만든 것이다. 배를 만들기 시작한 이들은 오세아니아에서 필리핀, 인도네시아로 이동한 뒤 다시 오늘날의 태국과 말레이시아로 이동했다.

이 시기에 순다열도, 인도차이나, 중국 남부에서 오스트레일리아로 이주한 사람들이 오늘날 오스트레일리아와 파푸아뉴기니 원주민들의 조상이다. 당시에 그러한 이동이 이루어졌다는 것은 잘 믿기지 않는 사실이지만, 최근에 확인된 사실이기도 하다. 현대의 항해사들이 나무와 덩굴을 가지고 석기를 이용해 만든 뗏목을 바다에 띄워 해류에 내맡긴 채로 항해한 결과 세 번의 시도 끝에 티모르섬에서 오스트레일리아의 다윈 해안에 이르는 데 성공했다. 시간은 총 2주가 걸렸다.[25]

중국해에서는 기원전 4만 년경 뷔름 빙기에 (해수면이 60미터 가까이 낮아지자) 사람들이 오늘날의 중국과 시베리아에서 발로 걸어서 일본열도로 건너갔다. 일본 신화에서는 천황들의 시조가 되는 바다의 신 류진龍神이 인간의 형상을 취할 수 있는 해룡이었다고 전한다.

같은 시기에 카스피해에서는 바위에 배가 조각된 것을 볼 수 있다. 바로 이 시기에 호모 사피엔스 사피엔스 이외의 다른 인간 종들이 거의 사라졌다. 빙하기에는 사람들이 아프리카와 남아메리카 사이의 2000킬로미터 거리를 걸어서 횡단했다. 그런 다음엔 동굴 벽화들이 보여주듯이 북아메리카로 올라갔다. 1만 5000년 전에는 캄차카반도에서 출발한 또 다른 사람들이 걸어서 알래스카에 도착했다. 그리고 해안을 따라 남쪽으로 내려와서 기원전 1만 년경엔 캘리포니아에 이르렀고, 남아메리카의 동쪽 해안을 따라 계속 이동한 끝에 파타고니아에까지 닿았다. 이는 칠레 남부에 있는 페드라베르데 유적에서 확인된다.

기원전 6000년경(인류가 지구에 출현한 지 500만 년쯤 되었을 무렵) 주요한 기술 혁명이 일어났다. 오스트로네시아인들과 동남부 중국인들 사이에서 최초의 돛단배가 등장하여 여러 섬들 사이를 항해하거나 양쯔강과 황허강을 운행하는 데 사용되었다.[46] 물론 당시 사람들은 최초의 정착촌에 살고 있었다.

기원전 3000년경, 전설적인 중국 최초의 황제(기원전 2650년경에 통치)보다 아주 조금 앞선 시기에 중국 남동부에서 농사를 짓던 이들이 중국해를 건너 오늘날의 타이완에 정착하고 오세아니아로 몰려갔다. 이들은 물고기를 잡았을 뿐 아니라, 교역을 하기도 했는데 특히 (이미 널리 사용되고 있던, 특히 잡은 물고기를 저장하는 데 쓰이던) 소금을 거래했다.[25]

당시 중국인들은 지구는 네모나고, 자기들이 사는 땅의 네 방위는 네 바다로 둘러싸여 있다고 생각했다. 그리고 사해용왕四海龍王(동: 오광敖光, 서: 오흠敖欽, 남: 오윤敖潤, 북: 오순敖順)이라는 네 명의 수호신이 네 바다와 중국을 보호한다고 믿었다.[46] 같은 시기에 인도에서는 지구를 거대한 원반으로 보고, 4개의 대륙이 수미산을 중심으로 모여 있으며 그 주위를 끝없는 바다가 둘러싸고 있다고 생각했다. 바다의 신 바루나는 우주의 지배자였으나, 나중에 인드라가 그 자리를 차지했다.[74]

기원전 2000년부터는 다시 한 번 해상에서 주요한 혁신이 이루어졌는데, 이번에도 이를 주도한 것은 오스트로네시아인이었다. 이들은 필리핀, 남부 말레이시아, 인도네시아, 오스트레일리아로 가기 위해 카누를 사용했는데, 이들의 카누는 균형을 잡기 위한 이중 형태로 제작되었으며, 한 번에 60명의 사람과 다수의 동·식물을 함께 실을 수 있었다. 이들은 오스트레일리아에서 이미 5만 년 전에 그곳에 정착한 최초의 주민들과 재회했다.

기원전 1000년부터는 피지제도가 이들의 탐험 기지가 된 듯하다. 이들은 믿기 어려울 정도로 연약한 배를 타고 피지제도에서부터 사모아, 푸투나, 솔로몬제도들을 방문했으며 오늘날의 프렌치 폴리네시아에까지 이르렀다. 아마도 이들은 남아메리카 서해안에도 닿았던 것으로 보인다. 이러한 사실은 이들 지역 주민들 사이의 언어학적 유사성이라든가, 폴리네시아의 해양 유랑민에 대한 페루의 옛날이야기가 생겨난 배경을 설명해준다.

기원전 1000년에는 말라카 해협을 경유하며 정기적으로 운항하는 상선들이 중국과 인도를 연결했다. 특히 이들이 운반한 말루쿠제도(인도네시아 동편에 위치한 섬들)의 정향은 이집트에까지 수출되었다.

부가 축적되면서 여러 왕국이 생겨났고, 이 왕국들은 해양 교역을 중시하고 후원했다. 수마트라섬의 스리위자야 항은 중국과 나머지 세계를 연결하는 특권적인 중계지가 되었다. 스리위자야의 이러한 지위는 1500년이나 지속되었다. 인도차이나 남부 메콩강 삼각주 지역에 위치한 프놈 왕국 또한 이 교역에서 큰 이익을 얻었다.

당시 중국 상인들은 자신의 상품을 여러 척의 배에 나누어 실으면서 다른 상인들의 상품도 받아들이는 것을 관습으로 삼았다. 이는 위험을 분산시키기 위한 것으로, 이를테면 최초의 보험이라고 할 수 있겠다.

상인들은 해적들로부터 안전하게 항해하기 위해 배에 무장 경비병을 두었다.

기원전 221년(인류가 지구상에 등장한 지 대략 3000만 년이 될 즈음), 역사적으로 그 존재가 확인되는 중국 최초의 황제인 진의 시황제가 여러 왕국으로 나뉘어 있던 중국을 통일했다. 기원전 220년경 그는 서부 국경에 거대한 장벽을 건설하고 상업용으로든 군사용으로든 해운 기술을 발전시키지 않기로 결정했다. 결국 진나라는 짧은 수명을 다했고 기원전 206년 반군 무리의 지도자였던 유방이 한나라를 세웠다. 유방의 한나라는 이후 400년 동안 지속되었으며, 모두 28명의 황제가 다스렸다.[51]

한나라 황제들은 다시 남북으로 나뉘었던 제국을 오늘날 중국의 중앙부 동편에 위치한 장안에서 통치했다. 기원전 200년에는 만리장성에 작은 틈을 내어 '실크로드'를 열고, 이를 통해 페르시아를 점령하고 유럽인들과도 교역하던 파르티아와 약간의 교류를 허용했다.[46]

기원전 1세기 중국의 항해사들은 바다를 통해 값진 물건들을 운송하는 상인들이었다. 이 상인들은 한 지역에서 다른 지역으로 이동하는 방법이 오직 바다를 통한 길밖에 없을 때는 물론이고, 육지에 다른 길이 있을 때에도 항해하는 쪽을 택했다.[46] 사실 이 지역에서는 대상隊商 무역보다 해양 무역이 훨씬 더 확실하며 더 많은 상품을 운반할 수 있다는 사실이 모두에게 분명해졌다.

또한 기원전에서 기원후로 전환되던 시기의 인도양 전역과 중국에서는 청금석, 코뿔소의 뿔, 상아, 값진 목재, 구리, 금, 은, 철 등 아프리카에서 건너온 물건들도 찾아볼 수 있었다.

바다의 시간

페르시아만과 지중해

그밖의 다른 지역들은 어떠했을까? 기원전 6만 년경 현생 인류가 유럽에 도착했고, 네안데르탈인과 조우했다. 현생 인류와 네안데르탈인은 공존하기도 하고, 충돌하기도 했으며, 물론 서로 뒤섞이기도 했다. 기원전 5만 년부터 현생 인류는 육로나 연안 항해를 통해 북유럽, 코르시카, 시칠리아로 이동했다.

수천 년 동안 인류는 한곳에 정착하지 않은 채로 물고기를 잡고 사냥을 했으며 먹을거리를 채집했다. 아마 이들 또한 뗏목이나 작은 배를 이용해서 강이나 해안을 따라 이동했을 것이다.

기원전 9500년에 이르면 지구의 그 어떤 곳보다도 먼저 중동 지역에서 거대한 혁명이 일어났다. 그곳 사람들이 처음으로 이동생활을 접은 것이다. 이들은 오늘날 사람들이 보통 이야기하는 것과 달리 어떤 한 바다 가까이에 정착했다. 이들은 우선 요르단 계곡에 자리를 잡고 (오늘날의 사해 가장자리에) 예리코를 건설했다. 이것이 인류 역사 최초의 도시이며, 이 최초의 도시는 항구도시였다. 의심할 여지 없이 당시 이곳 사람들은 적어도 물고기를 잡기 위해 바다에 배를 띄울 줄 알았을 것이다. 또한 이들이 한곳에 정착할 필요가 생겼던 것도 분명히 바다의 자원들을 최대한 이용하기 위해서였을 것이다. 이들은 최초의 항구를 건설했고, 그 흔적은 오늘날에도 남아 있다. 이들은 농경과 목축, 그리고 청동 야금술을 차례로 발명해냈다. 이렇게 볼 때 정착생활과 농경이 발전한 것은 모두 바다를 통해서였다.

그 뒤에 이들은 이웃한 메소포타미아 지역에 다른 도시들을 세웠다.

이 도시들은 페르시아만으로 흘러드는 커다란 티그리스강과 유프라테스강에 인접했다.[143] 이 지역에서는 기원전 6000년경에 그린 배 그림들이 발견되는데, 두 강을 따라 오가며 건축 자재와 식료품을 운송하는 데 쓰인 이 배들에는 노와 돛이 달려 있었다. 기묘한 우연의 일치로, 이 시기에는 태평양에서도 돛단배들이 등장했다.

이렇게 해서 사람들은 바다 근처, 혹은 적어도 커다란 하천 근처에 정착했다. 육상에서의 이동생활은 이제 내가 해양성 정주생활이라 부르는 것으로 분명하게 대체되어갔다.

기원전 5000년에 이르자, 메소포타미아에서는 티그리스강과 유프라테스강 사이에서 수메르 문명, 그중에서도 도시국가 우루크가 일어나 페르시아만에 이르렀으나,[143] 우루크 사람들은 바다를 하나의 위협으로 여겼다. 《길가메시》 서사시는 최초의 대홍수를 이야기하며, 바다를 치명적인 존재로 묘사한다. 광주리 배(선체가 둥글고 직물 또는/그리고 가죽으로 보강한 작은 배)와 가죽 뗏목(공기를 넣어 부풀린 가죽 부대 위에 판을 올린 일종의 뗏목) 같은 작은 배들이 새로이 개발되었다. 이러한 배들은 하천의 흐름을 타고 상당히 많은 사람과 물건을 운송할 수 있었다. 하지만 하천을 거슬러 오를 수는 없었으므로 일단 목적지에 도착하고 나면 해체되었다.[97]

같은 시기에 또 다른 대형 하천인 나일강을 따라 사람들의 무리가 정착했다. 이들 역시 바다나 강에 건설된 항구 주변에 모여 살았다. 당시 이집트는 정확한 이름이 전해지지 않는, 여러 개의 원시 왕국으로 나뉘어 있었다. 당시 유골함에 그려진 범선이 이집트 최초의 배에 관한 흔적이다. 이 배는 나일강을 통해 가축이나 석재를 운반하는 데 사용되었을 것이다. 기원전 4000년에는 범선들이 더욱 가늘고 뾰족해졌으며, 오스트로네시아인들에 비해 훨씬 늦긴 했지만 이집트 항해사들도 바람을 이용할 줄 알게 되었다.

이 시기 이집트 신화에서는 누 혹은 눈이라고 불리는 원시의 바다가 다른 신들과 인류를 창조했다고 이야기한다. 자신의 임무를 마친 뒤에 남겨진 누가 바로 나일강이다. 이 남겨진 바다에서 태양신 라가 배를 타고 다니며 문명을 일으켰다.

기원전 4000년에는 이집트 최초의 대규모 수도이자 고대 제국의 권력 근거지인 멤피스가 건설되었다. 멤피스 또한 항구도시였다.

기원전 3500년 무렵에는 이집트 왕국들의 항구가 더욱 커지고 더 견고해졌다. 돛과 노를 장착한 그들의 배는 (그들이 '백해白海'라고 부르던) 지중해 해안을 따라 항해하여 오늘날 이스라엘과 레바논의 해안에서 목재를 구했다. 홍해에서는 '다리의 나라'라고 불리던 곳에 닿았는데, 이곳은 아마도 오늘날 아프리카의 뿔이라고 하는 소말리아반도에 있었을 것이다. 홍해에서 주요 목적지가 된 세 곳의 항구는 당시에 중요한 영향력을 행사했다. 이들 세 항구는 오늘날 메르사가와시스, 아인수크나, 우아디엘자르프에 해당한다.

기원전 3150년, 이집트 제1왕조의 출현과 더불어 선박 기술이 크게 발달하기 시작했다. 배의 골조를 세우기 전에 외피 판을 먼저 조립함으로써 선체 크기를 늘리고 방수 효과를 개선했다. 또한 커다란 돛을 배 후미에 달아 키 역할을 하게 했다.

조금 더 시간이 흐른 기원전 3000년 즈음에는, 수메르에서 매우 위계적인 사회 조직을 갖춘 수많은 도시들이 생겨났다. 이 도시들은 각기 한

명의 왕에 의해 통치되었고, 풍요와 다산의 여신을 숭배하는 동일한 신앙을 공유했다. 이렇게 하여 우루크의 뒤를 잇는 키시, 니푸르, 에리두, 라가시, 움마, 우르 등의 도시국가가 탄생했다. 이들은 모두 티그리스강과 유프라테스강, 페르시아만의 경제권으로 서로 연결되었다.[97] 하지만 이들 지역에서 자연 자원이 고갈되자, 메소포타미아의 항해사들은 두 강에서 벗어나 페르시아만의 해안을 따라 항해해 오만의 항구들에 닿았다. 이들은 그곳에서 목재, 구리, 금, 상아를 구하고, 항아리, 양모, 곡식, 대추야자를 팔았다. 나무와 갈대로 만들어진 이들의 배는 최대 20톤의 화물을 싣고 운반할 수 있었다.[97]

이보다 훨씬 전에 아시아인들이 그러했듯이, 메소포타미아인들과 이집트인들도 선박을 이용하면 대상隊商을 통하는 것보다 더 많은 화물을 더 빨리 운송하면서도 위험을 낮출 수 있다는 사실을 알았다.

당시 이집트인들은 레바논에서 포도주와 삼나무를 수입했고, 레바논인들은 이것들을 파피루스와 교환했다. 또한 이집트인들은 운반 물품을 보존하고, 가죽을 무두질하고, 최초의 미라들을 처리하기 위해 소금을 사용할 줄 알았다.

기원전 2500년경에는 이집트에서 삼나무를 사용한 대형 선박이 제조되었는데, 기자에 있는 쿠푸의 피라미드 근처에서 이와 같은 배가 최근에 발견되었다. 이 배는 길이가 43.5미터이고, 최대 20명의 승객을 태우고 난바다를 항해할 수 있었다.

기원전 2300년경 메소포타미아에서는 아카드의 사르곤 왕이 딜문(오늘날의 바레인)과 마간(오만)의 교역 거점들을 통해 인도아대륙 북부 해안 지방(오늘날의 파키스탄)과 교역할 수 있게 되었다. 기원전 1750년경에는 이러한 활동들을 법률로 규제하기 시작했다. 함무라비 법전에는 화주貨主와 해운업자의 관계가 상세하게 거론되어 있다.[97]

기원전 1500년경 룩소르 맞은편 다이르 알바흐리의 신전에 새겨진 부조에는 여성 파라오 하트셉수트의 지휘 아래 외교적 교류와 상업적 교역(특히 향香)을 위해 홍해를 항해하는 원정대의 모습이 묘사되어 있다.

바다는 신화에도 더 많이 등장하기 시작했다. 기원전 1200년 즈음에 바빌론 신화에 의해 계승된 수메르의 우주생성론에서는 짠물인 티아마트와 단물인 아프수가 결합해 신들을 낳았다고 한다. 최고의 신 엔릴은 인간들에게 화가 나서 바다의 모든 물을 땅에 쏟아버렸다. 바다의 수호신 에아/엔키는 지우수드라(수메르 이름) 혹은 아트라하시스(바빌론 이름)라고 하는 사람만 살아남을 수 있도록 방주를 짓고 그 안에 살아 있는 생물을 그 종류대로 모두 모으게 했다. 이것이 잘 알려진 최초의 대홍수 이야기다. 이는 티그리스강과 유프라테스강의 재난적인 유량 증가와 겨울철 강우, 아나톨리아 고원에 쌓인 눈의 해빙에 대한 경험을 이야기하는 게 틀림없다.

'바다의 민족들':
소아시아의 페니키아인과 그리스인

같은 시기에 지중해 해안에는 새로운 두 세력이 갑작스레 등장했는데, 두 세력 모두 해양 세력이었다. 이집트인들은 이들을 두려워하며 "바다의 민족들"[14]이라고 불렀다.

우선 이집트 바로 북쪽에 기원과 언어가 서로 다른 무리들이 티레, 비블로스, 시돈처럼 방어에 유리한 내포內浦에 정착해 항구를 건설하고 교역을 했다. 특히 이들은 당시에 많은 이들이 찾았지만 매우 귀했던 주홍색 염료를 수출했다. 이 염료의 원재료는 지중해 해안에 사는 자주조개에서 추출하는 것이었다.[30] 재빠른 바다의 지배자이며, 그들 자신보다 더 오래된 최초의 알파벳을 사용하고 보급했던[14] 페니키아인들은 지중해의 수많은 항구에 교역 거점을 설치해두었다.

같은 시기에 조금 더 북쪽으로 올라간 소아시아 해안에는 펠로폰네소스반도에서 밀려난 아카이아인들이 정착했다. 이들이 바로 후대의 그리스인이다. 아카이아인들은 아주 예외적일 만큼 세상에 대해 개방적인 항해사들이었다. 그들의 신화에 따르면 바다의 신 오케아노스는 우라노스(하늘과 생명의 신)와 가이아(땅의 여신)의 아들로서, 육지의 번잡함으로부터 멀리 떨어져 사는 너그러운 신이었다. 오케아노스는 테티스(오케아노스의 여동생이기도 하다)에게서 1000명이 넘는 딸과 아들을 얻었는데 이들이 바로 여러 강의 신들과 오케아니데스다. 그의 조카인 제우스(크로노스의 아들이며 우라노스의 손자)는 다른 신들 위에 군림하는 권력을 가지고 오케아노스를 포세이돈으로 교체했다. 포세이돈은 어떤 항해사들(포세이돈의 아들인 테세우스의 항해사들)은 보호해주고 다른 항해사들(포세이돈의 아들 폴리페모스의 눈을 멀게 한 오디세우스의 항해사들)에게는 해를 끼쳤다. 이 그리스인들은 소금을 소비했고, 호메로스는 소금을 가리켜 "신의 물질"[60]이라고도 했다. 그리스인들은 스스로를 인간과 신 사이에 있는 우월한 존재라고 여겼다.[14]

이들은 감시탑을 설치해 항구를 요새화하고, 적선을 들이받고 포를 쏠 수 있는 범선을 건조해 최초의 해군을 조직했다. 그리스인 항해사들은 자유인이었다. 노예들은 절대 항해사가 될 수 없었다.

'바다의 민족들'에게는, 메소포타미아인이나 이집트인과 달리 바다를 통제하는 제해권이야말로 생존의 문제였다. 왜냐하면 이들은 자기 땅에서 생활에 필수적인 물품들을 생산하지 못했기 때문이다. 반면에 다른 민족들은 삶에 잉여적인 물품들만 수입했다.

최초의 해적과 해병과 해전이 등장한 것도 바로 이 시기였다. 오늘날 추적할 수 있는 최초의 해전은 파라오 람세스 3세의 치세 초기인 기원전 1194년 이집트인들이 '바다의 민족들'과 충돌해 나일강 삼각주 지역 라피아에서 벌인 전투다. 이 전투에서 승리한 것은 이집트인들이었다. 삼각주 지역에서는 이집트의 노선櫓船이 '바다의 민족들'의 범선보다 조종하기가 훨씬 쉬웠기 때문이다.

바로 이 시기에,[14] 히브리인들이 이집트에서 탈출해 홍해를 건넌 것으로 추정된다.[65] 그리스인들이 트로이를 쳐부수러 온 것도 같은 시기다.[60]

기원전 700년경 소아시아의 그리스인들은 항구도시 밀레토스를 건설하고 그곳에서 신형 선박을 개발했다. 이 배는 3단으로 노가 설치되고, 길이 35미터 폭 6미터에 달하는 돛이 3열로 포개져 배치된 갤리선이었다. 적선과 접근전을 벌이기 위해 장교들과 병사들 외에 노꾼만 170명이 승선했다. 이들은 모두 자유인 시민이었다.[30] 이 선박의 앞부분에는 청동으로 만든 충각衝角이 흘수선吃水線〔떠 있는 배에 수면이 닿는 선〕 높이에 달려 있어 적선을 들이받을 수 있었다.[135] 그리스인들은 이 배를 이용해 해안과 상선들을 보호했고, 군대를 수송할 수 있었다. 이 배는 여러 가지 전략을 구사할 수 있었다. 예를 들면 디에크플루스는 적의 대열을 뚫고 들어가 후방에서 공격하는 것이고, 페리플루스는 적선의 측면이나 후면을 충각으로 찌르는 것이다.[135]

이렇게 해서 밀레토스는 지중해를 지배했고, 흑해와 아조프해에 이르기까지 80개에 가까운 식민지를 건설했다. 그리고 이 도시에서는 연이어 위대한 현자들이 등장했다. 그중 첫째인 탈레스(기원전 625~550)는 지구란 끝없는 바다 위에 떠 있는 커다란 원반이라고 했다. 아낙시만드로스(기원전 610~546)는 지구란 땅으로 덮인 하나의 물기둥 같은 것이라고 했다. 아낙시만드로스의 제자 아낙시메네스(기원전 585~525)는 지구란 우주에 떠 있으면서 바다에 둘러싸인 커다란 원반이라고 했다. 지구를 구형으로 보는 시각은 기원전 600년경 피타고라스학파가 처음 생각해낸 것이다. 이들은 지구가 거의 물로 이루어져 있다고 보았다. 탈레스에게 물은 필수불가결한 원소이며, 물질을 이루는 주요한 성분이자 생명의 원천이었다. 다른 이들이 공기나 불에서 만물의 제1원인을 찾았던 데 반해, 탈레스는 제1원인이 물에 있다고 보았다.[14]

이집트인들은 '바다의 민족들'을 용병으로 이용하기 시작했다. 기원전 600년 파라오 네카우 2세는 이후 그리스인들이 '헤라클레스의 기둥'이라 부르게 되는 오늘날의 지브롤터 해협 너머로 페니키아 용병들을 보낸 것으로 보인다. 그는 이 용병들이 아프리카를 일주한 뒤 다시 이집트로 돌아오기를 바랐던 것 같다. 후대에 헤로도토스는 이 이야기를 전하며, 20년가량 걸렸을 이 기획이 아마도 성공했으리라고 결론을 내리는 듯하다.[56] 실제로 네카우 2세는 원정대를 조직하긴 했다. 하지만 그의 원정대는 홍해를 항해했고 소말리아 해안 근처에서 멈추었다. 같은 시대의 또 다른 항해사들은 밀레토스에서 나왔다. 이들은 지브롤터 해협을 지나 오늘날의 세네갈에 교역 거점을 설치했다. 조금 더 후대에 나온 플라톤의 이야기를 살펴보면, 밀레토스의 항해사들은 이미 대서양을 알고 있었으며, 적어도 모로코 에사우이라에서 스칸디나비아반도에 이르는 바다를 잘 알고 있었던 것으로 보인다.[142]

동시대에 두 '바다의 민족들' 바로 옆에서 약간 내륙으로 들어간 지역에는 또 다른 민족이 있었다. 이집트와 가나안에서 온 유목민족이 유다 지방에 정착한 것이다. 이들은 바다를 향해서는 결연히 등을 돌렸지만, 그리스 및 페니키아 사람들과 교역을 하며 양분을 취해 성장했다. 이들이 바로 유대인이다.

그럼에도 바다는 유대인들의 우주생성론과 실제 역사에서 핵심적인 역할을 했다. 그들의 경전인 토라(넓은 의미로는 히브리어 성경 전체, 좁은 의미로는 구약 성경의 첫 다섯 책을 뜻한다)에서는 세상의 창조에 관한 이야기를 들려주는데, 이는 앞서 우리가 다루었던 오늘날 최신 과학이 발견한 우주생성론과 놀랄 만큼 유사하다. 토라에 따르면, 땅이 생겨나기 전 우주가 창조되는 바로 그 순간부터 물이 존재했다(《창세기》는 첫 구절에서 이렇게 말한다. "한처음에 하느님께서 하늘과 땅을 창조하셨다. 땅은 아직 꼴을 갖추지 못하고 비어 있었는데, 어둠이 심연을 덮고 하느님의 영이 그 물 위를 감돌고 있었다").[65] 하느님은 둘째 날에 땅을 창조하고, 셋째 날에 바다를 창조했다. 그리고 다섯째 날에 바다 속 생물을 창조했고, 여섯째 날에 인간을 창조했다.[11] 이러한 순서는 오늘날 과학에서 인정하는 것이다.

유대인들에게 물은 생명의 원천이면서, 동시에 죽음의 위협이었다. 하느님은 자신의 권능을 바다 위에 펼치거나 바다를 통해 드러냈다. 대홍수 이야기에서 노아는 그리스의 난파선 이야기에서처럼, 일종의 '상자'

안에 들어가 살아남는다.[14] 홍해가 갈라진 이야기는 인간 구원을 나타내는 은유였다. 요나라는 인물은 풍랑을 잠재우려는 뱃사람들에 의해 바다로 던져져 커다란 물고기에게 삼켜졌지만 며칠 뒤에 풀려났다.[11] 이 모든 이야기에서 보듯, 바다는 하느님이 부여한 시험의 장소였다. 인간은 이 시험을 이겨내야만 자유인의 조건에 이를 수 있다. 바다는 온갖 위험이 도사리는 장소이기도 했다. 성경에서 묘사하는 여러 괴물 중 가장 무서운 레비아탄은 바다에 살았다.[11]

히브리인들은 바닷사람이 아니었다. 이들은 큰 항구를 건설하지 않았다. 그들에게 바다는 무엇보다도 타인들의 왕국이었다. 그러므로 지중해를 가리켜 "서쪽 바다"(〈신명기〉 9장 24절), "필리스티아인들의 바다"(〈탈출기〉 23장 31절), "큰 바다"(〈민수기〉 34장 6~7절) 혹은 그냥 "바다"(〈열왕기〉 상권 5장 9절)라고 불렀다.[65]

그럼에도 이 시기에 유대인들과 그리스인들은 서로를 알아보는 데 그치지 않고, 지중해를 가로질러 오가면서 대화를 나누었다. 밀레토스와 티레를 오가는 배들이 랍비들과 철학자들을 실어 날랐다. 이로써 서방 세계는 물론 인류 전체에 부과되는 보편성이라는 공통 교의가 탄생했다.[14]

이후 바다는 유대인들에게도 주요한 방편이 되어준다. 그들 역시 생존과 교역을 위해, 그리고 신앙의 유지를 위해 이동해야 했기 때문이다.

지중해를 두고 다투는 카르타고, 그리스, 페르시아

같은 시기에 지중해에서는 카르타고가 새로운 세력으로 부상해 페르시아 및 그리스와 함께 제해권을 다투기 시작했다.

　카르타고는 기원전 810년 티레를 떠난 페니키아인들이 창설한 새로운 항구도시였다. 전략적으로 중요한 오늘날의 튀니스 해안에 자리를 잡은 덕분에 기원전 500년경에는 비약적인 발전을 이루었다. 카르타고는 상당히 훌륭한 선단을 갖추고 있었다. 카르타고인들의 배는 짧은 시간 안에 지중해에서 가장 발전한 선박이 되었으며, 난파 걱정 없이 해안선을 따라 항해하며 군대를 빠르게 수송할 수 있었다. 그리하여 카르타고는 시칠리아, 코르시카, 사르데냐를 지배하고 이집트, 에트루리아, 그리스와 교역했다. 카르타고의 수출품은 튀니지에서 생산한 밀과 포도주, 아프리카 대상들을 통해 수입한 금과 상아, 이베리아반도에서 들여온 은과 철, 그리고 브리타니아의 주석이었다.[25] 카르타고의 탐험가들은 카나리아제도〔오늘날 모로코에 가까운 대서양의 섬들〕와 카보베르데〔오늘날 세네갈에 가까운 대서양의 섬들〕까지 항해했다.

　소아시아의 그리스 도시들과 페니키아의 항구들은 이제 쇠퇴하기 시작했다. 페르시아 제국이 손쉽게 이들 도시를 장악했다. 그리하여 히스타스페스의 아들 다리우스 1세는 일련의 살인과 전투 끝에 바빌론의 권력을 탈취한 직후 기원전 517년 바다로 진출해 지중해를 지배하고자 했다.[30] 그는 전략적으로 중요한 헬레스폰토스 해협 및 보스포루스 해협과 더불어 그리스의 새 항구 비잔티움〔오늘날의 이스탄불〕을 정복하고 에게해와 흑해 사이의 해상 교통을 통제했다. 그러고는 사모스와 키프로스까지 점령했다.

기원전 5세기가 시작될 무렵, 그리스인들은 페르시아의 공격을 받고 소아시아를 떠나 펠로폰네소스반도로 중심지를 이동했다. 이로써 아테네가 그리스 세계의 중심 도시로 떠오르고, 피레아스가 그리스 제1의 항구가 되었다. 그리스의 각 도시는 독립되어 있었다. 아테네, 스파르타, 델포이, 코린토스는 제각기 노선과 범선으로 이루어진 상업 선단과 해군 선단을 갖추고 있었다. 그들의 선박은 더욱 강력해졌는데, 특히 그중에서도 삼단노선이 그러했다.[135] 기원전 483년경 아테네의 테미스토클레스는 라우리온 광산에서 나오는 은을 가지고 삼단노선을 연이어 만들게 했다.[32]

이렇게 해서 아테네는 그리스 세계 전체의 권력을 장악했다. 아테네는 식량을 수입에 의존했으므로, 반드시 동지중해의 교통을 안전하게 확보해야 했다.[32] 트라키아, 시칠리아, 이집트에서 밀을 들여오기 위해 몇 척의 삼단노선으로 구성된 해군 선단을 파견해 상선들을 보호했다.[146]

기원전 486년 다리우스 1세가 죽자, 그의 아들 크세르크세스 1세가 뒤를 이었다. 아케메네스 제국의 창설자 키루스 2세의 손자이기도 한 크세르크세스 1세는 이집트를 제압한 뒤, 다시금 아버지와 같은 야심을 품고 그리스를 정복하고자 했다.[32] 그는 아테네와 아테네에 연합한 그리스 도시들을 공격했고 육상에서 우위를 점했다. 기원전 480년 4월 10일 테르모필레 전투에서 스파르타의 왕 레오니다스 1세가 목숨을 잃었다. 아테네 주민들은 도시를 버리고 달아났다. 페르시아군은 텅 빈 아테네를 파괴했다. 그리고 해상에서 펠로폰네소스반도를 공격해 그리스인들을 끝장내고자 600척의 배를 파견했다. 이에 맞선 그리스 도시들은 서로 동맹을 맺었으나 350척밖에 동원하지 못했다. 기원전 480년 9월 11일 살라미스섬 해상에서 마침내 양측 해군이 마주쳤다. 테미스토클레스의 그리스 해군이 수적 열세에도 불구하고 유리하게 불어오는 바람의 도움을 받아 좁은 해협에서 적의 정면을 공격하자 페르시아 배들은 달아나지도 못하고 서로 충돌했다.[32] 더 빠르고, 좁은 공간에 더 적합하며, 더 훌륭하게 통솔된 그리스의 삼단노선들은 적선의 측면을 들이받았다. 그리고 승리했다.[32] 사전에 이미 승부가 결정 난 이 전투는 그리스 세계를 구원했을뿐더러, 오늘날에도 최고의 전략이 발휘된 해전으로 남아 있다.[25]

살라미스 해전에서 패한 크세르크세스 1세는 페르세폴리스로 퇴각해 동지중해의 제해권을 아테네에 넘겨주고 소아시아의 그리스 도시들을 해방했다.

페르시아인들이 파괴한 아테네는 재건되어 동지중해 최강국으로 부상했다. 아테네의 두 항구 피레아스와 칸타로스에 자리 잡은 상인들은 '나우티코스'라고 하는 해운 대부업을 발명했다. 상품 구입과 운반에 자금을 융자하되 배가 난파될 경우 채무자의 보험으로 손실을 보전하는 제도였다. 이는 중국인들이 위험 부담을 상호 분산하던 것보다도 여러 세기 앞선 것이었다.

바다에 관한 그리스인들의 지식은 매우 빠르게 발전했다.[43] 기원전 4세기에 그리스의 섬에 살다가 당시 소년이던 알렉산드로스 대왕의 교사가 되는 아리스토텔레스는, 항구에서 멀어지는 배들이 점차 수평선 너머로 사라지는 것을 관찰하고 지구가 둥글다는 결론을 내렸다. 그는 지구의 둘레가 대략 7만 4000킬로미터에 이른다고 추산했다(이는 실제 지구 둘레의 두 배에 가깝다). 그리스인들은 대서양을 가리켜 '아틀라스의 바다'라고 불렀는데, 이는 천궁天穹을 떠받치고 있는 아틀라스가 헤라클레스의 기둥 (지브롤터 해협) 너머에 살고 있다고 생각했기 때문이다.

지중해에는 다른 항구도시들이 속속 등장했다. 기원전 667년에는 비잔티움이 건설되었고, 기원전 600년에는 베네치아가 세워졌다. 로마는 기원전 753년에 세워졌으나 처음에는 그리스와 페니키아의 지배 아래 있었다. 로마의 항구 오스티아는 기원전 335년에 건설되었다.

그리스의 패권은 기원전 330년 마케도니아의 정복자 알렉산드로스 대왕에 의해 몰락했다. 알렉산드로스 대왕은 그리스를 정복하고, 거의 전적으로 육로로만 이동해 인도까지 도달했다. 그는 바다의 중요성을 무시하지 않았다. 그 1년 전에 알렉산드로스 대왕은 이집트의 지중해 연안에 새로운 항구도시 알렉산드리아를 건설하도록 명령했으며, 방파제를 쌓고 인간의 손으로 만든 최고의 등대를 세우도록 했다.[14] 마치 알렉산드로스 대왕 자신이 정복활동 중에 바다를 건너지 못한 것을 후회하는 듯했다.

알렉산드리아는 동지중해의 으뜸가는 무역항이 되었다. 기원전 323년부터 이 지역에서 알렉산드로스 대왕을 계승한 라고스 왕조[프톨레마이오스 왕조의 다른 이름]의 황제들은 이 도시를 제국 내 지성과 상업의 중심지로 발전시켰다. 그들은 알렉산드리아에 거대한 도서관을 짓고 항구에 정박한 배에서 발견되는 모든 필사본을 징발했다. 원래의 소유주에게는 사본 한 부만 돌려주었다고 한다.[14] 이곳에서는 다른 어떤 곳에서보다 과학이 발달했다.[14] 기원전 280년 알렉산드리아에서는 그리스인 천문학자 사모스의 아리스타르코스가 지구가 속한 행성들의 체계 안에서는 태양이 중심을 이룬다고 설명했다. 또한 히파르코스가 천문 관측의 원리를 발견하고, 이후 프톨레마이오스가 이를 개량한 곳도 알렉산드리아였다. 프톨레마이오스는 알렉산드리아의 높은 언덕에 서서 수평선 너머로 멀어져 가는 배들을 관찰하고 바다가 구球를 이룬다는 과학적 증거를 제시했다.[43]

지중해를 두고 다투는 로마와 카르타고

그리스인들이 역사의 무대에서 퇴장하자 새로운 두 해상 세력이 지중해를 두고 다투기 시작했다. 이들 또한 각자의 배후지에서 구할 수 없는 물품을 수입해야 했으므로 지중해의 제해권을 확보해야만 했다. 이번에도 역시 대량의 농업 자원을 갖지 못한 이들에게 바다는 필수불가결한 것이 되었다.

지중해의 신생 강호로 등장한 로마는 인구가 금세 100만에 이르렀고, 기원전 3세기에 이미 해양 무역의 중요성을 인식했다. 주민들은 물론 멀리 파견된 병사들에게도 충분한 식량을 공급해야 했기 때문이다. 더욱이 이동하는 동안에 식량을 보존하기 위해서는 소금이 반드시 있어야 했다. 연구 결과에 따르면 로마인들의 정복활동 중에는 소금 광산이나 염전 자리를 찾기 위한 목적도 많았고, 염전 자리를 찾았을 땐 물을 증발시켜 소금을 얻는 그들만의 기술을 적용했다고 한다.[19]

이렇게 해서 로마는 한 세기 만에 500척이 넘는 군선과 12만 명의 해병을 갖추고 지중해 제해권을 획득했다. 사실 지중해를 '지중해'('육지 가운데 있는 바다')라고 처음 부른 것도 로마인들이었다. 이제 오스티아는 지중해에서 가장 혁신적인 항구가 되었다. 로마인들은 부두 건설에 쓸 수경성 콘크리트까지 개발했다. 콘크리트는 채석장과 바다에서 얻은 모래로 제조되었고, 곧 로마의 모든 건설 현장에서 사용되었다.

평화를 보장하기 위해 로마는 스스로를 방어할 수 없는 그리스 도시들에 조약을 맺도록 강요했다. 로마가 요구한 조약에는 각 도시의 군선의 수와 활동 영역을 제한하는, 이른바 '해군 조항'이 포함되어 있었다. 함대가 없어지자 그리스인들은 완전히 로마의 손안에 놓이게 되었다. 이는 먹고사는 문제에 있어서도 마찬가지였다.

로마 가까이에 있던 카르타고는 로마의 경쟁자임을 자처하며 북아프리카의 다른 페니키아 도시들에게 점진적으로 지배력을 행사했다. 카르타고는 전략적으로 매우 유리한 위치에 있을 뿐 아니라 탁월한 항구를 갖추고 있어 한 번에 220척의 배를 피난시킬 수 있었다. 카르타고의 함대는 에이코소레(노꾼 20명), 트리아콘토로스(노꾼 30명), 펜테콘토로스(노꾼 50명), 브리간틴(쌍돛 범선)과 렘보스(돛이 없고 높이가 낮은 소형의 일단 노선) 등 여러 가지 형태의 군선으로 구성되었다. 카르타고 또한 로마와 마찬가지로 노꾼을 각기 3단, 4단, 5단으로 배치한 삼단노선, 사단노선, 오단노선을 보유하고 있었다.[30]

카르타고는 도처에서 로마와 경쟁했으며, 필수품의 공급처를 탈취했다. 로마는 이 경쟁관계를 끝내기로 결정하고 카르타고를 향해 군대를 파견했다. 일부는 이베리아반도를 지나는 우회 경로를 택했고, 나머지는 바다를 가로지르는 직통 경로를 택했다.

1차 포에니 전쟁(기원전 264~241)이라고 불리는 이 전쟁에서, 시칠리아, 코르시카, 사르데냐의 근해에서 셀 수 없이 치러진 해전에서 먼저 패한 것은 카르타고였다. 이제 바다의 지배자가 된 로마의 장군 스키피오는 기원전 202년 마침내 아프리카에 하선했다. 그리고 오늘날 튀니지 북서부에 있는 자마에서 카르타고의 한니발 장군을 완파했다.

기원전 196년 로마는 지중해 전체의 제해권을 확보하기 위해 마케도니아 왕 필리포스 5세와 싸워 승리를 거두었다. 그리고 그리스의 마지막 잔존 세력이었던 마케도니아를 압박해 모든 전선에서 물러나도록 했다. 기원전 188년에는 아파메이아(시리아) 조약을 통해 셀레우코스의 왕 안티오코스 3세에게 그의 함대에 있던 군선 10척을 비롯해 보유한 모든 선박을 로마에 양도하도록 강제했다.

기원전 149년 로마 원로원에서는 카르타고를 완전히 끝장내기로 결정하고, 포위 공격을 실행할 보병군단을 오늘날의 스페인을 경유해 파견했다. 결국 카르타고는 기원전 146년에 완파되었다. 같은 해에 그리스의 코린토스 역시 같은 운명을 맞았다.

경쟁자들을 모두 무장해제시킨 로마는 이제 바다에 대한 관심을 거두어들여도 된다고 생각하고, 상당히 축소된 규모의 함대 하나만 남겨두었다.

기원전 75년, 북아프리카에 근거지를 둔 해적들이 로마의 함대가 부재한 상황에 용기를 얻어 기습 공격을 감행하는 일이 벌어지곤 했다.[38] 이 때문에 인구가 늘어난 이탈리아반도에서는 농산물 공급이 심각하게 불안정해졌다.[25] 기원전 70년 로마 당국은 함대를 재조직하고 폼페이우스 장군에게 해적 소탕 임무를 맡겼다. 당시 로마는 대형 군선 500척, 병사 12만 명, 말 5000필을 투입할 만큼 엄청난 수단을 동원했다. 폼페이우스는 지중해 전체를 13개 구역으로 나누고, 충각으로 무장한 갤리선에 로마 군단을 태워 각 구역에 배치했다. 로마 함대에 쫓긴 해적들은 오늘날의 터키 남부, 그중에서도 특히 알라냐의 코라케시움 항으로 일단 피신했다. 하지만 기원전 67년에 결정적으로 패배해 완전히 해체되고 말았다.

기원전 46년, 로마의 새로운 강자로 부상한 카이사르가 승전을 기념해 대중에게 베풀어오던 서커스에서 처음으로 해상 전투를 재현했다. 이것이 바로 로마인들이 나우마키아라고 부르던 최초의 모의해전이다. 테베레강 근처에 건설된 거대한 저수조에서 4000명의 노꾼이 노를 젓는 이단노선, 삼단노선, 사단노선을 타고 2000명의 전투병들이 대결을 벌였다.

2년 뒤인 기원전 44년, 카이사르가 암살되자 그의 후계 구도와 로마의 미래가 또다시 바다에 맡겨졌다. 옥타비아누스, 레피두스, 안토니우스, 세 장군이 카이사르를 살해한 일당을 제거한 뒤, 서로 제국을 차지하기 위해 다투었다. 대결 과정에서 레피두스는 추방되어 먼저 탈락했다. 마르쿠스 안토니우스는 이집트로 피신해 라고스 왕조의 여왕 클레오파트라와 함께 로마를 손에 넣을 준비를 했다. 로마에 남아 있던 옥타비아누스는 안토니우스가 동방의 군대와 연합해 자신에게 맞서지 않을까 우려하여, 기원전 31년 안토니우스를 쳐부술 함대를 파견했다. 이로써 코르푸섬 근처 악티움에서 900척의 군선이 맞붙게 되었다. 그나마 클레오파트라는 자신의 함대 중 일부만을 파견했다. 배를 다루는 옥타비아누스의 탁월한 기술과, 로마 함대의 중요한 장군인 아그리파의 우월한 전략 덕분에 전투는 오래지 않아 결판이 났다. 안토니우스의 함대를 지휘하던 장군들은 패배가 예견되자 모두 달아나버렸다. 안토니우스와 클레오파트라는 이집트로 피신하고, 1년 뒤 그곳에서 자살했다.

이 전투로 인해 로마는 이후 300년 동안 지중해를 지배할 수 있게 되었다(로마는 임페리움 마리스imperium maris, 곧 바다의 제국이 되었다). 그리고 다시금 바다에 대한 지배력이 육지에 대한 지배력을 보장했다.

다시 2년이 지나, 아우구스투스〔'존엄한 자'〕가 되고 신성한 존재가 되어 사실상 로마의 첫 황제가 된 옥타비아누스는 카르타고를 재건하고 콜로니아 율리아 카르타고라는 새 이름을 부여했다. 이제 로마는 지중해는 물론, 대서양과 인도양에도 나름의 방식대로 이름을 부여했다.

기원전 2년, 권력을 잡은 뒤로 40년이 지났고 죽음을 16년 앞두고 있던 아우구스투스는 마르스 신전의 낙성식 행사로, 테베레강 우안에 저수조를 설치하고, 30척의 충각선에 나눠 탄 3000명의 병사들이 서로 겨루게 했다. 다시 한 번 로마와 그 지배자들은 바다에 매료되었다.

4

노와 돛을 이용한 바다 정복
기원후 1세기부터 18세기까지

"바다를 통제하는 자는 무역을 지휘한다.
무역을 통제하는 자는 세상을 지휘한다."
월터 롤리 경, 1595

기원후 1년이 시작될 때에도, 그리고 그 뒤로 1800년이 흐르는 동안에도, 사람들은 6만 년 전부터 늘 그래왔듯이 노와 돛을 이용해 인력人力과 풍력으로 바다를 여행했다.

그 1800년 동안에—사람들은 너무나 빈번하게 역사를 다르게 이야기하고, 프랑스를 비롯한 허구적 정주 세력들을 전면에 내세우지만 그럼에도—경제·정치·사회·문화권력은 결국 바다와 항구를 지배한 자들이 차지했다. 가장 위대한 제국들조차 바다와 항구에 대한 통제권을 상실했을 때는 늘 쇠락하고 말았다. 모든 전쟁과 모든 지정학 또한 반드시 이러한 견지에서 읽어야 한다. 정주 제국들의 대립이나, 세계의 평원에서 펼쳐지는 보병대와 기병대의 이동 전략을 연구하는 관점에서 읽어서는 안 된다.

또한 인간 사회를 뒤집어놓고 심지어 가장 농업적인 것들마저 바꾸어 놓은 대부분의 혁신들은 바다에서 이루어진 것이거나, 바다를 항해하기 위해 만들어진 것이었다. 대부분의 사상과 상품이 유통되고, 노동의 경쟁과 분업이 조직된 것도 바다에서였다. 상선들을 보호한 것은 함대였다.

그 1800년 동안에 패권을 쥔 나라들 또한 중국해나 지중해, 페르시아만 연안에 있는 나라들이었다. 하지만 그 뒤로 풍력을 더 잘 이용할 수 있는 더 크고 견고한 배가 등장하자 권력은 이제 대서양으로 넘어갔다.

바다를 향해 문을 닫은 중국

기원후 1년이 시작되던 시기에 중국은 여전히 세상을 지배하기 위한 모든 조건을 갖추고 있었다. 전방의 해안은 길게 이어졌고, 후방의 내륙은 광대했으며, 다양한 민족으로 구성된 인구는 많고도 많았다(당시 중국 인구는 7000만 명 정도로, 전체 인류의 4분의 1에 달했다). 중국은 농업과 수공업은 물론 조선 분야에서도 기술 혁신의 첨단에 있었다. 또한 중국은 바다로 나갔을 뿐 아니라, 이미 수천 년 동안 주변 바다와 섬들을 탐험한 최초의 인간 사회들 가운데 하나였다. 그러므로 중국인들은 사방이 무한한 바다에 둘러싸인 네모 모양으로 상상한 이 지구라는 행성 전체에 자신들의 문화와 역량을 맘껏 펼칠 수도 있었을 것이다.

하지만 중국은 그러한 권력을 원하지 않았다. 중국인들이 보기에 좋은 것이든 나쁜 것이든 그 어떠한 것도 외부에서 나올 수는 없었다. 바다에서든 땅에서든 그 어떠한 것도 중국 바깥에서 생겨날 수 없었다. 중국인들은 다만 서부의 육상 경계를 방어하는 데 몰두했을 뿐, 바다는 그저 자연 방어막이라 여기고 등한시했다. 그리하여 중국이라는 제국은 폐쇄 회로 속에서 살아가며, 외부에서 오는 방문객이나 혁신을 거의 받아들이지 않았다. 외부와의 무역은 매우 빈약했고, 그나마도 거의 외국 상인들에 의해 이루어졌다. 이들이 들여오는 물품도 대체로 진주나 보석 같은 사치품이었다.

중국은 스스로 이러한 사실을 인정할 것이다. 지중해의 세력들과 달리, 중국은 자신의 영토 안에 이용 가능한 땅과 농업 자원이 충분했고, 그러하기에 수입 물품에 의존할 필요가 없었다. 이러한 조건 덕분에 중국은 적어도 제1천년기 동안은 성공을 거두었다. 중국인들의 평균적 생활수준은 유럽인들보다 더 높았다.

200년, 후한後漢의 헌제는 기원후 25년부터 제국의 수도가 된 뤄양洛陽을 근거지로 삼아 남쪽의 왕국들을 다시 자기 손에 넣고자 했다. 황제는 장수 조조에게 30만 명 이상의 수군을 강으로 수송할 수 있는 함대를 조직하게 했다. 208년, 황제는 이 함대를 파견해 중국 남부에 접근하기 위한 선결 조건인 양쯔강에 대한 통제권을 장악하고자 했다. 조조는 물살에 배가 뒤집히지 않도록 군선들을 서로 연결했다. 하지만 적군은 작고 빠른 여러 척의 배에 불을 붙여 대항했고, 결국 조조의 함대는 절반이나 완파되었다. 강에서 벌어진 이 전투로 인해, 220년 한나라의 마지막 황제는 자리에서 물러나게 되었다. 중국은 북부의 위魏, 서부의 촉蜀, 동부의 오吳, 세 왕국으로 나뉜 채 한동안 분열을 지속했다.

이후 265년을 기다린 끝에, 280년 서진의 무황제 사마염이 중국을 다시 통일했다.

300년 이후, 서진의 황제들이 서둘러 파견한 중국의 함대가 다시 주변 바다를 탐험하기 시작했다. 하지만 상업적 목적이 있었던 것은 아니다. 중국과 외국의 정크선으로 이루어진 선단이 중국의 탐험가들과 외교 사절단을 수송했고, 노와 돛을 사용해 인도양까지 닿았다. 350년경에는 말레이시아에, 400년경에는 실론섬에 이르렀으며, 그 뒤로는 유프라테스강 어귀에까지 나아갔다. 한 세기 뒤에는 포르모사(타이완)와 수마트라, 그리고 베트남의 해안에 진출했다.[25]

남부의 광저우나 북부의 난징 및 친저우 같은 중국의 항구도시들은 몇몇 외국 상인들을 받아들였다. 중국 상인들과 외교관들은 오늘날의 베트남 남부, 캄보디아, 태국을 통합한 동남아시아 최초의 왕국 프놈까지 항해했다.[25] 상인들의 민족인 프놈의 주민들은 메콩강 삼각주 지역을 정비해 경작 가능한 땅으로 만들고, 메콩강에 가까운 앙코르 보레이에 수도를 건설했다. 이곳은 수많은 운하를 통해 시암만으로 연결되었다. 시암만에 접한 항구도시 옥에오는 중국, 인도네시아, 페르시아, 로마와 교역을 했다.[129]

바다를 향해 문을 연 중국

581년부터 중국을 하나의 제국으로 경영하던 수나라가 618년에 멸망하고, 당나라가 들어섰다. 당은 바다의 중요성을 인식했다. 황제는 고위 관리를 임명해 광저우에 상주하면서 외국 선박과의 관계를 담당하게 했다. 광저우에는 곧 20만 명의 외국인이 거주하게 되는데, 대부분 남아시아와 동남아시아 출신의 아랍인이나 페르시아인 상인들이었다. 이들은 중국 남부, 일본, 수마트라, 자바, 필리핀 등 다양한 지역을 연결하며 교역을 발전시켰다. 광저우에서는 거대한 정크선들이 건조되었고, 중국 항해사들은 중국 상인들을 대리해서 이 정크선들을 운항했다. 700년경에는 중국의 천문학자이자 승려인 일행이 중국 북부에서 베트남까지 항해한 뒤 지구가 둥글다는 것을 확인했다.

하지만 907년 당이 멸망하자, 중국에는 혼란과 분열이 반복되었다. 전염병, 전쟁, 기아로 인해 950년까지 인구가 6000만 명 정도에서 정체되었다. 중국 전체가 다시 통일되려면 960년 송나라가 첫 황제 태조가 등장할 때까지 기다려야 했다. 송 왕조 시절에도 중국은 바다를 향해 개방되어 있었고, 수많은 혁신을 이루었다. 그리하여 11세기에는 배 이물의 선미재船尾材에 경첩으로 연결된 키를 개발해 배를 훨씬 더 쉽게 조종하고 방향을 바꿀 수 있게 되었다. 또한 이 시대의 많은 문헌에는 자석을 이용해 북쪽을 가리키는 새로운 도구, 곧 나침반에 대한 언급이 나온다.

1115년, 중국은 다시 분열되어 북쪽에는 금, 남쪽에는 송의 후신인 남송이 들어섰다. 이 두 나라는 초원 지대에서 육로를 통해 내려오는 유목민들의 공격에 끊임없이 시달렸다.

남송은 여전히 바다를 향해 열려 있었다. 남송의 정크선은 난바다에서 최대 1250톤의 화물과 500명의 승객을 운송할 수 있었다. 남송의 최대 항구는 오늘날 상하이 남쪽에 위치한 밍저우(오늘날의 닝보)와 광저우(광둥 지방)였다. 밍저우는 이웃 나라 고려는 물론 인도양과도 수없이 교류했으며, 광저우는 특히 인도네시아의 왕국들과 빈번히 교류했다. 중국 동부와 동남아시아의 바닷길들을 보호하기 위해 1132년 남송은 중국 최초의 상시적 해군을 창설하고, 광저우에 해군 본영을 설치했다. 남송 정부는 귀족들의 토지를 몰수해 해군에 필요한 자금을 조달했다.

12세기에는 다른 해상 세력들도 중국해에 등장했다. 특히 앞서 살펴보았듯이 이미 5세기 전에 수마트라 남동부에서 도시국가로 시작된 스리위자야는 아랍과 인도와 중국을 연결하는 바닷길에서 매우 중요한 거점으로 성장했다.[25] 이러한 지리적 위치 덕분에 스리위자야는 수마트라 전역에서 패권을 장악하고 이어서 말레이시아까지 세력을 확장했으며, 전략적으로 절대적 위치에 있는 말라카 해협을 통제할 수 있었다. 그 수도인 팔렘방은 수마트라의 항구도시로, 인도와 중국을 연결하고 거대한 창고에 교역품(밀, 목재, 철)을 저장해 그곳을 경유하는 상품들의 가격을 결정했다. 1000년경 이 왕국은 자바섬 북부와 보르네오섬까지 확장되었다. 그리고 거의 500년 동안 남아시아의 해양 무역을 지배했다. 팔렘방은 해군, 교역, 금융에서 동시대 유럽의 주요 해양 세력인 브뤼헤, 제노바, 베네치아를 포함해 세계의 다른 어떤 항구도시보다 우월한 역량을 갖추고 있었다.

팔렘방은 여러 세기에 걸쳐 세계 경제의 중심지였다. 그럼에도 서방의 역사서들은 이제껏 팔렘방에 대해 전혀 이야기하지 않았다.[24]

사막에서 왔지만 바다를 지향했던 왕조

그 뒤로 중국인들이 지난 2000년 넘는 세월 동안 줄곧 두려워했던 일이 벌어졌다. 오늘날 몽골의 카라코룸에서 온 한 유목민족이 수많은 실패 끝에 중원의 제국을 침략했다. 1206년 칭기즈칸에 의해 통합된 몽골인들은 말 20만 필에 그보다 더 많은 낙타로 구성된 기병대를 보유하고 흑해에서 태평양에 이르기까지 역참들을 설치했다. 이들은 1234년 중국 북부를 정복하고 오늘날의 베이징인 대도를 수도로 삼아 원나라를 세웠다.

1260년 자신의 형제를 누르고 중국의 황제가 된, 칭기즈칸의 손자 쿠빌라이 칸은 바다에 매료되었다. 그는 사막을 지배했듯이 해양을 지배하기를 원했다. 그리하여 1279년 중국 남부까지 장악하고 송 황제의 함대와 중국 해안의 조선소들을 자기 것으로 삼았다. 쿠빌라이 칸의 함대는 9900척의 군선을 갖춘 세계 최대의 함대였다.

1281년 5월, 쿠빌라이 칸은 4200척의 군선과 14만 명의 병사를 파견해 일본 해안을 공격하게 했다. 같은 해 6월에는 일본 규슈 북단 하카타에 정박하고자 했으나, 그곳의 견고한 성채에 가로막혀 회항해야 했다. 같은 해 8월 12일 그의 함대는 하카타 남쪽 다카시마의 이마리만에 접근했다. 그러나 이번에도 일본 군대의 저항에 부딪혔다. 8월 13일 저녁, 태풍(일본 사람들은 '신의 바람'이라는 뜻에서 가미카제神風라고 불렀다)[218]이 불어와 몽골 함대를 거의 완전히 부숴버렸다. 이로써 바다를 향한 중국의 야망은 좌절되고 말았다. 중국제국은 특히 일본에 대한 야망을 완전히 포기해버렸다.

1294년 쿠빌라이 칸이 죽자 수많은 반란과 봉기가 일어났다. 그중에서도 백련교와 같은 불교 운동들이 몽골제국을 갈가리 찢어놓았다. 중국은 다시금 분열되었고, 이번에는 4개의 왕국이 성립되었다.

다시 바다에 등을 돌린 명나라

한 세기가 지난 1368년 중국 북부에서 명이 원을 타도하고, 더 남쪽으로 내려가 난징을 수도로 삼았다. 명은 중국 남부 세 왕국을 장악하고, 여러 섬을 근거지로 삼아 대항하고 있는 중국인과 일본인 해적들을 정벌하고자 했다.[140]

1371년, 명 태조 홍무제는 (1000년 전 한나라 황제들이 생각했던 것처럼) 해적으로부터 스스로를 보호하는 가장 좋은 방법은 아예 바다로 나가지 않는 것이라고 생각했다. 홍무제는 해금海禁(사적인 항해가 '금지된 바다')을 공포했다. 이로써 해양 무역이 금지됨에 따라 송나라 시절에 닝보와 광저우(광둥) 같은 항구도시에 설립되었던 대형 무역회사들은 파산하고 말았다. 중국 해안 지역 주민들은 가난해졌고, 국가 재정은 피폐해졌으며, 부패와 밀수입이 늘었다. 이런 상황이 원인이 되어 심각한 인플레이션이 발생하고, 중국 남부에서는 수많은 반란이 일어났다.[140]

하지만 바다를 통한 무역이 금지되었음에도, 황실에 의한 해상 탐험은 계속 이어졌고, 영락제 재위 기간인 1405년에 절정에 이르렀다. 영락제는 포로가 된 제후의 아들로서 무슬림 환관 출신인 해군 장수 정화를 파견하면서 길이가 40미터가 넘고 돛대가 9개나 달린 원양 항해용 범선

70척과 3만 명의 부하를 주었다. 정화의 함대는 난징을 떠나 오늘날의 스리랑카, 인도네시아, 케냐, 오스트레일리아를 두루 항해했다. 정화는 특히 중국인으로서는 처음으로 홍해에도 진입했다. 1414년 명나라로 돌아올 때 정화는 말린디(오늘날 케냐의 한 지역)의 기린이라든가 얼룩말, 타조, 단봉낙타, 상아 등 진기한 동물과 물품을 함께 가지고 왔다. 하지만 여기에 상업적인 목적은 끼어들 틈이 없었다. 1405년 첫 탐험을 떠났을 때부터 1433년 죽음에 이르기까지 정화는 총 일곱 번의 탐험을 지휘했다.

1435년 이후 명 황제들은 몽골의 마지막 잔여 세력과 싸워야 했고, 보병대를 강화하기 위해 해상 탐험을 중단했다. 다시금 황제들이 바다를 포기한 것이다. 하지만 이번에는 기존의 해적들만이 그 바다를 차지한 것은 아니었다. 새로운 세력들이 중국해에 관심을 가지게 될 것이기 때문이다. 바로 이 시기 유럽의 열강은 중국의 퇴각으로 공백이 생긴 아시아에 뛰어들고자 전열을 가다듬는 중이었다.

바야흐로 유럽의 시대가 오고 있었다.

지중해에서 붕괴된 로마의 패권

1세기 초에는 이전 2000년 동안 그래왔듯이, 지중해 연안의 민족들은 (프랑스를 제외하고) 모두 바다를 필요로 했다. 중국해 연안의 주민들과 달리 내륙 지역에서 생활에 필요한 것들을 모두 생산하지 못했기 때문이다.

바다는 유대인들의 생존에 핵심적인 역할을 했다. 70년 예루살렘이 파괴된 뒤 여기저기 분산된 유대인 공동체는 새로운 상황에 율법을 적용하기 위한 조건들을 두고 끝없이 토론하면서 그들의 동질성과 정체성을 유지했다.[8] 만약 바다가 없고, 배가 없고, 이베리아·모로코·이집트·메소포타미아·캅카스이베리아·크림반도·스페인·페르시아만의 항구들 사이에서 상품과 함께 메시지를 전달하던 상인들이 없었다면, 유대 민족은 예루살렘의 제2성전이 파괴된 뒤 살아남을 수 없었을 것이다. 유대인들은 탈무드의 율법 해석을 열렬하게 토론하기만 한 것이 아니라, 직물·염료·향료·구리·금·은 교역에서 두각을 나타냈다. 바빌론과 바그다드가 대형 하천에 면한 수도로서 유대 민족의 생존에 중요한 역할을 했던 것처럼, 이제는 지중해가 유대교가 계속 유지되는 데 크게 기여했음에 틀림없다.[8]

지중해는 또한 그리스도교의 탄생에도 핵심적인 역할을 했다. 바오로(사울)는 연이어서 여러 배를 타고 여행했다. 특히 뮈라(오늘날 터키에 위치)에서 크레타로 갈 때는 이집트의 상선과 로마의 선박에 승선하기도 했다. 그는 선교를 위해 안티오키아, 키프로스, 페르게, 아테네, 코린토스, 에페소스, 카이사레아로 떠났으며 마지막으로 로마에 이르렀다. 베드로와 다른 사도들도 마찬가지로 선교 여행을 떠났다. 또한 그리스도교는 바다를 통해서, 오늘날 일드프랑스(파리와 그 근교 지역)와 독일 지역보다 먼저 브리튼과 아일랜드에 도착했다.

물과 바다는 그리스도교의 주요한 상징 반열에 오르게 되었다. 〈요한 묵시록〉에 따르면 "바다는 밤과 죽음과 눈물과 슬픔과 함께 사라질 것이다. 그러나 바다에서도 변모되고 승화되어 가장 좋은 무언가는 남는다." 이전에 그리스인들과 이집트인들에게 그러했듯이, 초기 그리스도인들에게도 지구가 둥글다는 사실은 더 이상 의심의 대상이 아니었다.

로마제국은 계속 바다에 매료되어 있었다. 57년 네로 황제, 80년 티투스 황제, 85년과 89년 도미티아누스 황제가 거대한 나우마키아(모의 해전)를 개최했다. 심지어 콜로세움에 물을 가득 채우고 거행한 적도 있었다.

3세기 중반에는 지중해에 새로운 세력들이 등장했다.

242년, 흑해 연안에서 탄생한 고트 왕국이 실크로드의 중요한 교차로에 위치한 크림반도를 점령했다. 253년, 페르시아 황제 샤푸르 1세는 로마인들에게서 안티오키아의 항구를 탈취했다. 이로써 로마인들은 동방 무역을 위한 해로에 접근할 수 없게 되었다. 이와 동시에 로마는 비단, 마麻, 면綿, 향신료, 보석과 준보석(다이아몬드, 터키석, 사파이어, 호마노), 기름, 소두구와 계피 같은 향료 등 여러 가지 물품의 산지는 물론 다수의 식량 공급처에도 바다로든 육지로든 접근할 수 없게 되었다.

285년, 디오클레티아누스 황제는 로마제국의 영역이 단 하나의 권위에 의해 통제되기에는 너무 크다고 판단했다. 그는 제국을 서방과 동방 둘로 나누어 2명의 집정관에게 각각 관리를 맡겼다. 하지만 그의 뒤를 이은 콘스탄티누스 황제는 스스로를 서방의 '아우구스투스'(존엄한 자)라고 칭하고(308년), 몇 년 뒤에는 동방의 '아우구스투스'라고도 칭했다(311년).[66] 그는 페니키아에서 해군을 재건하고, 경쟁자 리키니우스에 맞서 324년 9월 18일 크리소폴리스[오늘날 터키의 위스퀴다르]에서 승리를 거둔 뒤 제국의 통합을 확인했다. 이제 권력을 확고히 다진 콘스탄티누스 황제는 330년에 그리스도교로 개종했다. 그리고 비잔티움을 자신의 이름을 딴 콘스탄티노플이라 명명하고, 흑해 연안의 유목민족들 및 페르시아와의 전투에 로마제국의 군단을 수송하는 데 중요한 항구로 만들었다.

361년 콘스탄티누스 황제의 후계자 가운데 하나였던 율리아누스 황제는 그리스도교를 버리고, 함대를 이용해 실크로드를 다시 장악하려 했다. 362년 율리아누스 황제는 안티오키아에 자리를 잡고 샤푸르 2세의 페르시아를 침략할 준비에 몰두했다. 하지만 이듬해 황제는 살해되었고, 번개 치듯 짧은 공백기가 지난 뒤 로마제국은 그리스도교로 회귀했다.[14]

395년, 테오도시우스 대제의 두 아들 호노리우스와 아르카디우스가 각기 제국의 서쪽과 동쪽을 맡아서 제국을 다시 둘로 나누었다. 이번에는 양쪽이 서로에게서 완전히 독립한 형태였다.

428년, 반달족—안달루시아 지방에 근거지를 둔 뛰어난 해양 민족—의 왕 가이세리크가 북아프리카 원정을 시작했다.[81] 이들은 '야만인'이라 불렸지만, 완벽한 조선 및 항해 기술을 갖추고 있었다. 반달족은 배를 건조할 때 당시에 일반적이었던 '외피 우선' 방식(배의 바깥쪽 외피를 먼저 짜맞춘 다음 안쪽 골조를 조립하는 방식)을 버리고, 오늘날까지 사용되는 '골조 우선' 방식(배의 안쪽 뼈대를 먼저 조립하고 바깥쪽 외피를 짜맞추는 방식)을 채택했다.[25] 435년 가이세리크는 오늘날의 모로코에서 서로마 군대를 무찌르고 모리타니와 누미디아를 차지했으며, 439년에는 카르타고를 점령하고, 그곳에 있던 로마 함대를 탈취했다. 이어서 코르시카, 사르데냐, 시칠리아를 합병하고 이탈리아 남부를 기습 공격해 로마의 식량 공급을 차단했다.[81] 455년 가이세리크의 함대는 아무런 제재도 받지 않고 자유로이 테베레강을 거슬러 올라가 로마를 함락했다. 가이세리크는 스스로 '바다와 육지의 왕'이라는 칭호를 차지했다. 이제 더 이상 권력은 로마에 있지 않았다. 다만 동쪽의 반쪽 제국만이 남아 있을 뿐이었다.

476년 동로마제국의 황제 플라비우스 제노와 가이세리크 사이에 평화 협정이 맺어졌고, 이로써 가이세리크는 서로마제국에 대한 통치권을 확보하게 되었다.

로마제국은 바다에서 흥했고, 바다에서 망했다.

이슬람에 의한 동지중해의 부흥

사막 한복판에서는 이슬람이 등장했다. 무함마드에게 바다란 아름다움과 지혜와 힘의 원천이었으며, 또한 불신의 근원이기도 했다. 무함마드는 이렇게 말했다. "그분의 물은 정화하는 물이다."[70] "바다에서 (움직이는) 산 같은 배들도 그분(을 드러내는) 표징이다. 원하시면 그분은 바람을 잠재우시니, 배들이 바다 위에서 움직이지 못하게 된다. 실로 여기에 인내하고 감사하는 모든 이를 위한 표징이 있다."(쿠란 42장 32~33절) 그리고 "바다를 복종케 하여 너희가 바다에서 신선한 생선을 먹게 하고, 너희가 걸칠 장신구를 바다에서 건지도록 하는 분은 그분이시다. 너희는 배들이 파도를 일으키며 바다를 가르는 것을 보리니, 이는 너희가 그분의 은총을 강구하고 감사하게 하려는 것이다."[70](쿠란 16장 14절)

바다는 이슬람의 확장에 핵심적인 역할을 했다. 634년 예언자 무함마드의 동료였던 아부바크르 아스시디크〔1대 칼리프〕는 아라비아 통일을 완수한다. 641년 아므르 이븐 알아스 장군은 알렉산드리아를 점령하고 그곳에 있던 비잔티움제국의 선박들을 몰수했다. 하지만 2대 칼리프 우마르 이븐 알카타브는 바다에서 위험을 감수하기를 거부했다. "나는 어떠한 무슬림도 지중해에서 모험하도록 내버려두지 않을 것이다. … 내가 어찌 나의 병사들이 이 불충하고 잔혹한 바다를 항해하도록 허락할 수 있겠는가?" 그 뒤를 이은 3대 칼리프 우스만은 655년에 바다의 길을 회복한다. 그는 오늘날 터키 남쪽에서 벌어진, (소위 '돛대들의 전투'라고도 불리는) 알사와리 전투에서 500척 이상의 선박으로 이루어진 동로마 황제 콘스탄스 2세 헤라클리우스의 함대를 공격했다. 무슬림 해군 장수 아브디 알라 이븐 사아드 이븐 사르흐(압달라 이븐 사드)는 비잔티움제국의 선박들을 공격해 완파했다.[26] 칼리프는 이러한 승세를 이어가고자 콘스탄티노플 점령을 시도해, 674년부터 포위 공격에 들어갔다. 하지만 그리스도인 황제들은 길이가 매우 긴 갤리선으로 함대를 재조직했다. '드로몬'[97]이라고 하는 이 배는 길이가 길고(30~50미터) 300명을 태울 수 있지만 노꾼은 덜 필요하며(30~40명), 투석기와 그리스 연초煙硝(석회, 유황, 나프타, 송진을 섞은 일종의 화약)를 장착하고 있었다. 678년 그리스도인 황제 콘스탄티누스 4세는 바로 이 무기들을 가지고 4년 동안 콘스탄티노플을 포위하고 있던 무슬림 함대의 일부를 격파하는 데 성공했다. 나머지 무슬림 함대는 알렉산드리아로 돌아가는 길에 시리아 인근에서 폭풍에 휘말렸다.[98]

이후 비잔티움제국은 동지중해의 패권을 되찾고 오랫동안 유지했다. 하지만 우마이야 왕조의 무슬림 칼리프들도 다시 지중해를 향했다. 695년 칼리프의 함대가 5세기에 반달족의 도시가 되어버린 카르타고를 탈취했다. 이는 그리스도인들의 도시 콘스탄티노플과 경쟁할 수 있는 훌륭한 무슬림 항구도시를 건설하려는 것이었다. 칼리프는 알렉산드리아에서 배 만드는 목수 1000명을 불러와서 거대한 병기창을 건설하게 했다.

우마이야 왕조의 함대는 곧 100척 이상의 전선을 갖추었고 시칠리아, 사르데냐, 코르시카를 차례로 점령했다.

710년 칼리프는 타리크의 지휘 아래 1만 8000명의 병사들이 모로코에서 배를 타고 지브롤터 해협을 건너게 했다. 서고트족에게서 이베리아반도를 탈취할 목적이었다. 전설에 따르면, 타리크는 지브롤터에 이르러 배에서 내리자마자 배를 모두 불태우게 하고 부하들에게 이렇게 말했다고 한다. "이제 빠져나갈 구멍이 어디에 있는가? 너희들 뒤에는 바다가 있고 앞에는 적들이 있다. 너희에게는 맹세코 성실과 인내만이 있을 뿐이다." 711년 타리크는 세비야와 카디스를 정복했다. 안달루시아의 해군은 카디스에서부터 스페인의 모든 항구를 약탈했다. 이 때문에 서고트족의 왕국은 쇠약해졌고, 결국 716년 아랍인들이 오늘날 스페인과 포르투갈의 거의 전부를 통제하게 되었다. 아랍인과 베르베르인으로 구성된 무슬림 군단은 이제 프랑스로 건너가, 732년 10월 23일 푸아티에를 공격했다. 하지만 곧 전세가 역전되었다. 755년 바그다드에서는 우마이야 왕조가 아바스 왕조에 의해 무너지는 일이 발생했다. 우마이야 왕조의 마지막 생존자 아브드 알라흐만 1세는 마그레브 지역으로 피신했다가 안달루시아에서 권력을 잡았다. 새로 등극한 아바스 왕조는 영구적인 함대를 원하지 않는 듯 보였다.

844년 북쪽으로부터 세비야에 공격이 가해지자, 신임 아미르[무슬림 집단의 수장] 아브드 알라흐만 2세는 커다란 함대를 조직해야만 했다. 860년 그는 이탈리아 서부와 프랑스 프로방스 지방을 기습 공격하고, 마찬가지로 마그레브 지역까지 항해하는 무역 선단을 조직하면서 테네스와 오랑[두 도시 모두 오늘날 알제리 북부의 항구도시]에도 항구를 건설하게 했다.

909년 우바이드 알라 알마흐디라는 자가 오늘날 알제리의 카빌리에서 베르베르 부족들을 결집했다. 그는 오늘날 튀니지의 수스와 튀니스, 그리고 리비아의 트리폴리를 정복하고, 파티마 왕조를 열었다. 969년 파티마 왕조는 이집트를 점령하고 카이로를 건설했다. 이후 이 도시는 알렉산드리아와 함께 무슬림 세계의 해양 중심 도시로 성장했다. 알렉산드리아는 여전히 향신료, 인디고 염료, 후추, 사향고양이 향료 무역의 중심지로 남아 있었다.

파티마 제국의 함대는 지중해 세계에서 가장 강력한 함대 가운데 하나가 되어, 그리스 섬들을 근거지로 하는 해적들로부터 해양 무역을 안전하게 보호했다.

이렇게 해서 기원후 제1천년기가 끝나갈 무렵 동지중해는 비잔티움 제국과 파티마 제국이, 서지중해는 우마이야 제국이 지배하고 있었다.

이렇게 동방정교와 이슬람이 지배적인 상황은 유럽의 가톨릭 세력들, 특히 게르만족과 프랑크족의 연합체들을 제약해 유럽 대륙의 북쪽과 내륙으로 향하도록 강제했다. 벨기에의 훌륭한 역사학자 앙리 피렌은 〈무함마드와 샤를마뉴〉라는 글에서 "이슬람이 없었다면, 프랑크 제국은 절대 존재하지 못했을 것이다. 무함마드가 없었다면 샤를마뉴의 존재는 상상할 수도 없었을 것이다"라고 말했다. 프랑스와 독일에 바다를 향한 욕망이 결여되었다는 사실은 이렇게 해서 부분적으로나마 설명이 가능할 것이다. 이러한 사실은 오늘날까지도 두 나라에 해를 끼치고 있다.

티레니아해(이탈리아반도 서쪽의 바다)는 그리스도인들의 통제 아래 남아 있었다.

이슬람과 비잔티움에 맞선 두 해양 세력:
베네치아와 제노바

10세기, 베네치아 석호에서의 생활 조건은 무척 척박했기 때문에, 7세기에 세워진 이 도시의 상인들은 동지중해, 그중에서도 특히 달마티아 해안에 교역 거점들을 설치하기 시작했다. 이후 200년이 넘는 시간에 걸쳐 베네치아 상인들의 교역망이 완성된다.

12세기부터 베네치아의 도제[통령]들은 그들만의 고유한 배를 만들기 위해 조선소를 설치했다. 또한 이 시기부터 금융기관, 거래소, 상사商社, 은행, 보험사 등의 제도와 기관이 빠르게 생겨났다.

당시 베네치아는 동지중해 무역의 핵심부를 점진적으로 장악해나갔고, 유럽의 대륙 세력들(프랑스와 게르만 제국)에서 오는 물품과 비잔티움·무슬림 제국 및 아시아 세력들로부터 오는 물품을 교환하는 장소가 되었다.[122]

같은 시기에 서지중해에서는 토스카나 지방—피렌체와 그 상인들—을 배후지로 하는 또 다른 항구도시 제노바가 콘스탄티노플과 알레포〔시리아 북부의 주요 도시〕를 직접 연결해 금, 보석, 향신료 같은 동방의 물품들을 받아왔다. 제노바 상인들은 곧이어 스페인, 북아프리카, 프랑스, 잉글랜드, 게르만 제국과도 교역을 했으며, 아이슬란드까지 도달했다. 하지만 제노바는 해적들로부터 상선을 보호하기 위한 군선을 보유하지는 않았다. 제노바 사람들은 갤리선을 가진 용병들을 고용해야 했고, 그들 덕분에 리보르노, 코르시카, 사르데냐를 점령할 수 있었다. 하지만 바다의 패권을 장악하지는 못했다.[9]

지중해의 다른 항구도시 중 제노바와 베네치아에 필적한 곳은 바르셀로나였다. 바르셀로나 역시 마그레브, 레반트, 이집트, 아시아와 교역했다. 주로 설탕, 향신료, 목재, 상아, 진주를 수입하고, 플랑드르의 나사羅紗, 프랑스의 철물을 수출했다. 프랑스의 항구도시 중에는 이들 도시와 진지하게 경쟁해볼 만한 곳이 하나도 없었다.

십자군과 바다의 열강: 베네치아의 승리

유럽 대륙에서 가장 강력한 군주들(신성로마제국의 게르만 황제와 프랑스의 왕)이 반항적인 제후들을 멀리 떠나보내고자, 교황의 명령에 따라 성지 회복을 위해 정예 전사들을 파견했다. 십자군을 일으킨 동기에는 신앙과 탐욕과 야망이 뒤섞여 있었다. 1096년 1차 십자군 전쟁 때는 수많은 사람과 말과 물자가 프랑스에서 중동까지 이동했다. 1099년 십자군은 파티마 왕조와 싸워 예루살렘 왕국을 건설했다.

제노바와 베네치아는 십자군 전쟁의 상업적 가능성을 알아차렸다. 두 도시는 대형 병기창을 세우고 병사와 무기를 실어 나를 갤리선과 범선을 건조했다. 말을 수송하기 위해 측면에 문을 낸 '집달리' 선박이란 배를 따로 만들기도 했다. 제노바와 베네치아는 십자군에 이 선박들을 권했고, 십자군은 제안을 받아들여 이 선박들을 두 도시에서 임차했다. 해상으로 이동하는 것이 육상으로 이동하는 것보다 더 확실했던 것이다.[24]

잉글랜드-플랑드르 함대와 노르웨이 왕의 형제의 함대가 와서 그들을 지원했다. 다른 배들은 특별히 성전 기사단 같은 수도회들이 임차한 것이었다. 1110년 여름에 시구르 1세를 선봉으로 하는 노르웨이 함대가 시리아에 도착했다. 예루살렘 왕국의 프랑스인 왕 보두앵 1세는 여전히 파티마 왕조의 지배 아래 있던 시돈의 항구를 시구르 1세에게서 탈취하기 위한 원조를 요청했다. 그해 10월 19일 공성이 시작되었고, 승리는 프랑스와 노르웨이의 차지가 되었다.

2차 십자군 전쟁 중인 1146년에 유럽의 열강이 제노바와 베네치아에 십자군 수송 임무를 맡겼고, 이를 위해 두 도시의 은행들에 빚을 졌다. 이렇게 해서 두 도시의 은행들이 지중해 무역을 장악하게 되었다.

아이유브 왕조의 첫 지도자 살라딘이 등장했다. 이라크 태생인 살라딘은 1169년부터 이집트를 통치했고, 1174년부터는 시리아까지 통치했다. 1184년 그는 모든 것이 바다에 달려 있음을 깨달았다. 마그레브의 선원들과 해적들을 모집해, 예루살렘 왕국의 새 통치자 기 드 뤼지냥을 지원하러 온 그리스도교 군대를 공격했다.

1187년 살라딘은 전의를 상실한 듯한 십자군으로부터 예루살렘을 탈환했다. 1193년 살라딘이 죽자, 왕위 계승과 왕국 분할을 두고 한동안 분란이 일었다가, 알아델이 파티마 제국의 유일한 지배자로 등극했다. 그는 지하드를 멈추어야 한다고 생각했고, 1208년 알렉산드리아에서 베네치아 공화국과 평화적이고 상업적인 관계를 맺었다.

상선의 이동 경로를 안전하게 확보하기 위해 베네치아의 도제는 교회 선교사이기보다 용병이 되어버린 십자군의 수장들에게 자신을 대신해 자다르(크로아티아의 달마티아 지방에 있는 항구도시)의 교역 거점을 탈환해줄 것을 요청했다. 그는 그 대가로 아이유브 왕조의 이집트를 정복하고 예루살렘을 해방하기 위한 선박을 제공하겠다고 제안했다. 1202년 베네치아의 지원을 받은 십자군은 자다르를 점령했다. 그해 4월 13일에는 콘스탄티노플을 재공략하여 약탈했다. 십자군은 그들의 본래 목적이 그리스도교 왕국을 거덜 내는 것이 아니라 예루살렘을 수복하는 것임을 잊었던 것이다.

지중해의 대형 항구도시들은 해상에서의 분쟁에 대처하기 위해 제각기 고유한 법전을 만들고 법관들을 임용했다. 특히 1266년, 이미 지중해의 중요한 항구도시가 된 바르셀로나의 차이메 1세는 바르셀로나인 선주들을 대신해 지중해의 대도시 대부분에 거주하고 있는 모든 카탈루냐 시민에 대한 '통치, 배상, 징벌, 혹은 심판'을 담당하는 영사 조직을 만들었다. 여기 속한 영사들은 제각기 구전 판례들을 모아 성문화했다. 그리고 바르셀로나에서 이를 하나로 묶어서 《해양 영사관의 책Libre del Consolât de Mar》이라는 법전으로 편찬했다. 이 '바르셀로나 법전'은 지중해 지역에서 사용되는 모든 언어로 번역되어 지역 내 다른 항구도시에도 적용되었고, 17세기 말까지 그리스도교화된 지중해의 모든 선박을 위한 해양법의 준거로 쓰였다.

베네치아의 강력한 경쟁자로 떠오른 제노바

베네치아와 제노바의 경쟁이 절정에 이르렀다.

1284년 제노바는 우선 지중해를 둘러싼 경쟁자 피사를 해치웠다. 피사와 제노바가 사르데냐와 코르시카를 차지하기 위해 벌인 해전은 200척의 군선이 맞붙은 중세 최대 해전 가운데 하나였다. 리보르노 근처 멜로리아에서 벌어진 이 해전은 해군 전략의 걸작이기도 했다.

제노바는 전투를 시작하기 전에 함대를 2열로 나누어 앞뒤로 배치했다. 1열은 58척의 갤리선과 8척의 판필리(동방에서 기원한 가벼운 갤리선의 일종)로 구성되었고, 2열은 20척의 갤리선으로 구성되었다. 2열은 1열로부터 한참 뒤에 있었기 때문에 피사의 해병들은 2열의 보급선들을 보지못했다. 피사의 군선들은 접근전을 펼치기 위해 제노바의 1열 군선들에줄지어 달려들었다. 하지만 제노바의 2열 보급선들이 피사의 군선들을기습적으로 공격해 결국 승리는 제노바에게 돌아갔다.[26]

1296년 제노바는 피사의 항구 포르토피사노를 점령하고 피사를 바다로부터 단절시켰다. 이로써 피사의 상업적·정치적 지배력은 끝이 났다.

1300년경에 제노바 사람들은 그들의 갤리선에 엄청난 혁신을 이루었다. 이른바 센실라를 발명한 것이다. 기존의 삼단노선은 노를 3단으로배열할 수 있었으나 하나의 노를 1명의 노꾼(대부분은 전쟁포로)만이 저을수 있었던 반면, 센실라를 이용하면 노꾼 1명 자리에 3명이 배치될 수있었다. 이로써 제노바의 갤리선들은 속도가 훨씬 더 빨라졌다.[24]

이 시기에 베네치아는 배를 병기로 바꾸어놓았다. 배에 대포를 배치하고, 망루를 설치해 궁수의 사정거리를 늘렸다. 하지만 이 망루는 배를불안정하게 만드는 문제가 있어 곧 제거되었고, 배 뒤쪽에 높이 솟은 일종의 '성채'가 대신 들어섰다.

이렇게 탁월하게 무장한 배를 갖춘 베네치아는 튀니지 북부의 도시들을 정복하고 다수의 해전에서 승리했다. 특히 키프로스에서 살라딘의아이유브 왕조와 대결하여 결정적인 승리를 거두었다.

유럽 대륙 제국들의 바다에 대한 두려움:
흑사병

십자군 전쟁을 계기로 프랑스의 제후들과 군주들이 처음으로 바다에 관심을 갖기 시작했으나, 1346년에 일어난 비극 때문에 모두 중단되고 대륙 세력들은 바다에 대한 두려움에 갇혀버렸다.

쿠빌라이 칸의 죽음 이후 중국에서 완전히 쇠락해버린 몽골은 크림반도 내 제노바의 교역 거점인 카파(페오도시야)를 공격했다가 패배했다. 하지만 이때 흑사병 바이러스가 몽골인들을 통해 제노바 선박들에 전해졌고, 이 선박들이 본국으로 돌아오자 지중해 모든 항구에 전염병이 빠른 속도로 퍼져 나갔다. 1347년 콘스탄티노플에 이어 제노바, 피사, 베네치아, 마르세유에 흑사병 환자가 발생하기 시작했다.[40] 그 뒤로 피렌체에 이어, 당시 교황이 머무르던 아비뇽에서도 전염병이 돌았다. 이제 전염병은 더욱 빠른 속도로 퍼져 나가 1348년 12월에는 칼레〔도버해협을 사이에 두고 잉글랜드를 마주하고 있는 프랑스 최북단의 해안 도시〕에서도 감염자가 나왔다. 결국 6년에 걸쳐 2400만에서 4500만 명이 흑사병으로 목숨을 잃었다. 이는 당시 유럽 인구의 3분의 1에 달하는 숫자였다. 엄청난 정신적 외상이 당대 문학을 지배했다. 특히 1350년 피렌체에서 출간된 보카치오의《데카메론》[20]이 대표적이다.

1353년에는 별 이유도 없이 전염병이 잦아들었다가, 1360년에 다시 재발해 한동안 간헐적으로 유행했다.

신성로마제국과 프랑스 같은 대륙 세력들의 제후나 왕은 자신의 안위를 걱정하여 권력의 중심을 북쪽으로 옮겨 감염 지역으로부터 멀어지려

했다. 하지만 이 거대한 불행의 간접적인 효과도 있었다. 농촌 노동력이 감소함에 따라 농업 세계의 기술 발전과 근대화가 촉진되었던 것이다.

반대로 지중해의 항구들은 바다 말고는 물자를 받을 다른 방법이 없었다. 하지만 가능하면 선박의 접근을 늦추기 위해, 싣고 온 사람과 화물을 항구에 내리기 전 일정 시간을 두고 감염 여부를 판단하도록 했다. 1377년 두브로브니크(오늘날 크로아티아의 항구도시)에서 검역을 위한 격리 기간이 처음으로 공식 결정되었다. 1423년 베네치아에서는 최초의 상시 격리시설이 문을 열었다. 1467년 제노바, 1526년 마르세유에서도 동일한 결정이 내려졌다. 이들 항구도시는 이렇게 해서 전염병을 통제하고, 세상을 향해 다시 문을 열 수 있었다. 그리하여 권력도 유지되었다.

발트해와 대서양: 플랑드르 권력의 원천

이 시기에 발트해와 대서양은 여전히 방치되어 있었다. 바다 자체가 광대하고 풍랑이 일었기 때문이기도 하고, 유망한 배후지나 강력한 항구가 부족했기 때문이기도 하다. 더구나 노를 저어 이동하는 선박들은 너무 낮아서 대포를 설치하기가 어려웠다. 대서양에 배가 자주 오가게 되기까지는 범선이 더 발전하기를 기다려야 했다.

8세기부터는 바이킹이 위험을 무릅쓰고 난바다를 항해하기 시작했다. 크노르 혹은 드라카르라고 하는 바이킹의 배는 병사들을 수송하기 위해 고안된 것으로 배와 돛을 모두 사용해 매우 빠르게 이동할 수 있었다. 스칸디나비아 사람들은 바다의 흐름과, 별과 물고기 무리에 대해 아주 잘 알고 있었다. 845년 이들은 두 차례에 걸쳐 120척이나 되는 배를 타고 장대한 원정에 나섰고, 센강을 거슬러 올라 파리에까지 닿았다. 대머리왕 샤를이 몸값을 지불한 뒤에야 겁에 질린 프랑스의 수도를 포위에서 풀어주었다. 하지만 그 뒤로 887년까지 네 번이나 다시 돌아와 파리를 포위했다. 이는 상당히 수익성이 높은 모험이었다. 985년 이들의 우두머리 가운데 하나인 에이리크 힌 라우디(붉은 머리 에이리크)는 오늘날의 그린란드에 발을 디뎠다. 1000년경에 그린란드의 한 항해사에게서 20년 전의 모험 이야기를 듣고 새로운 땅에 눈을 뜬, 에이리크의 아들 레이뷔르 에이릭손은 아메리카에 도달한 최초의 유럽인이 되었다. 그가 도달한 곳은 정확히 윈란드(오늘날 캐나다 뉴펀들랜드)에 있는 랑스오메도즈였다.[6]

특히 발트해는 물고기가 풍부했는데, 12세기 들어서야 부유하고 인구가 많은 배후 지역, 곧 바다에 관심을 보이지 않았던 신성로마제국과 연안 도시들의 교류 공간이 될 수 있었다.

여기에서는 소금이 중요한 역할을 했다. 발트해 주변에 소금 광산이 있었던 덕분에 이들 도시에서는 물고기를 잡아 수출하기 전에 소금으로 처리할 수 있었다. 특히 뤼베크는 소금 광산에 가까우면서 동시에 발트해와 엘베강 사이에 있다는 지리적 이점을 이용해 러시아에서는 목재와 모피를, 노르웨이에서는 대구를, 플랑드르에서는 직물을 수입해 이익을 냈다.[19] 뤼베크의 상인들은 발트해에서 스페인에 이르는 연안 무역을 조직해 심지어는 부르고뉴와 보르도의 포도주를 잉글랜드에 수출하기도 했다.[24]

발트해와 대서양에도 여러 항구가 설치되었다. 해적들도 출몰했다. 난파 사고도 몇 배로 빈번해졌다. 1152년 아키텐 지방(프랑스 남서부)의 해안, 특히 올레롱 주변에서는 난파된 배를 약탈하는 자들이 창궐했다. 이에 대응하기 위해, 잉글랜드의 왕비가 되기 전 아직 프랑스의 왕비였던 아키텐의 알리에노르가 (앞서 언급했던 지중해의 법전보다 먼저) 최초의 해양 법전 가운데 하나를 편찬하도록 했다. 로마법에 영감을 받아 수 세기 전부터 성립된 규칙 일체를 재편성한 것이다.[26] 이 법전에서는 선장의 의무를 이렇게 규정했다. "선장은 출항하기 전에 반드시 자신의 항해사들과 의논해야 한다."(2조) "선장은 명령을 수행하다 부상당한 선원을 돌보아야 하고, 밧줄을 점검해야 한다."(10조) "배가 난파될 경우 보전된 재화의 일부를 포기하더라도 선원들을 귀환시켜야 한다."(3조) "배에서 평화를 유지하고 판관의 역할을 수행해야 한다."(12조) 또한 이 법전에서는 허락 없이 배를 떠난 선원을 벌할 수 있는 선장의 권리(5조), 정박지에서 충돌로 인해 발생한 비용 분담(15조), 파선한 경우 선장과 상인의 피해 분담(25조) 등도 규정하고 있다. 하지만 거의 노예에 가까웠던 선원들의 근무 조건에 대해서는 아무런 규정도 없었다.

유럽이라는 세계의 첫 중심이 된 브뤼헤

지중해에서는 난바다에서도 배들이 항해했지만, 대서양에서는 여전히 연안 항해만 이루어지고 있었다.

대서양에도 새로운 항구들이 등장했다. 바이킹과 정복왕 윌리엄이 지나간 루앙은 파리와 런던을 잇는 중요한 무역항이 되었다. 그리고 메인 백작이자 앙주 백작이며 노르망디 공작이기도 했던 헨리 플랜태저넷이 아키텐의 공작부인 알리에노르와 혼인하고 1154년에 잉글랜드 왕 헨리 2세로 등극하면서, 루앙 또한 아키텐과 함께 잉글랜드의 영토가 되었다.

대서양의 새로운 항구들 중에 가장 중요한 곳은 플랑드르의 브뤼헤 였다.[24] 브뤼헤는 북해에 대한 접근성이 뛰어난 덕분에 1200년부터 중세 유럽의 전략적 요충지가 되었다. 브뤼헤에는 광대한 배후지가 있었고, 당시는 농업 생산이 증대하던 시기였으며, 노동이 분화되고 (물레방아와 압착기 같은) 기술이 발전했던 덕분에 브뤼헤의 항구에는 상인, 반란 노예, 쫓겨난 농노 등 다양한 사람들이 모여들었다. 상인들은 자신들의 항구를 사람과 물자가 모여드는 매력적인 장소로 만들기 위해 대규모로 투자했다. 브뤼헤 시내를 가로지르는 운하가 건설되었고, 하천용 수송 선들이 그 운하를 따라 운항한 덕분에 항구에서 부려진 화물을 배후지 까지 매우 효과적으로 운송할 수 있었다. 브뤼헤의 항구는 기중기를 갖춘 최초의 항구이기도 했다.[9]

중국의 선미재 키(배의 후면에 경첩으로 고정된 키)가 페르시아와 발트해의 항구들을 거쳐 브뤼헤에도 알려졌다. 이로써 플랑드르의 선박은 효과적으로 바람을 거슬러 이동할 수 있는 최초의 배가 되었다. 이 배들은 스코틀랜드, 독일, 이탈리아, 그리고 인도와 페르시아까지 항해했다. 그리고 다시 브뤼헤로 돌아왔다.

브뤼헤는 이제 플랑드르의 모든 시장에서 가장 많이 이용하는 기항지 가운데 하나가 되었다. 1227년부터는 제노바의 배들도 들어왔고, 이후 에는 베네치아의 배들도 들어왔다.

1241년 교역의 흐름이 빠져나가 브뤼헤에 유리한 방향으로 흐른다고 느낀 뤼베크와 함부르크에서는 교역을 통제하는 한편, 해적들을 소탕하고, 독일의 다른 도시에 복종을 강제하기 위해 뤼베크에 일종의 의회를 만들어 동맹을 맺고 이를 한자Hansa(이 말은 상인들의 제휴를 가리킨다)라고 불렀다. 한자동맹에 속한 도시들은 직접 물고기를 잡지 않았다. 물고기는 스칸디나비아인들이 잡고, 한자동맹은 그 물고기를 팔았다.

14세기 초 한자동맹은 70개가 넘는 도시들을 결집했다. 그중에서 로스토크는 조선업을 지배했고, 뤼네부르크는 소금 교역을 지배했다. 당시 한자동맹에는 1000척이 넘는 배가 있었고, 베르겐, 런던, 브뤼헤, 노브고로드[오늘날 핀란드 동편에 위치했던 공화국]에는 한자동맹의 무역 거점이 설치되어 있었다.[24]

1398년 한자동맹은 경쟁관계에 있던 덴마크 왕국에 의해 자신들의 배가 차단당하는 것을 피하기 위해 슈테크니츠 운하를 건설해 엘베강을 통해 발트해와 북해를 연결했다.

하지만 한자동맹은 덴마크와의 전쟁, 러시아의 팽창, 플랑드르 상인들의 부상, 베네치아의 지배력에 의해 차츰 쇠약해졌다.

베네치아가 상업 세계의 중심이 되다

14세기 전반기에 브뤼헤는 성장이 정체되고 있었다. 북해의 상품들이 이제 뉘른베르크와 트루아 같은 내륙 도시들의 시장을 거쳐 남쪽으로 향했다. 이제 상업 중심지는 다시 지중해로 옮겨갔고, 브뤼헤에 이어 베

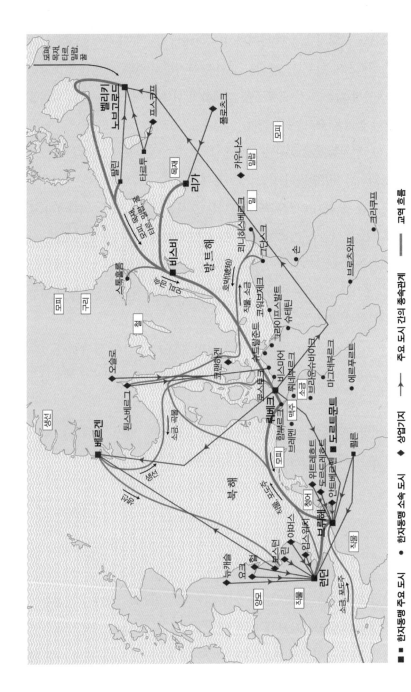

14세기 한자동맹의 주요 도시와 교역로

네치아가 서방 경제 세계의 두 번째 중심이 되었다.[24]

베네치아의 도제들은 국가와 선주들로 이루어진 일종의 연합체를 형성했다. 그들은 공격에 저항할 수 있는 새로운 상선을 개발했다. 갈레레 다 메르카토('시장의 갤리선')라고 불린 이 배는 노와 돛을 동시에 사용하며 선체가 매우 견고할 뿐 아니라 궁수와 투석병을 배치해 수비를 든든히 할 수 있었다. 이 배의 적재량은 1350년에 이미 100톤에 달했으나 1400년에는 300톤으로 늘었다. 베네치아의 대大병기창에서는 이 새로운 상선을 여러 척 건조했다.[24]

베네치아의 상선은 유럽, 근동, 키프로스, 시리아, 알렉산드리아, 브뤼헤, 바르셀로나, 튀니지, 그리스 서부를 누비고 다녔다. 베네치아에서는 이들 지방으로부터 향신료, 비단, 향수를 수입했다.[9]

1423년 베네치아에는 갤리선이 3000척이나 있었고, 그중 300척은 군사용이었다. 인구 15만 명의 도시에 항해사가 1만 7000명이나 있었다.

15세기 말, 베네치아 함대는 세계 제일이었다. 군사용과 민간용 선박이 거의 6000척에 이르렀다. 베네치아는 이제 서방 세계의 바다와 교역을 지배했다. 주요 상품의 가격을 결정하고, 돈의 흐름을 지배했으며, 이익을 축적했다. 리알토는 세계 최고의 거래소가 되었다.

바다에서 펼쳐진 백년전쟁

제노바, 베네치아, 브뤼헤, 그리고 한자동맹이 실제 권력과 참된 부富를 가지고 다투는 동안 잠재적인 두 세력, 프랑스와 잉글랜드는 100년에 걸친 전쟁에 소진되었고, 그 때문에 두 나라 모두 가장 핵심적인 해양 권력을 놓치고 말았다.

여러 역사책에서 일반적으로 이야기하는 것과 달리, 백년전쟁 또한 대다수의 다른 전쟁과 마찬가지로 바다에서 펼쳐졌다. 잉글랜드는 북해를 통제하고 있었을 때 프랑스를 침략할 수 있었다. 프랑스가 북해를 통제하게 되었을 때는 잉글랜드가 프랑스에서 축출되었다. 그러므로 이 역사를 바다의 관점에서 다시 읽는 것은 무척이나 흥미로운 일이다.[26]

13세기 말 미남왕 필리프는 바다의 중요성을 이해한 최초의 프랑스 왕으로 보인다. 그는 루앙에 클로 데 갈레라는 병기창을 만들고 500척 이상의 선박을 건조했다. 해양 권력으로 부상하려는 프랑스 최초의 시도였던 셈이다. 프랑스와 잉글랜드의 어부들 사이에 충돌이 벌어졌고, 곧이어 프랑스 최초의 함대가 잉글랜드 해안을 기습했다. 1299년 몽트뢰에서 평화 조약이 맺어졌고, 1303년 파리 조약에 의해 확정되었다. 이로써 잉글랜드 왕 에드워드 1세는 1294년부터 잉글랜드가 점령하고 있던 플랑드르에서 철수해야 했다.

1337년 프랑스 발루아 왕조의 필리프 6세는, 1152년 알리에노르가 헨리 플랜태저넷과 결혼한 뒤로 잉글랜드 영토가 된 아키텐 공작령을 잉글랜드 왕 에드워드 3세로부터 되찾아왔다. 이로써 한 세기 이상 지속될 전쟁이 시작되었다.

백년전쟁의 첫 국면(1340~1360)에서는 잉글랜드가 바다를 지배함으로써 승기를 잡았다. 1340년 에드워드 3세가 먼저 프랑스에 군대를 파병했다. 프랑스의 함대와 그 동맹인 제노바의 함대는 슬라위스라는 오늘날 네덜란드에 위치한 도시의 앞바다에서 잉글랜드 군대에 맞섰다.[72]

제노바의 함대는 갤리선들로 구성되어 있었다. 이 갤리선들은 당시 지중해에서 여전히 사용되고 있었지만, 북해에는 적합하지 않았다. 프랑스의 함대는 '성채'라 불린 상부 갑판의 구조물이 장착된 간단한 상업용 범선(코그[하나의 돛대와 하나의 사각형 돛이 달린, 중세 북서부 유럽의 중소형 범선])을 모아놓은 것이었다. 더구나 프랑스 함대의 선원들은 대부분 용병들이었다. 반면에 이미 대서양의 환경에 익숙했던 잉글랜드의 함대는 진짜 전투용 범선들로 구성되었으며, 그 선원들 또한 잉글랜드인 전문 항해사들이었다. 이 전투에서 총 400척 이상의 선박과 4만 명 이상의 병사들이 맞붙었고 결국 2만 명 이상이 목숨을 잃었다. 프랑스와 제노바의 배는 대부분 파괴되었다. 반면에 잉글랜드의 배는 아무런 제재도 받지 않고 자국 병사와 장비를 플랑드르와 프랑스의 땅에 내려놓을 수 있었다. 이로써 1356년 잉글랜드 군대는 푸아티에에서 프랑스 군대를 격파하고 선량왕 장 2세를 생포했다.

백년전쟁의 두 번째 국면(1360~1382)에서도 승세는 바다에서 결정되었다. 이번에 승세를 잡은 것은 프랑스였다. 1364년 프랑스의 새 왕 샤를 5세는 루앙의 조선소를 재가동했다. 1377년에는 십자군에 참전했던 것으로 유명한 프랑스 군인 장 드 비엔을 (전 군대를 총괄하는) 원수급의 해군 장군으로 임명했다. 장 드 비엔은 잉글랜드 남부 해안의 모든 항구를 공격하고, 잉글랜드가 점령한 프랑스 북부의 영토를 봉쇄해 잉글랜드의 지원군 파병 루트를 모두 차단했다. 또한 180척의 배를 가지고 스코틀랜드 상륙을 감행했다. 하지만 스코틀랜드인들에게서 충분한 지원을 받지 못한 탓에 패배하고 말았다. 1381년 이후 잉글랜드 군대는 자국 제후들의 반란에 대처해야 했다. 전쟁 자금을 대기 위해 왕이 부과한 세금을 제후들이 납부하길 거부했던 것이다. 잉글랜드 왕은 더 이상 프랑스 내에 군대를 유지할 수 없게 되었고, 결국 대륙에서 퇴각했다.

백년전쟁의 세 번째 국면(1382~1423)에서도 승세는 바다에서 결정되었다. 이번에는 잉글랜드가 다시 승세를 잡았다. 1386년 프랑스의 새 왕 샤를 6세는 잉글랜드 침략 계획을 철회했으나, 그로부터 2년 뒤에 정신병에 걸리고 말았다. 그의 삼촌인 오를레앙의 공작과 부르고뉴의 공작이 공동 섭정에 나섰다. 부르고뉴 사람들은 잉글랜드와 접촉하기 시작했다. 1413년 권력을 잡은 잉글랜드의 헨리 5세는 빠르고 강력한 함대를 조직해 1414년과 1417년 사이에 프랑스 함대를 완파했다. 프랑스와 잉글랜드 사이의 해협은 이제 마레 브리타니쿰mare britannicum(브리튼의 바다)이 되었다.

백년전쟁의 네 번째이자 마지막 국면(1423~1453) 역시 이제껏 그래 왔듯이, 승세는 바다에서 결정되었다. 최종 승세를 잡은 것은 프랑스였다. 잉글랜드의 헨리 5세가 죽고 1년이 지난 1423년에 베드포드의 공작〔헨리 4세의 셋째 아들〕이 재정적인 문제로 브리튼 함대를 팔아버렸다. 영국인들은 이제 잔 다르크와 샤를 7세가 이끄는 프랑스 군대에 맞서 싸울 병사들을 대륙으로 충분히 파견할 수 없게 되었다. 프랑스는 곧 북동쪽 영토의 일부를 회복했다. 잔 다르크는 비록 1431년에 (여전히 잉글랜드가 차지하고 있던 프랑스 최대 항구도시인 루앙에서) 처형되었으나, 그녀가 일으킨 역동 덕분에 샤를 7세는 1450년 포르미니 전투에서 승리를 거둔 뒤 노르망디와 그 항구들을 탈환했다. 그리고 1453년 카스티용 전투에서 승리해 아키텐과 그 항구들을 수복했다. 이 두 번의 승리는 모두 잉글랜드 해군이 프랑스 땅으로 병사들을 충분히 수송할 수 없게 된 상황 덕분에 가능했다.

결국 백년전쟁도 끝이 났다. 그럼에도 프랑스는 해군을 발전시키거나 항구를 건설하겠다고 결정하지 않았다. 모든 수단을 갖추고도 해양 국가가 될 수 있는 기회를 그냥 흘려보냈다.

잉글랜드는 이 전쟁이 남긴 교훈을 이해했다. 빠른 속도로 해군을 발전시키고 항구를 건설했다. 이로써 런던에 항구가 건설되었고, 또한 체셔의 소금 광산에 인접한 리버풀에도 항구가 설치되었다.

안트베르펜:
상업 세계의 세 번째 중심, 그리고 북해의 지배자

프랑스와 잉글랜드 두 왕국이 백년전쟁을 끝내고 완전히 소진되어버린 1453년, 동방의 오스만제국은 마침내 동로마제국의 마지막 잔재인 비잔티움을 점령했다. 이 때문에 베네치아는 더 이상 아시아 시장에 접근할 수 없게 되었다. 세레니시마('가장 고귀한' 혹은 '가장 장엄한')라고 불리던 베네치아는 이제 대서양에서 새로이 부상한 안트베르펜 앞에서 사라져야만 했다.[9]

안트베르펜의 배후지는 풍요로웠다. 사람들은 양모, 나사羅紗, 유리, 금속을 생산했고, 양을 키웠다. 안트베르펜의 거래소는 유럽 최고의 금융 중심지가 되었고, 새로운 은화를 사용해 복잡한 은행망을 발전시켰다.[24] 유럽의 거상들 대다수는 안트베르펜의 항구에 근거지를 두고 그곳에서 북유럽 생산품(목재, 어류, 금속, 무기, 소금)의 지중해 지역 수출을 상당 부분 통제했다. 또한 인도의 후추와 인도네시아의 향신료를 들여오기 위해 항구 시설을 보강했다.

같은 시기에 인쇄술이 발명됨에 따라, 안트베르펜에서는 유랑하는 최초의 물건인 책이 대중화되었다.[6] 안트베르펜에서 일하던 크리스토프 플랑탱[프랑스인 인문주의자이자 인쇄업자]의 인쇄소에서는 책을 찍어내고, 주로 배를 이용해 유럽 전역에 보급했다. 1500년에는 이미 2000만 권의 책이 인쇄되고 유통되었다.[9]

이 시기에 포르투갈 사람들은 새로운 선박을 고안해냈다. 카라벨라라고 불린 이 작고 가벼운 배는 이물에 작은 삼각돛을 달고 2개의 사각 돛과 1개의 라틴 돛(직각삼각형 형태의 아주 큰 돛)을 설치해서 자유로이 움직일 수 있었고, 따라서 탐사 여행을 떠나기에 이상적인 이동 수단이 되었다.[6] 하지만 포르투갈은 재산 관리를 제노바 상인들에게 맡겨둔 이베리아반도의 다른 이웃과 마찬가지로 상업적 야망은 없고 종교적 열정만 지니고 있었다. 즉 원주민을 그리스도교로 개종시키기 위해 새로운 지리적 발견에 나선 것이다.[22] 포르투갈은 안트베르펜을 이용해 무역을 했고, 포르투갈의 북유럽 수출을 보장하는 창고들을 그곳에 설치했다.[22] 그리고 유럽 너머 미지의 땅을 찾아 떠나는 임무를 맡기 위해 그리스도 기사단[1319년 포르투갈의 시인왕 디니스 1세에 의해 창설된 기사수도회]을 발전시켰다. 포르투갈인들은 아프리카 해안을 탐험하기 시작했다. 당시 해양 지도는 여전히 엄격한 비밀 자료로 유지되었다. 배가 난파될 경우 물에 가라앉도록 지도에 납덩이를 달아두었을 정도였다.[22]

1488~1498:
세계의 10년

1481년 교황은 칙서 〈에테르니 레지스Aeterni regis〉를 공포했다. 이로써 교황은 이제까지 아프리카에서 발견한 모든 땅을 포르투갈에게 주고, 앞으로 발견할 새로운 땅을 소유할 권리까지도 인정했다. 단 하나의 조건은 그 땅의 주민들을 모두 복음화한다는 것이었다.

1488년 포르투갈 사람 바르톨로뮤 디아스가 2척의 50톤급 카라벨라와 1척의 보급선을 가지고 아프리카 최남단을 돌아서 귀환하는 데 성공했다. 그의 배에 탄 선원들은 복잡하게 분화되어 있었다. 어린 견습 선원이 있고, 돛대를 전문적으로 다루는 선원, 돛을 전문적으로 다루는 선원, 경리를 담당하는 관리자 등이 따로 있었다. 의사와 지도地圖 전문가도 승선했다.[6] 모래시계를 사용해서 근무 교대 시간을 정하고, 배의 속도와 위치를 알아냈다.[5] 실제로 배 위에서의 생활은 선원들에게 무척이나 고된 것이었다.

지도 제작은 전략적인 주요 학문이 되었다. 지도는 그것을 제작한 이들에게 커다란 이점을 가져다주기 때문에 비밀로 유지되었다. 유럽 최고의 지도 전문가들은 대부분 마요르카섬의 유대인들이었다.

제노바 출신의 크리스토퍼 콜럼버스 역시 3척의 카라벨라를 타고 모험을 떠났다. 아라곤과 카스티야의 가톨릭 군주들로부터 자금을 지원받은 콜럼버스는 1492년 10월 12일 석 달 동안의 항해 끝에, 훨씬 후대에 가서야 아메리카라고 불리게 되는 대륙에 가깝고 오늘날 서인도제도라고 생각되는 한 섬에 도착했다.[6]

스페인은 포르투갈에 맞서, 이 새로운 땅에 대한 소유권과 통치권을 요구했다. 1493년 5월 4일 교황 알렉산데르 6세는 칙서 〈인테르 체테라 Inter cætera〉를 공포해 카보베르데의 서쪽으로 100리그(대략 480킬로미터) 떨어진 지점을 지나는 선을 기준으로 서쪽과 남쪽에 있는 새로운 모든 땅은 스페인의 것이고, 동쪽에 있는 새로운 땅은 모두 포르투갈의 것이라고 결정했다.[6]

당시 스페인보다 지도를 잘 만들고 다룰 줄 알았던 포르투갈의 왕 주앙 2세는 이러한 영토 분할에 만족할 수 없어서, 스페인의 공동 통치자였던 아라곤의 페르난도 2세 및 카스티야의 이사벨과 직접 협상했다.[22] 1494년 세 군주는 토르데시야스 조약을 맺고 기준선을 카보베르데 서쪽 370리그(1790킬로미터)로 옮겨, 서쪽은 스페인이 차지하고 동쪽은 포르투갈이 차지하는 데 합의했다. 이로써 아프리카 대륙과 인도양 및 오세아니아의 섬들이 포르투갈에 속하고, 6년 뒤에 발견되는 브라질 역시 포르투갈의 영토가 되었다. 스페인은 자신의 차지가 된 영역에서 아메리카의 모든 금을 차지하게 된다.

1498년 기사단 출신의 바스코 다 가마가 포르투갈 원정대를 이끌고 아프리카 대륙의 남단을 돌아 인도반도에 도달했고, 이어서 중국까지 가는 해로를 모색했다. 이는 여전히 험난한 실크로드를 통해서만 연결되던 중국(명나라)과 유럽 사이를 온전히 바다로만 잇고자 하는 최초의 시도였다.[6]

1500년에는 아메리고 베스푸치가 오늘날의 브라질에 도달해, 당시 사람들이 생각하던 것과 달리 그곳이 인도나 일본이 아니라, 이전에 알지 못했던 새로운 대륙임을 확인했다. 1504년에는 교황 율리우스 2세가

바다의 시간

새로운 칙서를 공포해 10년 전 이베리아반도의 군주들이 조인한 토르데시야스 조약에 의한 분할 조건을 인가했다.

1507년, 수도자 발트제뮐러는 오늘날 보주 지역〔오늘날 프랑스와 면한 스위스의 서부 지역〕의 생디에에서 평면 구형도를 제작했다. 그는 아메리고 베스푸치를 기리는 뜻에서 새로 발견된 대륙에 '아메리카'라는 이름을 처음으로 부여했다. 또한 중국의 정화 함대가 수집한 정보와, 유대인 상인들과 베네치아 상인들을 통해 알게 된 지식을 활용해 아시아의 윤곽선을 표시했다.[6]

1519년 포르투갈의 페르디난드 마젤란이 역사상 처음으로 지구를 일주하는 항해를 시작했다. 237명의 선원들과 함께 카라크선〔돛대가 셋 이상 달린, 대항해 시대의 대형 범선〕을 타고 출항한 마젤란은 대서양을 가로질러 혼곶〔남아메리카 최남단〕을 지났다. 그리고 고요한 날씨 덕분에 단 한 번도 항구에 정박하지 않은 채 또 다른 대양을 가로질러 필리핀에 도착했다. 이러한 이유로 그는 이 대양에 태평양이라는 이름을 부여했다고 한다. 하지만 마젤란은 1521년 4월 필리핀의 막탄섬에서 죽고, 마지막 남은 빅토리아호 한 척만이 1522년 스페인으로 돌아와 최초의 세계 일주에 성공했다. 당시 빅토리아호에는 18명의 유럽인 선원과 3명의 말루쿠인 선원만 타고 있었다.

1529년 사라고사 조약에 따라 말루쿠제도(동부 인도네시아)에서 포르투갈과 스페인의 영역을 나누는 기준 경선이 정해졌다.

결국 이 조약들에 따라 이론상으로 스페인은 아메리카, 태평양, 말루쿠제도의 동쪽을 차지했고, 포르투갈은 브라질, 아프리카, 그리고 아시아의 큰 부분을 획득했다.

기회를 붙잡지 않은 프랑스와 스페인

이 시기에 프랑스는 해상 강대국이 되려는 노력을 재차 시도했다. 1517년 프랑수아 1세는 항구도시 르아브르를 건설했다. 무역에서 플랑드르 및 베네치아와 경쟁을 벌이기 위한 것이 아니라, 그리스도교에 의한 아메리카 정복에서 포르투갈 및 스페인과 경쟁하기 위한 것이었다. 1524년 프랑수아 1세는 르아브르에 조선소를 건설했다. 하지만 이 조선소에서 처음 제작한, 그랑드프랑수아즈라는 배는 지나치게 커서 조선소 밖으로 나갈 수가 없었고, 결국 그 자리에서 해체되어야 했다.[79]

프랑수아 1세는 수도 파리를 떠나 루아르강 기슭에 지은 성에서 살다가, 1528년 "파리가 다시 우리의 수도가 되었다"라고 선언했다. 그리고 새로이 루브르궁을 건설하고 그곳을 권력의 중심으로 삼았다. 그럼에도 프랑수아 1세는 이베리아의 군주들처럼 그리스도교의 영광을 위해 바다에 관심을 기울였다. 1533년 그는 토르데시야스 조약에 따른 영역 분할에 강력하게 반대한다는 사실을 교황 클레멘스 7세에게 알렸다. "태양은 다른 이들을 위해 빛나듯 나를 위해서도 빛납니다. 나는 세상을 분할하는 데서 나를 배제한다는 아담의 유서 조항을 정말로 보고 싶습니다." 교황은 스페인이나 포르투갈이 아직 점령하지 않은 땅에 대해서는 다른 그리스도인 군주들이 권리를 주장할 수 있음을 명시했다.[6]

1534년에는 프랑스의 탐험가 자크 카르티에가 르아브르가 아닌 생말로에서 출항해 배 2척으로 단 20일 만에 세인트로렌스만[캐나다의 세인트로렌스강 하구에 펼쳐진 대서양의 만]에 도달했다. 1544년에는 르아브르에서 테르뇌브[오늘날의 뉴펀들랜드]에서 대구를 잡는 데 쓰일 최초의 어선이

나왔다. 테르뇌브는 프랑스인들에게 말 그대로 최초의 '새 땅'이었다.[79]

프랑스는 여전히 상업용이든 군사용이든 고유한 선박을 개발하거나, 자신의 항구를 통해 필요한 물자를 수입하거나, 혹은 항구의 배후지와 관계를 강화하기 위해 아무 일도 하지 않았다. 파리는 계속해서 내륙의 시장들과 플랑드르 및 이탈리아의 항구들을 통해 필요한 물자를 공급했다.

스페인 사람들은 멕시코만과 카리브해에 자리를 잡았다. 하지만 항구를 건설하고 무역선을 개발하기 위한 일은 전혀 하지 않았다. 1510년 이들은 마야·아스텍·잉카제국의 금을 갤리온선에 싣고 스페인으로 가져오기 시작했다. 그리고 아메리카 원주민들을 동원해 아메리카 대륙의 금광과 은광을 개발하게 했다.[6] 금은 육로를 통해 남아메리카의 북쪽으로 운송되었다. 스페인 사람들이 베라크루스(멕시코)와 카르타헤나(콜롬비아)에 항구를 건설해놓았기 때문이다. 이들 항구에서 출발한 갤리온선은 스페인의 세비야를 향한 기나긴 귀환 여정을 본격적으로 시작하기 전에 쿠바의 아바나를 지났다. 그리고 쿠바 주변에서는 해적들의 공격이 빈번했다.[38] 해적들 중 일부는 프랑스인이었고 '플리뷔스티에'라고 불렸다 (이 말은 네덜란드에서 온 것으로 '자유로운 약탈자'를 뜻한다).

16세기에는 거의 380만 톤에 가까운 금과 은이 아메리카에서 스페인으로 운송되었다. 하지만 나태해진 스페인 사람들은 이 금과 은을 가지고 제노바와 롬바르디아의 상인들에게 관리를 맡기는 것 말고는 아무 일도 하지 않았다.[24]

17세기에 해적들은 자메이카와 아이티(토르투가섬)에 자리를 잡았다.[50] 프랑스인 플리뷔스티에 중 하나인 롤로네는 배 7척을 소유하고 부하 400명을 거느렸다. '검은 수염'이라 불린 영국인 해적은 1708년에서 1718년

사이에 매우 활발히 활동하면서 상당한 재산을 모았으나 결국 잉글랜드 왕립 해군에 의해 살해되었다.[38]

17세기에 스페인 갤리온선의 항해는 점점 줄어들었다. 카리브해에는 폭풍이 잦았고, 발견되는 귀금속의 양도 점점 줄었기 때문이다. 해적들의 주요 활동은 향신료를 싣고 아프리카 남단을 돌아 나오는 배들을 노리거나, 마다가스카르에서 인도양을 항해하는 배들을 추격하는 것으로 바뀌었다.[38]

제노바의 공백, 레판토 해전, 베네치아의 종말

1500년에서 1550년까지, 여전히 가톨릭으로 남아 있던 안트베르펜의 영향력은 점차 감소하고, 제노바가 부상했다. 제노바는 이베리아 군주들의 금을 관리하고 지중해의 패권을 장악했다.[23] 16세기 초 베네치아는 그야말로 전 지구적인 해상 전략을 세워 아시아에서 경쟁하는 포르투갈을 물리치고자 했다. 베네치아 병기창의 공학자들은 알렉산드리아에 가서 맘루크(노예 출신의 이집트 군인)가 레바논 목재를 가지고 배를 건조할 수 있도록 도왔다. 이 공학자들은 이집트의 배들을 해체해 사막의 대상들을 통해 홍해 입구의 수에즈까지 옮긴 다음 그곳의 항구에서 다시 조립했다. 이들은 구자라트의 술탄과 동맹을 맺었고, 술탄은 이들에게 40척의 배를 추가로 제공했다. 1508년 이 동맹 세력이 남인도 차울의 포르투갈 요새 앞바다에서 포르투갈 함대를 쳐부쉈다.

오스만의 술탄들은 육상 병력으로 이집트와 시리아를 정복한 뒤 해상 병력을 키워야 할 의무를 자각했다. 1533년부터 술레이만 1세와 그 뒤를 이은 셀림 2세의 치세에, 바르바로스 하이레딘 파샤(오스만 출신의 해적이었다가 이후 오스만제국의 해군 제독이 되었다)가 오스만 함대를 재조직했다. 그리고 1538년 그리스의 프레베자만에서 벌어진 해전에서 베네치아, 스페인, 제노바 및 교황의 연합 세력을 물리치고 승리를 거두었다.

1550년 스페인과 제노바에 재정 위기가 닥치자 다시금 지중해의 패권은 대서양으로 빠르게 옮겨갔다. 해양의 패권 도시는 가톨릭 도시 제노바에서 프로테스탄트 도시 암스테르담으로 교체되었다.[9]

1560년대부터 베네치아의 동지중해 무역 거점들은 오스만 함대의 공격을 받았다. 오스만 함대는 극동지역과의 무역을 통제하고자 했다. 교황의 영도 아래 제노바, 베네치아, 나폴리, 스페인을 결집해 신성동맹 창설을 주도했던 키프로스는 1571년 오스만제국에 점령되었다.

신성동맹은 316척의 배와 항해사 5만 명과 병사 3만 명을 메시나에 집결시켰다. 함대를 지휘한 이는 신성로마제국 카를 5세의 막내아들 돈 후안 데 아우스트리아였다. 이에 맞선 오스만제국의 함대는 252척의 배와 8만 명의 항해사 및 병사로 이루어졌으며, 알리 파샤가 지휘했다. 1571년 10월 7일 그리스 서부 레판토 앞바다에서 전투가 벌어졌다. 베네치아의 군선들이 달려들어 오스만의 전열을 무너뜨렸다. 이 전투에서 그리스도인 7000명과 튀르크인 2만 명이 목숨을 잃었고, 그중에는 알리 파샤도 포함되었다. 오스만 함대는 거의 절반이 파괴되었다. 키프로스는 다시 그리스도인들의 차지가 되었다. 그리스도인 노예 1만 2000명이 해방되었다.

복수하고자 하는 오스만제국의 열망은 상당히 컸다. 재상 소콜루 메메트는 이렇게 선언했다. "우리는 키프로스를 탈취하면서 너희들의 팔 하나를 잘랐다. 너희는 레판토에서 우리의 수염을 그을렸다. 잘린 팔은 다시 자라나지 않지만, 잘린 수염은 이전보다 더욱 강하게 다시 자라난 다." 1572년 울루츠 알리가 오스만 함대의 장군이 되어, 그해 여름 갤리 선 250척을 이끌고 키프로스를 점령했다. 2년 뒤인 1574년에는 튀니스 도 점령했다. 베네치아는 결국 이 부분을 완전히 잃었다. 그와 함께 지중해도 점차 잊혀갔다.[23]

오스만제국은 또한 페르시아만까지 통제했다. 사파비 왕조의 페르시아를 쳐부수고, 점차적으로 인도양 무역에 참여했다. 1639년 주아브 조약에 의해 오스만제국은 페르시아로부터 이라크, 서부 아르메니아, 조지아를 차지했다.

이후 지중해가 다시 세계의 중심이 되는 일은 결코 일어나지 않았다.

네덜란드의 비상과 마레 리베룸(자유해양론)

1581년 저지대 7개 주가 연합해 스페인과 결별하고 하나의 '연합 공화정'인 네덜란드공화국을 형성했다. 신생 공화국은 가톨릭 국가들에서 쫓겨난 프로테스탄트 신자들을 끌어들였고, 이들은 회계, 무역, 수학에 관한 지식은 물론 정신의 자유와 비판적 감각을 함께 가지고 왔다. 암스테르담은 점차 대형 항구도시로 성장했다.

1588년 스페인은 네덜란드에 대한 지배권을 회복하기 위해, 먼저 경쟁자 잉글랜드를 무찌르기로 결정했다. 잉글랜드 침략을 위해 스페인에서는 배 130척으로 구성되어 3만 명의 인력을 수송하는 소위 무적함대를 동원했다. 1588년 8월 8일, 그라블린 근처 북해에서 잉글랜드 함대는 스페인 함대에 화공火攻을 펼치는 데 성공한다. 여왕을 섬기는 잉글랜드 해적 프랜시스 드레이크는 끝까지 쫓아가 결국 스페인 함대 전체를 괴멸시켰다.

두 강대국은 이후에 다시 한 번 전쟁을 벌이는데, 그 결과 제3자로서 전쟁에서 멀리 떨어져 있던 네덜란드로 패권이 넘어갔다.

네덜란드의 비상은 많은 부분 1590년부터 특별히 고안된 암스테르담의 조선소들을 통해 새로운 배를 발명하고 산업화된 방식으로 건조한 덕분이다. 이 새로운 배가 바로 플라위트라고 하는 수송선이다. 플라위트는 2000톤이나 되는 거대한 배로, 사람을 800명까지 수송할 수 있었다. 이 배는 연이어서 건조되었고, 옛날 배에 비해 5분의 1로 줄어든 장비만 가지고도 운항할 수 있었다. 3개의 돛대에 사각 돛이 설치되어 많은 양의 물품을 실을 수 있었다. 선상 선원들의 위계는 복잡해졌다. 선장, 장교, 장비 전문가, 목수, 돛 전문가, 보조자 셋, 견습생 넷, 그리고 수십 명의 선원들로 나뉘었다.

플라위트 덕분에 네덜란드는 유럽 전체 다른 모든 선단의 여섯 배에 달하는 화물을 운송했다. 특히 전체 유럽의 곡물, 소금, 목재의 4분의 3과 금속 및 직물의 절반을 수송했다. 또한 아메리카의 금속과 아시아의 향신료를 유럽으로 들여왔다. 네덜란드 선단은 인도, 동남아시아, 중국으로 항해했다. 이들은 아메리카와 아시아를 잇는 무역의 중계지로 마닐라를 건설하기도 했다. 1602년 네덜란드 동인도회사가 창설되고 이를 통해 아시아 무역이 관리되기 시작했다. 1609년에는 무역을 재정적으로

지원하기 위한 암스테르담 은행이 설립되었으며, 이 은행을 통해 유럽 각국 통화의 환율이 결정되었다.[24]

같은 해에 네덜란드의 법률가 그로티우스는 《마레 리베룸Mare liberum》(자유해양론)이라는 소책자를 발간했다. 네덜란드 동인도회사의 고문이었던 그는 동인도 지역의 해운과 무역을 독점하려는 포르투갈의 주장을 반박했다.

그로티우스가 보기에, 난바다에서는 어느 누구도 어떠한 장소에 정주할 수 없으므로, 어느 누구도 어떠한 장소를 전유專有할 수 없다. 따라서 바다는 자유로운 공간으로 남아 있어야 한다. 어떠한 국가도 자국 해안으로부터 3마일 이내(당시 대포의 최대 사정 거리)의 바다를 제외하고는, 바다에서 주권을 행사할 수 없다.

바다에 대한 전적인 자유의 원칙은 이후 해양법의 기초가 되었고, 이후 300년이 지난 오늘날까지도 별다른 이견 없이 잘 유지되고 있다. 하지만 이 원칙은 1635년에 다시 정립될 필요가 있었다. 법학자 존 셀던이 찰스 1세의 요구로 네덜란드와 영유권 분쟁이 생긴 바다에 대해 잉글랜드의 주권을 옹호하고자 《마레 클라우숨Mare clausum》(해양폐쇄론)을 출간했기 때문이다.

바다를 통해 중국에 도착한 유럽인들

이 시기에 명나라는 차츰 쇠락하고 있었고, 완강하게 바다에 관심을 갖지 않고 있었으므로, 유럽인들은 아시아에서 그 어떤 저항이나 경쟁에 맞닥뜨리지 않았다. 또한 페르시아의 혼돈과 중동 전역에 걸친 이슬람의 존재 때문에 육상의 실크로드가 상당히 불안정했음을 확인했다. 그래서 유럽인들은 앞서 살펴보았듯이 인도양을 경유해서 아시아의 값진 향신료들을 직접 들여오기로 결정했다.

가장 먼저 나선 것은 포르투갈이었다. 포르투갈은 1501년과 1522년에 각각 인도와 인도네시아에 무역 거점을 개설했다. 또한 중국에도 하선해 곧 무역의 대부분을 장악했다. 다음으로는 네덜란드가 포르투갈의 뒤를 이었다.[24]

1567년 중국 남부 해안에 위치한 푸젠성의 총독은, 중국인들이 해양 무역에 종사하는 것을 금지하는 정책에 대해 황제에게 항의했다. 이 정책이 외국 상품에 대한 특혜로 작용했기 때문이다. 이에 융경제는 바로 그해에 금지 정책을 거두어들였다. 이로써 광저우(광둥)에는 중국인들의 민간 상회들이 생겨나 안트베르펜 및 런던과 쌀, 차茶, 철, 구리 등을 거래했다. 1600년부터는 포르모사(타이완)에 네덜란드가 처음 개설한 무역 상관商館하고도 협정을 맺었다.

1602년 이 무역을 관리하기 위해 네덜란드인들이 네덜란드 동인도회사를 창설했다. 프랑스와 잉글랜드도 곧 그 뒤를 따랐다.[24] 1612년 인도의 구자라트 지역에서 스왈리 전투가 벌어진 뒤, 잉글랜드는 포르투갈을 배제하고 인도 무역에 대한 독점권을 획득했다.

이 시기에 중국은 여전히 풍요로웠다. 1200년에 1억 2400만 명이었던 인구는 1600년에 1억 5000만 명까지 늘었다. 1644년 만주족의 청나라가 중국 북부에서 명나라를 타도했다. 명나라는 중국 남부와 포르모사에서 해적들과 네덜란드인들의 지원을 받으며 권력을 유지했다.

남쪽으로 밀려간 명나라의 마지막 잔존 세력을 질식시키고자 1683년 청나라는 상선의 활동을 금지했고, 해안에서 주민들을 퇴거했으며, 함대를 조성해 포르모사를 침략하고 점령했다. 그리고 명나라의 해양 무역 통제권을 탈취했다. 하지만 해양 무역을 발전시키지는 않았다.

아메리카를 향한 이동:
이주민과 노예

17세기에는 점점 더 많은 사람이 자의로든 타의로든 대서양을 횡단했으며, 이주민과 노예들이 아메리카에 정착했다.

우선, 스페인이 아메리카 대륙을 지배하는 것을 막기 위해 잉글랜드, 프랑스, 네덜란드가 북아메리카에 이주민들을 보냈다. 이주민들은 새로운 땅에 노바스코샤, 뉴잉글랜드, 누벨프랑스, 노바홀란디아를 건설했다.

1620년 80명의 청교도가 오늘날의 미국 매사추세츠주에 식민지를 건설하기 위해 잉글랜드의 플리머스를 떠났다. 이들이 탄 메이플라워호는 길이 27.4미터, 부피 180톤(504세제곱미터)의 상선이었다. 항해 자금은 플리머스 교구에서 댔다.

1650년에는 주로 영국, 프랑스(위그노), 네덜란드 출신의 식민지 개척자 5만 명이 대서양을 건넜다. 17세기 말에는 북아메리카에 10만 명, 남아메리카와 중앙아메리카에는 25만 명이 건너왔다.

18세기 초에는 5개의 주요 이민자 집단이 북아메리카를 향해 떠났다. 첫째는 잉글랜드, 스코틀랜드, 웨일스 출신, 둘째는 아일랜드 출신, 셋째는 독일 출신, 넷째는 프랑스 출신, 그리고 마지막은 네덜란드 출신이었다. 18세기 중반부터는 아메리카로 건너오는 이주민의 움직임이 상당히 빨라졌다. 1715년 한 해에 뉴욕에 하선한 이주민만 3만 1000명이었으나, 1775년에는 19만 명, 1790년에는 34만 명에 이르렀다.

이들은 주로 여객용으로 개조된 상선을 타고 왔다. 1750년부터는 이주민 수송에 특화된 선박이 등장했다. 이런 배를 타고 대서양을 한 번 건너는 데 드는 비용은 유럽에서 노동자 한 명의 1년치 봉급에 해당했다. 이주민들은 보통 너무 가난해서 이 비용을 지불할 수 없었으므로 비용을 마련하기 위해서는 여러 해 동안 일을 해야 했다. 하지만 국가 관리들이나 귀족들을 위한 고급 객실도 마련되었다.

유럽의 이주민들 외에, 아메리카를 향해 떠난 또 다른 무리의 사람들도 있었다. 하지만 이들은 타의에 의해 강제로 이주한 것이었다. 바로 아프리카 흑인들이었다.

북아메리카, 앤틸리스제도, 브라질에서 목화와 사탕수수를 재배하는 플랜테이션을 경영하기 위해서는, 스페인에 의한 학살을 견디고 살아남은 원주민과 다른 정복자만으로는 충분하지 않았다. 그래서 스페인과 여타 지역에서 온 식민지 개척자들은 아프리카에서 노예를 들여올 생각을 했다.[116] 당시 교황들, 특히 1537년 바오로 3세와 1639년 우르바노 8세가 이를 눈감아주었다. 교황들은 아메리카 원주민을 노예로 삼는 것을 단죄했으나, 아프리카인 노예에 대해서는 아무런 언급도 하지 않았다.

1550년경 흑인 노예무역이 시작되었고, 1672년부터는 그 속도가 훨씬 더 빨라졌다. 처음에는 아프리카에서 포르투갈 배에 실려 노예들이 수송되었다. 그러다가 1672년 이후로는 잉글랜드의 왕립 아프리카 회사와 프랑스의 세네갈 회사를 통하게 되었다.

무역은 삼각형으로 이루어졌다. 리스본, 리버풀, 런던, 보르도, 라로셸, 낭트, 암스테르담, 로테르담에서 출발한 배들이 서아프리카를 향해 떠난다. 이 배들은 직물, 무기, 조악한 보석, 술을 싣고 가서 아프리카와 아랍의 노예 상인들에게 주고, 그 대가로 전쟁에서 생포된 포로들이나, 약탈의 피해자들이나, 혹은 가족이 팔아넘긴 흑인들을 받았다. 이 노예들을 실은 배들은 다시 카나리아제도와 마데이라섬, 또는 브라질과 플로리다의 사탕수수 농장으로 향했다.[116]

흑인 노예무역에는 작은 선박들이 사용되었다. 아프리카의 해안에 접근해야 했기 때문이다. 노예들을 통제하기 위해서는 전통적인 선박에서보다 선원들의 역할이 더욱 중요해졌고 그래서 배 하나에 30명에서 45명의 선원들이 승선했다. 대서양을 횡단하려면 보통 두 달 정도 끔찍한 상황을 견뎌야 했다. 노예들은 어둡고 악취 나는 선창의 협소한 공간에서 발가벗겨지고 사슬에 묶인 채 잠을 잤다. 신선한 공기를 마실 기회는 거의 없었다. 그러한 탓에, 한 번 대서양을 횡단할 때마다 노예의 10~20퍼센트가 사망했다. 열 번의 항해 중 한 번은 반란이 일어났고, 결국 난폭하게 진압되었다.[116]

일단 목적지에 도착하고 나면, 선장은 판매를 위해 노예들을 "손질한다". 머리카락을 자르고, 상처를 감추고, 바깥 공기를 쐬게 해서 더 "그럴듯하게" 보이도록 준비하는 것이다. 노예 판매는 시장에서든 선상에서든 어디에서나 바로 이루어졌다.[116]

그런 다음 이 배들은 설탕이나 커피, 혹은 귀금속을 싣고 유럽으로 돌아갔다.

총 1240만 명 이상의 흑인이 노예가 되어 아프리카를 떠났고, 그중 180만 명이 대서양을 횡단하는 도중에 목숨을 잃었다.

1790년, 노예가 집중되어 있던 버지니아주의 인구는 총 74만 8000명이었고, 그중 35만 명이 노예였다. 다른 지역에서는 노예의 비율이 더 적었다. 북아메리카의 인구는 총 390만 명이었고, 그중 80만 명이 노예였다.

영국의 부상

18세기가 시작되었을 때에도 세계의 '심장'은 여전히 암스테르담이었다.[24] 네덜란드가 대서양과 인도양의 무역을 지배하고 있었다. 중국이 경쟁자가 되지 못한 덕분에 아시아에서도 무역을 확장할 수 있었다.

당시 영국은 농업혁명이 일어나 더 적은 노동으로도 온 국민을 충분히 먹일 수 있게 된 덕분에 산업 발전과 해양 무역을 선호하게 되었다. 따라서 항구들이 중요해졌다. 런던의 항구는 템스강을 따라 18킬로미터 정도 길게 펼쳐져 있었다. 1500개의 기중기가 연간 선박 6만 척의 선적과 하역을 처리했다. 리버풀은 근처에서 소금 광산이 발견된 덕분에 큰 항구로 발전했다. 이전까지 소금은 브리스틀을 거쳐 프랑스로부터 수입되었다.

같은 시기에 영국 동인도회사는 고급 사치품(면직물, 도자기, 차) 무역을 우선시해서, 대서양 지역 무역에 대한 독점권을 포기하고 동인도 지역의 무역에 집중했다. 당시 잉글랜드는 북아메리카에 거대한 식민 제국을 건설하고 이 대륙의 북동부 연안과 카리브해 지역을 모두 독차지했다.

인도에서 영국이 지배한 지역은 뭄바이, 콜카타, 첸나이뿐이었다. 반면에 프랑스는 예외적인 정복자였던 2명의 뒤플렉스(아버지와 아들) 덕분에 인도아대륙 절반의 해안을 지배했다. 하지만 조제프 프랑수아 뒤플렉스는 1747년 영국에게 완전한 승리를 거두기 위해 필요한 해군의 지원을 라 부르도네와의 경쟁 때문에 얻지 못했고, 1754년 결국 프랑스로 소환되었다.

당시 영국의 권력이 견고해지고 있었는데, 특히 인도에서 그러했다. 이는 특히 매우 급진적인 혁신을 통해 이루어졌다. 항해용 크로노미터가 개발되어 기존의 모래시계를 차츰 대체해나갔던 것이다. 영국 의회는 1714년부터 상금 2만 파운드를 걸고 항해 중인 선박에서 사용할 수 있을 만큼 정확한 크로노미터를 공모했는데, 1761년 요크셔의 고급 가구 장인이었던 존 해리슨이 이 상금을 차지했다. 여러 선박에서 이 크로노미터를 사용했고 템스강 변에 위치한 그리니치 천문대의 시계를 기준으로 삼아 크로노미터를 조정했다. 이로써 점차적으로 그리니치 천문대의 시간이 모든 선박에서 기준으로 삼는 표준 시간이 되었다.

중국(18세기 들어 인구가 두 배로 늘어나 3억 3000만 명에 이르렀고, 이는 당시 세계 인구의 3분의 1에 해당했다)에는 차와 쌀을 구하려는 영국인들이 찾아왔다. 이들은 인도에서 재배한 아편으로 값을 치렀다. 중국 황제에 대한 격렬한 반감 때문에 중국인들이 아편을 하도록 부추겼던 것이다. 광둥의 항구는 이제 아편 거래의 중심지가 되었고, 이는 중국인들에게 큰 해를 끼쳤다. 1729년 청나라 황제 옹정제는 아편 수입을 공식적으로 금지했으나, 아무런 효과를 발휘하지 못했다. 1796년 옹정제의 뒤를 이은 건륭제

바다의 시간

가 다시금 아편 수입 금지령을 내렸으나, 이 역시 헛된 시도에 그쳤다. 결국 아편 무역이 쟁점이 되어 다음 세기에 중국은 영국과 두 차례 해전을 치른다.

러시아에서는 1712년 표트르 대제가 바다의 중요성을 인식했다. 차르는 자신의 거대한 나라를 신속히 근대화하고자 발트해의 핀란드만 연안으로 수도를 이전했다. 러시아의 새 수도가 된 상트페테르부르크는 금세 러시아의 주요 무역 항구이자 군사 항구가 되었다. 러시아는 이제야 근대화에 눈을 떴다. 하지만 눈을 뜨자마자 영국과 맞닥뜨려야 했다.

사파비 왕조의 페르시아는 여전히 바다에 등을 돌리고 있었다. 사파비 왕조는 차례로 타브리즈(1501~1598), 이스파한(1598~1729), 마슈하드(1729~1736)를 수도로 선택했으나 세 도시 모두 내륙에 위치한 곳이었다.

영국에 패한 프랑스

프랑스는 새로운 기회를 맞아 해양 강국이 되고자 시도했지만, 해전에서의 패배를 막지는 못했다. 오스트리아 왕위 계승전(1740~1748)에서 여러 동맹 세력의 게임에 말려든 프랑스는 바다에서 영국에 패했는데, 특히 1747년 피니스테레곶 해전이 유명하다. 이어서 7년전쟁(1756~1763) 기간에는 1759년 키브롱만 해전과 라구스 해전에서 또다시 영국에 패했다. 이로써 프랑스는 아메리카에 건설한 항구들을 잃었다. 1758년 영국은 뒤켄 요새를 점령한 뒤 윌리엄 피트 총리의 이름을 따서 피트 요새(오늘날의 피츠버그)라고 명명했다. 프랑스는 결국 북아메리카의 누벨프 랑스를 포기해야 했다. 그리고 뒤플렉스가 떠난 뒤에는 인도에 건설했던 거대한 제국마저 거의 모두 잃었다.

7년 전쟁에서 프랑스가 전적으로 패했던 것은 아니지만, 1763년에 전쟁이 끝나고 맺은 파리 조약은 다시금 프랑스의 해양 세력을 약화하는 결과를 가져왔다. 협상에 참여한 이들이 프랑스의 몫을 제대로 옹호하지 못했던 탓이다. 대영제국은 오늘날 캐나다의 일루아얄과 오대호 유역, 그리고 미시시피강 좌안과 앤틸리스제도의 몇몇 섬을 프랑스로부터 양도받았다. 스페인은 프랑스로부터 미시시피강 서쪽을 넘겨받고, 영국에 플로리다를 내주었다. 프랑스는 동인도 지역에 건설한 거대한 제국을 영국에 넘겨주고는 5개의 해외 상관만 유지했다. 다만 생피에르미클 롱(오늘날 캐나다 뉴펀들랜드 남쪽의 여러 섬들)을 얻었고, 설탕섬이라 불리던 섬들의 대부분(마르티니크, 과들루프, 생도미니크)을 되찾았다. 하지만 전체적으로 보면 프랑스는 이 재앙과도 같은 조약에 의해 핵심적인 것들을 잃었다. 특히 바다를 지배할 수 있었던 기회를 또다시 놓치고 말았다.

바다에서 펼쳐진 미국 독립전쟁

사람들이 일반적으로 이야기하는 것과 달리, 미국 독립전쟁도 주로 바다에서 펼쳐졌다.[120] 미국 독립전쟁은 이전의 다른 모든 전쟁과 마찬가지로 거의 바다에서 승패가 갈렸다.

1770년경 미국 식민지 주민들과 영국인들 사이에 긴장이 고조되기 시작했다. 특히 영국의 조지 3세가 차茶에 부과한 세금을 인상하면서 미국의 경제 중심지이던 보스턴을 중심으로 갈등이 표출되었다. 1773년 12월 16일, 보스턴 사람들이 항의의 표시로 화물로 실려 온 차를 바다에 투척한, 이른바 '보스턴 차' 사건이 벌어졌다. 영국군과 미국 민병대 사이에 최초의 교전이 시작되었고, 미국 민병대는 곧 뉴욕과 필라델피아의 항구를 장악하고, 필라델피아에서 대륙회의를 소집해 반란자들의 독립을 준비하게 했다.

1776년 7월 4일 미국인들은 필라델피아의 2차 대륙회의에서 독립을 선언했다. 이에 영국에서는 반란을 잠재우기 위해 5만 5000명의 병력을 파견했다. 영국인들은 거대한 함대를 가진 덕분에 병력을 신속하게 수송할 수 있었다. 1776년 12월 영국 병사들이 뉴욕을 탈환했다.

1777년 8월 영국 장군 윌리엄 하우는 2차 대륙회의가 열리고 있던 필라델피아를 바다에서 공격했다. 버지니아주 체서피크만의 북단에서 하선한 하우 장군은 한 번의 교전도 없이 손쉽게 필라델피아를 점령했다. 미국의 독립은 물 건너간 듯이 보였다.

1778년 프랑스가 미국인들을 돕기로 결정하고, 취약한 미국 해군을 도와 영국 군대가 미국 땅에 상륙하는 것을 막기로 했다. 그리하여 프랑스 해군과 영국 해군 사이에 두 차례 해전이 벌어졌다.

우선 1778년 7월 27일 웨상 해전에서는 승패가 갈리지 않았다. 손실은 영국 쪽이 프랑스 쪽보다 네 배나 컸지만, 영국 해군은 교묘하게 위기를 모면했다. 즉 '영국식으로' 조용히 달아난 것이다. 이로써 프랑스 해군은 자신의 이미지를 제고하고 자기 역량에 대한 확신을 되찾았다.

이듬해 1779년 7월 6일 그레나다 해전에서 존 바이런이 지휘하는 영국 해군과 샤를 앙리 데스탱이 지휘하는 프랑스 해군이 충돌했다. 두 나라의 함대는 위력이 거의 비등했으나, 영국의 패배로 끝났다. 하지만 프랑스는 이 승리를 제대로 활용하지 못하고 그레나다의 작은 섬을 차지하는 데 만족했다.

1779년 스페인이 참전을 결정하고 1780년에 미국도 그 뒤를 따르면서 영국령 그레나다에 맞선 연맹이 확장되었다. 미국은 해적들까지 전쟁에 불러들였다. 그중에는 1779년 영국 호위함 세라피스를 탈취하고 "그럴듯한 해군도 없이, 아아, 미국이여"라고 쓴 스코틀랜드 출신의 해적 존 폴 존스 같은 이도 있었다.

1780년, 프랑스는 미국을 돕기 위해 함대를 파견했다. 특별히 라페루즈 백작[95]이 사우스캐롤라이나주의 찰스턴으로 파견되었는데, 그가 탔던 호위함 라스트레호에는 12파운드 대포 26문과 6파운드 대포 6문이 실렸다. 1781년에는 프랑스 해군의 중장 그라스 백작이 영국령 앤틸리스제도를 공격했고, 이로써 미국의 전쟁터로 향하는 영국 군대의 움직임을 늦출 수 있었다. 그런 다음, 버지니아주 체서피크만에서 벌어진 전투에서 그라스 백작은 다수의 영국 함선들을 격파했고, 이로써 영국의 지원군이 버지니아주에 상륙하는 것을 막고, 프랑스령 앤틸리스제도를 통해 규칙적이고 안정적으로 미국 군대에 물자를 보급할 수 있었다. 프랑스의 봉쇄로 영국은 군대를 더 이상 투입할 수 없었고, 미국은 잃었던 도시들을 하나씩 되찾았다.

영국은 여전히 해상 봉쇄를 뚫기 위해 노력했다. 1781년 7월 노바스코

샤의 루이스버그 맞은편에서 프랑스 해군 사령관 피에르 앙드레 드 쉬프랑이 2척의 호위함만 가지고 영국 전함 6척을 격퇴하고 호위함 HMS 에어리얼호를 포획했다. 이것으로 영국의 희망은 끝이 났다. 1783년 9월 파리 조약으로 미국 독립전쟁은 완전히 마무리되었고, 영국은 미국을 독립 국가로 인정했다.

5

석탄과 석유로 정복된 바다

1800년부터 1945년까지

"지나가버린 그의 삶을 지켜볼 때면, 텅 빈 바다에서
이미 사라진 배의 흔적을 보는 듯한 생각이 든다."
프랑수아 르네 드 샤토브리앙, 《무덤 너머의 회상록Mémoires d'outre-tombe》

18세기 말 갑자기 모든 것이 변했다. 한때 개척자들의 것이 되었던 바다
는 이제 다시 닫혀버리고 말았다. 새로운 에너지원(석탄과 석유)과 새로
운 추진 방식(외차外車와 스크루)을 사용하는 선박들이 기존의 운송 방식
을 전복하고, 산업화, 경쟁, 분업을 촉진했으며, 사람과 사상, 공산품과
원재료와 농산물의 대규모 이동을 이끌었다.

이제 바다는 이미 여러 세기 이전부터 그러했듯이 점점 더 무거워지
고, 점점 더 확산되며, 점점 더 위협적으로 변하는 인간의 존재를 감내
하게 되었다.

세계 경제가 도약했다. 산업혁명이 시작되었다. 바다는 다시 한 번 승
리자를 선택하고 그 승리자의 문화와 이데올로기와 문학과 군대가 세계
에 널리 퍼져 나가도록 허락했다.

1763년 파리 조약이 체결된 이래 19세기의 영국은 네덜란드를 희생시키고 모든 바다에서 권력을 장악했다. 하지만 한 세기 후 두 차례 세계대전을 치르는 혼란 속에서 영국 또한 그 탄생을 저지하기 위해 할 수 있는 일을 다 했을 또 다른 나라에 의해 대체되었다. 플랑드르, 네덜란드, 그리고 영국에 이어 미국의 시대가 온 것이다.

프랑스에서 착상된 증기기관

증기를 에너지원으로 사용할 수 있다는 것은 고대 이집트인들도 알고 있었다. 하지만 인류는 17세기 말까지 증기를 가지고 아무것도 하지 않았다. 증기가 불쑥 다시 등장한 곳은 프랑스였다. 서른 살의 물리학자 드니 파팽이 배에 일련의 튜브를 설치해 증기로 피스톤을 움직이게 하고 톱니바퀴를 맞물려 돌아가게 하면 외차를 돌릴 수 있겠다는 아이디어를 떠올렸다. 1690년 파팽은 독일 마르부르크에서 이를 실험으로 입증해 보이는 데 성공했다. 하지만 1707년 베저강의 독일인 뱃사공들이 파팽의 증기기관 시제품을 부수어버렸다.

파팽의 아이디어는 영국에서 다시 살아나 다른 방식으로 사용되었다. 1712년 대장장이 토머스 뉴커먼과 기술자 존 크롤리가 석탄을 채굴하기 시작한 영국의 광산에서 물을 퍼내고자 파팽(런던으로 추방되어 그해에 그곳에서 죽었다)의 설계도에 펌프를 적용했다. 더구나 석탄은 이 펌프를 작동시키기에 충분한 열을 공급할 수 있는 유일한 열원으로 판명되었다. 1769년 제임스 와트는 파팽과 뉴커먼의 기관機關을 다시 취해, 열을 축

적해 증기를 압축하는 최초의 응축기를 만들어냈다.[27]

이제 여러 사람이 증기기관을 선박에 적용해보려는 생각을 하기 시작했다. 1776년 프랑스의 공학자 클로드 드 주프루아 다방은 증기기관으로 야자나무 잎 형태의 노를 젓게 하는 르팔미페드라는 배를 제작해 작동시켜보고자 했다. 이를 위해 그는 은행가인 페리에 형제와 클로드 도롱을 끌어들여 파리에 회사를 세웠다. 그리고 2년 뒤인 1778년(실제로 작동한 최초의 증기기관차가 등장하기 26년 전)에는 나무를 열원으로 사용하는 최초의 외차 증기선 르피로스카프를 만들어냈다. 주프루아 다방은 두 곳의 강에서 성공리에 실험을 마치고 5년 뒤에는 리옹에서 길이가 45미터나 되는 또 다른 증기선을 만들었다. 이 배는 사온강을 수 킬로미터 거슬러 올라가는 데 성공했다. 하지만 루이 16세는 이 중요한 기술 혁신에 관심을 보이지 않았고, 이 때문에 주프루아 다방은 결국 몰락해 망명지에서 비참하게 생을 마감했다.[27]

바다에서 펼쳐진 프랑스 대혁명

1789년 프랑스 대혁명이 시작되었을 때, 미국 독립전쟁에 참전했던 주로 귀족 출신인 해군 장교들은 대부분 해외로 망명했다.

사실 혁명 정부가 군주정보다 바다를 더 좋아한 건 아니었다. 프랑스 왕국의 3대 항구였던 브레스트, 르아브르, 툴롱 중에서 툴롱만이 1790년 행정구역 개편에서 해당 도의 수도가 되었으나, 그마저도 1793년에는 툴롱 시민들이 영국에 도시 전체를 넘기려 한 데 대한 징벌로 그 지위를 잃었다. 더욱이 프랑스 대혁명은 선박 운항에 필수적인 위계 제도를 좋아하지 않았다. 1790년 제헌의회는 새로운 해군 형법을 채택해 해군 병사와 장교를 심판하는 모든 권한을 병사로 구성된 배심원단에 일임했다. 당연히 이 배심원들은 병사에게는 절대 유죄를 선고하지 않았고, 장교에게는 빈번히 유죄를 선고했다. 그리고 이 형법에 따르면 상선에서든 군선에서든 '적절한 교육'을 받고 4년간의 항해 경험을 입증하기만 하면 장교가 될 수 있었다.

잘 알려진 이야기와 반대로, 시간의 여명 이래 거의 모든 전쟁이 그러했듯이 프랑스 대혁명 역시 바다에서 펼쳐졌다.

1793년 국민의회는 네덜란드와 영국에 전쟁을 선포했다. 1794년 웨상〔프랑스 서부 브르타뉴 지방의 끄트머리에 위치한 섬〕 근처에서 벌어진 첫 해전에서 프랑스 혁명군 해군과 영국 해군이 맞붙었다. 프랑스 전함의 사령관 26명 중 12명이 상선 출신이거나 1789년 이전에는 그저 수병일 뿐이었다. 이 전투는 승자도 패자도 없이 끝이 났지만, 프랑스 혁명군에게는 성공의 사례로 남았다. 혁명의 격정이 경험 부족을 벌충한 셈이었다.

1795년 1월 프랑스 군대가 네덜란드를 침공했다. 암스테르담에서 북쪽으로 80킬로미터 떨어진 덴헬데르의 항구에는 오직 1개 함대만이 정박 중이라는 걸 알고, 프랑스군은 이 네덜란드 함대를 공격하기로 결정했다. 그리고 전열함 5척, 호위함 3척, 초계함 6척, 다수의 상선을 나포했다. 네덜란드 총독 오라녜 공 빌럼 5세는 자기 나라를 버리고 달아났다. 이로써 네덜란드에서는 바타비아공화국이 성립되었고, 이 신생 공화국은 프랑스의 혁명 공화국과 동맹을 맺었다. 바다와 관련된 사람들에게 우선적으로 테러가 가해졌다.

나폴레옹의 모험 또한 바다에서 시작되었다. 1797년 말, 나폴레옹이 이탈리아 원정에서 승리를 거두자 총재정부의 마지막 해군성 장관들 가운데 하나였던 해군 제독 에티엔 외스타슈 브뤽스는 나폴레옹을 파리에서 멀리 떨어뜨려놓고자 그를 이집트로 파견했다. 나폴레옹에게 주어진 임무는 이집트, 인도, 영국 사이의 연결고리를 끊고, 안정된 전략적 근거지를 이집트에 마련하라는 것이었다. 이는 한탄스러운 1763년의 파리 조약 체결 이후 상실한 동인도 지역의 재정복을 목표로 했다.

1798년 봄, 나폴레옹은 3만 5000명의 병사를 프랑스 남부와 이탈리아에서 모집하고, 툴롱에 (120문의 대포를 장착한 오리앙호 외에, 스파르시아트호, 콩케랑호, 토낭호, 외뢰호, 메르퀴르호 등) 17척의 군함을 집결시켰다. 그해 5월, 나폴레옹은 선두에 서서 이집트를 향해 출발했다. 함대의 지휘는 프랑수아-폴 브뤼 데가예에게 맡겼다. 하지만 이들은 지중해를 가로지르는 동안 넬슨 제독이 이끄는 영국 함대의 추격을 받았다. 영국 함대는 골리앗호, 젤러스호, 오라이언호, 애니어스호 등 15척의 배로 구성되었다.

양국 함대는 1798년 8월 1일 알렉산드리아 근처 아부키르만에서 맞붙었다. 영국 함대는 프랑스 사령관이 탄 오리앙호를 비롯해 4척의 프랑스 군함을 파괴하고 9척을 나포했다. 이로써 프랑스 혁명 정부의 바다에 대한 야망도 종결되었다.

해군 없이는 제국도 몰락한다

파리에 돌아온 나폴레옹은 해군 제독 브뤼스에게 급히 함대를 재조직할 것을 요구했다. 하지만 제독은 1799년 제1통령이 된 나폴레옹에게 참고 기다려달라고 요청했다. 1801년 나폴레옹에게 써 보낸 편지에서 제독은 이렇게 말했다. "시간이 요구하는 것을 시간에게 주십시오. 승리를 뒤로 미룹시다. 해군을 원하신다면 해군이 생길 것입니다." 하지만 나폴레옹은 참을성이 없었다. 그는 지중해를 통제하고, 생도미니크〔오늘날 카리브해의 섬나라 도미니카공화국의 수도. 스페인어로는 산토도밍고〕와 루이지아나〔오늘날 미국의 중서부 지역 대부분과 캐나다 동부를 포함하는 옛 프랑스령 식민지〕와 인도에 야심 차게 식민지를 경영하고, 영국을 침략하기를 원했다.

하지만 나폴레옹이 이전 정권에 비해 기술 발전에 더 관심을 가졌던 것은 아니다. 1803년 1월 미국인 로버트 풀턴이 센강에서 길이 33미터의 증기선 운항을 실험하다가 기계 장치의 무게 때문에 배가 가라앉는 일이 있었다. 나폴레옹은 풀턴을 '사기꾼'으로 취급했다. 같은 해 8월, 측면에 바퀴를 단 풀턴의 새로운 배는 가라앉지 않았다. 하지만 풀턴은 미국으로 떠나버렸다.

아미앵 조약으로 찾아온 일시적 평화 끝에 영국은 1803년 5월 나폴레옹을 향해 전쟁을 선포했다. 이로 인해 영국 침략은 나폴레옹의 유럽 지배를 위한 필수조건이 되어버렸다.[80]

1804년 12월 2일 나폴레옹은 마침내 황제가 되었고, 이듬해인 1805년 여름에는 불로뉴쉬르메르에 군대를 집결시켰다. 나폴레옹은 이 군대가 장차 자신의 침략군이 되어주기를 바랐다. 6만 명의 병사들이 영국 해안에 상륙할 준비를 했다. 성공을 위해서는 지중해와 대서양의 함대를 불러올 필요가 있었다. 물론 영국 함대가 바다를 감시하고 있기는 했다. 대서양의 영국 함대는 미국 독립전쟁의 패자 찰스 콘윌리스가 지휘했고, 지중해의 영국 함대[80]는 아부키르 해전의 승자 넬슨 제독이 지휘했다.

그러나 1805년 8월 26일 오스트리아가 프랑스를 침공하면서 모든 상황이 바뀌고 말았다. 나폴레옹은 본국을 방어하기 위해 불로뉴에 집결시킨 군대의 일부를 동쪽으로 보내야 했다. 사실상 영국 침략을 포기한 것이다.[44]

브뤼스 제독이 죽자 그를 대신해 빌뇌브 제독이 제국 함대의 수장이 되었으나 곧이어 로질리 제독으로 대체되었다. 그럼에도 1805년 10월 21일 빌뇌브 제독은 황제의 동의 없이 영국과 맞붙어 전투를 벌이기로 결정했다. 그의 함대는 전열함 11척, 호위함 6척, 쌍돛대범선 2척으로 구성되었으며, 여기에 카디스에서 온 스페인의 배들과 로슈포르에서 온 프랑스 배들이 합류했다. 빌뇌브는 스페인 남부 트라팔가르 앞바다에서 수적으로 열세에 있는 넬슨 제독의 영국 함대와 마주쳤다.[80] 넬슨 제독은 프랑스-스페인 연합 함대에 달려들어 그중 가장 뛰어난 군함들(뷔상토르호, 르두타블호, 상티시메트리니다드호)을 다른 나머지 배들과 분리시킨 뒤, 프랑스 배들의 3분의 2를 파괴했다. 이 패배의 결과는 실로 심각했다. 프랑스 쪽의 사망자는 무려 4400명에 달했지만, 영국 쪽의 사망자는 넬슨 제독을 포함해 450명에 그쳤다.[80]

이제 바다에 접근할 방법을 모두 잃게 된 나폴레옹은 자신에게 필요한 자원들을 외부 세계로부터 받아올 수단도 모두 잃고, 프랑스에 맞선 동맹에 영국이 참여하지 못하도록 막을 방편도 모두 잃었다. 그가 원치 않았던 트라팔가르 해전은 워털루 전투가 일어나기 10년 전에 이미 그 제국의 몰락을 알렸다.

트라팔가르 해전 패배 이후 황제는 해군을 재건하고자 애를 썼다. 해군 재건에는 무척이나 오랜 시간이 걸렸다. 1812년이 되어서야 1805년 수준의 함대를 회복하게 된다. 이후 세인트헬레나섬에 유배되었을 때 나폴레옹은 미국 독립전쟁에서 프랑스 해군의 승리를 이끈 피에르 앙드레 드 쉬프랑에 대해 이렇게 말한다. "이 사람은 왜 나의 시대까지 살지 못했나? 나는 왜 그런 역량을 지닌 사람을 찾지 못했나? 그런 사람을 찾았더라면 나는 그 사람을 우리의 넬슨으로 만들었을 테고, 그러면 상황은 다르게 흘러갔을 것이다. 나는 해군에서 그런 사람을 찾느라 시간을 다 보냈지만 결국 찾지 못했다."[69]

또 다른 해전들이 뒤를 이었다. 1805년 11월 3일 스페인 갈리시아 근처 오르테갈곶에서도 해전이 있었고, 1806년 2월 6일 생도미니크에서도 해전이 있었다.[80] 프랑스 역사책들은 이들 전투에 대해 별로 이야기하지 않는다. 프랑스의 패배 말고는 이야기할 것이 없는 탓이다. 영국의 봉쇄를 뚫는다는 것은 불가능했다. 프랑스는 특히 앤틸리스제도의 사탕수수에 접근할 수가 없게 되어 국내에서 사탕무를 재배했다.

1806년 나폴레옹은 영국에 보복하기 위해 대륙 봉쇄령을 내리고, 프랑스의 동맹국과 유럽의 모든 선박이 무엇이든 영국에 판매하는 것을 금지했다.[44] 그리고 이 봉쇄령이 제대로 지켜지는지 확인하기 위해 유럽의 해안을 감시하도록 했다. 같은 해에 루이 자콥은 노르망디 그랑빌에 최초의 신호기를 설치해 영국 선박의 접근을 감시하고, 광학적 신호를 통해 적군의 모든 활동에 대해 프랑스 배들에게 주의를 주었다.[80]

1807년 풀턴은 뉴욕에서 실험을 재개하고, 허드슨강에서 클레몬트호를 건조했다. 이 배는 외차를 설치한 50미터 길이의 증기선으로, 석탄과 나무를 연료로 사용해 모터를 움직였다. 실험이 끝나고 얼마 지나지 않아서 뉴욕과 올버니[허드슨강 중류에 위치한 뉴욕주의 주도] 사이의 240킬로미터 구간을 정기적으로 운항했다. 바다에서 모든 경쟁자를 물리친 영국은 이제 해상에서의 우위를 이용해 1809년과 1810년에 각각 앤틸리스제도와 마스카렌제도를 프랑스로부터 되찾았다. 영국은 프랑스의 대륙 봉쇄령에 거의 영향을 받지 않았다. 강력한 해군 덕분에 앤틸리스제도와 인도를 포함한 대영제국 내 무역을 그대로 유지할 수 있었기 때문이다. 오히려 대륙 봉쇄령으로 인해 재난적인 피해를 입은 건 모든 필수품을 프랑스로부터 높은 가격에 구입하게 된 다른 유럽 국가들이었다.[80]

1810년 러시아의 알렉산드르 1세는 영국에 대한 프랑스의 대륙 봉쇄령에 응하지 않겠다고 선언했다. 이에 나폴레옹은 러시아와 전쟁에 돌입했고, 결국 패배했다. 사실 트라팔가르 해전 이후 그는 이미 완전히 패배한 상태였다.

이러는 사이에, 1812년 런던에서는 최초의 증기기관차가 운행을 시작했다. 미국에서 최초의 증기선이 운항을 시작하고 한참 지난 뒤였다.

이 두 가지 혁신이 일어난 장소들은 다음 두 세기에 걸쳐 세계를 지배할 권력이 어디에서 나올지를 명확하게 가리킨다.

영국이 바다를 지배하다:
범선이 사라지고 증기선이 등장한 대서양

1815년 빈 의회에서 나폴레옹 제국의 전리품을 나누었을 때 영국은 유럽 대륙의 어떠한 영토도 요구하지 않았다. 진짜 권력이 어디에 있는지를 알고 있었으므로 영국인들은 다만 계속해서 바다를 지배하길 원했고, 그리하여 전 세계에 걸친 제국을 더욱 확장시켜나갔다. 카리브해에서 존재감을 강화하기 위해 영국은 네덜란드령이었던 기아나, 프랑스령이었던 토바고와 생트뤼시(세인트루시아)를 탈취했다. 북해를 통제하고 발트해에 접근하기 위해 덴마크령 헬골란트섬을 점령했다. 그리고 이집트와 마주하고 있는 오스만제국을 견제하기 위해 몰타섬과 이오니아제도를 차지했다.[27]

런던의 항구는 처리되는 화물의 양이나 드나드는 선박의 톤수에서나 세계 최고의 항구로 자리매김했다. 무역은 주로 인도, 오스트레일리아, 뉴질랜드를 돌면서 이루어졌다. 리버풀 또한 주요 항구도시였다. 대형 선박들을 항구에 수용할 수 있었고, 머시강과 잘 연결되어 있었을 뿐 아니라, 강과 나란히 건설된 운하 덕분에 런던까지 화물을 빠르게 운송할 수 있었다. 항구 가까이에는 수많은 조선소가 생겨났다. 글래스고의 경우, 매년 수입되는 2만 1000톤의 미국산 담배 대부분이 그곳 항구에서 하역되었다.[24]

1816년 몽펠리에의 부유한 실업가 피에르 앙드리엘이 프랑스인 은행가 자크 라피트의 지원을 받아 런던에서 선박회사를 설립하고 영국의 증기선 마저리호를 구입했다. 앙드리엘은 이 배를 엘리즈호라고 다시 명명하고 영국해협을 건넜다. 증기선으로 영국해협을 횡단한 첫 사례였다. 그는 계속해서 센강을 가로질러 파리에 닿았다. 같은 해에 증기선을 처음 발명했으나 1790년부터 줄곧 런던에 피신해 있던 주프루아 다방이 프랑스로 돌아와 샤를필리프호를 진수하고, 파리와 몽트뢰 사이를 오가는 센강 최초의 증기선 운항 사업을 시작했다.[27]

같은 해인 1816년, 프랑스의 전함 메뒤즈호가 모리타니 근해에서 난파되었다. 이 사건은 프랑스 해군의 처참한 상황을 드러냈다. 이 배는 식민지 개척자들을 세네갈로 수송하던 중이었으나, 프랑스 대혁명으로 구체제가 붕괴된 후 한 번도 항해를 해보지 않은 귀족의 지휘를 받고 있었다. 배에 타고 있던 152명 중 생존자는 10명밖에 되지 않았다. 1819년 이 사건을 소재로 삼아 제리코가 그린 그림에는 조난당한 채 뗏목에 매달려 괴로워하는 마지막 생존자들의 모습이 잘 표현되어 있다. 이는 곧 프랑스 해군의 몰락을 상징하는 것이기도 했다.

회복된 왕정에서도, 혁명 이전에 그러했듯이 해군에 별다른 관심을 보이지 않았다. 1818년 루이 18세는 왕립해군학교(프랑스 해군사관학교의 전신)를 설립했으나, 바다에서 무려 100킬로미터도 넘게 떨어진 앙굴렘에 설립했다.

미국에서는 기술 발전이 가속화되었는데, 여전히 군주들의 야망이 주도적 역할을 하는 유럽 대륙과 달리, 시장 세력들이 기술 발전을 강력히 이끌었다. 1818년 뉴욕에서는 퀘이커 상인 제레마이어 톰슨과 재력가 아이작 라이트가 여객 수송에 특화된 세계 최초의 해운 기업 블랙볼라인을 창립했다. 이 기업은 영국과 미국을 오가는 항로를 상업화했다. 처음에는 돛대가 하나밖에 없는 소형 범선을 이용했다. 대서양을 횡단하는 데는 4주 이상이 걸렸다. 이 긴 여정에는 물론 위험이 없지 않았다.

1819년 엄청난 출항식이 열렸다. 증기기관으로 측면의 외차를 돌려서 추진력을 얻는 범선이 대서양을 횡단하기 위해 미국 조지아주의 서배너에서 출발했다. 배의 길이는 30여 미터였고 증기기관은 90마력의 힘을 냈다. 대서양 횡단에는 대략 27일이 걸렸고, 그중 증기기관을 사용한 기간은 모두 합쳐 나흘 정도 되었다. 이를 위해 석탄 68톤과 나무 9톤을 연소했다. 같은 해에 스코틀랜드의 공학자 헨리 벨은 풀턴의 배와 비슷한 증기선 코멧호를 개발해 클라이드강에서 운항하며 시골 승객들을 수송했다. 하지만 1825년 코멧 2호가 난파되면서 승객 62명이 익사하자 운항이 중단되기도 했다.

돛에서 증기기관으로, 그리고 스크루로

1826년 영국에서 건조되고 영국 장교의 지휘를 받은 그리스 선박 카르테리아호는 튀르크인들과의 해전에 처음으로 투입된 증기선이 되었다. 외차가 달려 있긴 했지만, 조종이 쉬웠기 때문에 대포 8문만 가지고도 오스만제국의 1개 분함대를 패주하도록 만들 수 있었다. 이런 탁월한 성능 덕분에 유럽 각국의 해군에서는 재빨리 증기선 군함에 관심을 기울였고, 증기기관으로 추진력을 얻는 철선을 개발하기 시작했다.[27]

1827년 오스트리아의 공학자 요제프 레셀은 선박 스크루에 대한 특허를 등록했다. 하지만 그가 이 스크루를 장착하여 건조한 배에는 충분히 강력한 기관이 설치되지 못했다. 얼마 뒤에 프랑스의 공학자 프레데

리크 소바주가 훨씬 더 능률적인 선박 스크루를 개발해 특허를 냈다.

1830년 프랑스 최초의 증기선 군함 스핑크스호가 진수되었다. 길이 48미터에 달하는 스핑크스호는 알제 정복 당시 프랑스 군대를 수송하는 데 참여했다.[27] 1833년에는 이집트 룩소르의 오벨리스크가 스핑크스호에 실려 파리로 운송되었다. 이는 증기선에 대한 신뢰를 입증하는 대표적인 사례가 되었다.

범선에서 증기선으로의 이행이 해군 선원들에게는 쉽지 않은 일이었다. 상선 선원들만큼이나 해군 선원들도 어려움을 겪었다. 범선에서는 선원들의 위계(선장, 몇 명의 장교, 수십 명의 선원, 몇 명의 견습 선원, 승무원장, 목수, 돛 담당자)가 확실했다. 그러나 증기선에서는 기관사와 기계공이 승선해야 했으므로 기존 위계에 혼란이 따랐다.

1837년 보조 증기기관과 외차를 장착한 상업용 범선들이 승객을 싣고 한 달도 안 걸려서 대서양을 횡단하기 시작했다. 하지만 아직은 주로 돛에 의존해 항해해야 했다.

1838년, 영국인 프랜시스 페팃 스미스가 SS아르키메데스호를 진수했다. 프랑스 특허청에 따르면 이 배는 스크루로 작동하는 최초의 증기선이었다.

같은 해에 근본적인 혁신이 일어났다. 리버풀에서 창립된 브리티시 아메리칸 스팀 내비게이션 컴퍼니라는 신설 여객 수송 회사에서 돛 없이 오직 증기기관에만 의존해 대서양을 횡단할 수 있는 최초의 배 시리우스호를 진수했다. 길이 61미터에 달하는 이 배는 석탄과 나무를 혼합한 연료를 사용해 선체 양쪽 측면에 설치된 외차를 돌리는 방식으로 움직였다. 첫 항해에서 18일 만에 대서양을 횡단했으며, 이는 평균 속도가

7노트에 달했음을 의미한다. 선적된 석탄의 양이 부족했던 탓에 선원들은 비상용 돛대와 선실 가구들까지 보일러에 넣어 태워야 했다.[27] 그보다 일주일 뒤에 경쟁사인 그레이트웨스턴 스팀십컴퍼니에서 그레이트웨스턴호를 진수했다. 이 배는 단 보름 만에 대서양을 횡단해 시리우스호에 비하면 항해 기간을 사흘 단축했고, 일반 범선에 비하면 무려 절반을 단축했다. 이것으로 범선의 시대는 끝이 났다.

마지막으로 같은 해에 런던과 버밍엄 사이에 세계 최초의 전신電信이 연결되었다. 이 전신은 1832년 미국인 새뮤얼 모스(혹은 그의 조수 앨프리드 베일[49])가 발명한 모스 부호만을 메시지로 전송할 수 있었고, 그 속도 또한 아직은 매우 느렸다.

1839년 터너의 명작 〈해체를 위해 예인되는 전함 테메레르호〉는 범선에 대한 증기선의 승리를 잘 보여주었다.

최초의 증기선 해전:
1차 아편전쟁

영국은 인구가 증가하면서 원자재와 농산물을 대량으로 수입해야 했다. 이를 위해 자국 상선들을 보호하고, 무역 경로의 주요 지점에 해외 상관을 설치하는 일이 더욱 중요해졌다. 1833년 영국은 아르헨티나의 농산물과 축산물에 대한 접근성을 확보하기 위해 포클랜드를 점유했다. 그리고 인도와 오스트레일리아로 가는 무역 경로의 안전을 확보하고자 1838년에는 아덴(홍해 입구에 위치한 예멘의 항구도시), 1839년에는 카라치

〔아라비아해에 면한 파키스탄 최대 도시〕와 홍콩을 점유했다.

런던과 아시아 여러 나라 사이에 상당한 양의 교역이 이루어지고 있었다. 하지만 영국인들에게만 유리한 방식으로 이루어졌다. 영국인들은 인도를 지배하고 있었고, 또한 중국의 청나라가 쇠락하기 시작했던 만큼 더욱더 쉽게 자국에 유리하도록 무역을 진행할 수 있었다. 중국은 여전히 중앙아시아 일부와 몽골에 이르는 광대한 영토를 지배하고 있었을 뿐 아니라 베트남, 시암(태국), 버마(미얀마), 조선에도 지배력을 행사했다. 하지만 4억 3500만 명에 이르는 거대한 인구를 먹이는 일은 쉽지 않았다. 더욱이 중국은 침체된 경제, 백성을 괴롭히는 관료제, 심각해지는 인플레이션, 새로운 기술 발전에 대한 경멸이라는 장애물을 가지고 있었다. 무엇보다도 중국에는 해군이 없었고, 몇 세기 동안이나 다른 나라와 무역을 하지 않았다.

당시 중국은 유럽인들에게 상상 속 먹잇감이었다. 특히 영국인들에게 그러했는데, 이들은 인도에서 생산한 아편의 소비를 중국에 강요했고, 그 대가로 쌀과 차를 싼값에 구입하려 했다. 1729년 이래로 중국 황제는 아편의 소비와 수입을 금지했으나, 1835년 아편을 하는 중국인은 200만 명이 넘었다. 1839년 중국 황제는 다시 한 번 저항을 시도하며, 다량의 아편을 선적하고 있던 영국 선박들의 중국 입항을 막았다. 영국은 난국을 타개하기 위해 4000명의 병사를, 16척의 전열함과 4척의 포함砲艦, 28척의 수송선, 540문의 대포를 1개 함대로 편성해 파견했다. 1840년 영국 함대가 광둥에 닿았고 중국인들은 저항했다. 영국인들은 홍콩에 집중하기로 결정하고, 결국 홍콩을 점령하는 것으로 끝을 냈다. 그리고 장강 하구를 점유해 베이징으로부터 오는 식량 공급을 차단했다. 1842년 중국 황제는 영국 선박의 입항 금지 조치를 철회하고 난징 조약을 체결했다. 이로써 중국은 자유로운 아편 거래를 수용하는 한편, 5개 항구(샤먼, 광둥, 닝보, 상하이, 푸저우)를 유럽 각국에 개방했으며, 홍콩에 적재되어 있던 아편을 폐기한 데 대한 보상금을 영국에 지불해야 했다. 그럼에도 중국 내의 아편 매매는 여전히 불법으로 남았고, 거기에 참여한 외국인들은 언제나 사형에 처해졌다.

아메리카를 향한 이주

1840년(모스가 전신 언어를 발명해 특허를 낸 바로 그해[49]), 그레이트웨스턴 스팀십컴퍼니는 2년 전에 제작된 최초의 스크루 추진 동력선 SS아르키메데스호를 회수하고 SS그레이트브리튼호를 개발해 1843년에 진수했다. 상업용으로 사용된 최초의 스크루 추진 동력선[27]이었던 이 배는 대서양을 보름 만에 횡단했으며, 대규모로 아메리카 대륙에 도착하기 시작한 이주민들을 수송하게 되었다.

당시 유럽은 상대적으로 평화로운 상황이었으나, 그럼에도 아주 많은 유럽인이 아메리카로 이주했다.[10]

우선 1846년부터 아일랜드에 큰 기근이 들자, 200만 명이 넘는 아일랜드인들이 영국, 오스트레일리아, 북아메리카로 떠났다. 1848년 유럽에서 혁명이 일어나자, 수많은 독일인과 스칸디나비아인들이 고향을 떠났다. 1850년대에는 70만 명의 독일인들과 4만 5000명의 스칸디나비아인들이 아메리카로 이주했다. 마찬가지로 이탈리아에도 기근이 들었고,

수많은 남부 이탈리아인들이 브라질, 아르헨티나, 베네수엘라, 미국을 향해 떠났다. 당시 총인구가 2500만 명에 지나지 않던 미국에만 450만 명의 이탈리아인들이 이주했다.

여러 해운회사가 이 새로운 고객들을 실어 나르기 위해 대형 여객선을 운항하기 시작했다. 돈 없이 떠난 사람들은 끔찍한 조건에서 여행을 해야 했다. 창고에 마련된 공동 침실에서 자야 했고, 식사는 형편없었으며, 욕실과 화장실은 매우 제한적으로만 이용할 수 있었다. 승무원의 근무 환경보다도 더욱 열악했다.

미국의 항구도시들이 크게 부상했다. 뉴욕, 보스턴, 서배너, 뉴잉글랜드의 항구도시들이 중요해졌다. 특히 볼티모어는 남아메리카에서 설탕, 구리, 커피를 수입하고, 담배, 곡물, 밀가루, 직물을 영국, 프랑스, 독일로 수출했다. 베드포드는 석탄 유통과 고래잡이의 중심지가 되었다. 당시 고래는 비누와 램프에 사용되는 기름과 우산, 칼자루, 코르셋, 셔츠, 악기의 재료와 부속의 공급원이었다.[27]

바다 밑으로 설치된 전신 케이블

한편 또 다른 주요 혁신이 이루어졌다. 이제 바다를 통해 화물과 여객만을 운송하는 것이 아니라 정보를 전달하기 시작한 것이다. 우선은 금융정보들이 전달되었다. 사람들은 전서구傳書鳩나 시각적 전보 신호를 사용해 사흘이나 걸려서 파리 주식시장에서 런던 주식시장으로 정보를 전달하는 데 만족할 수가 없었다. 해법은 바다에 있었다. 1850년 8월, 영국인들의 자본으로 만들어진 최초의 해저 전신 케이블이 칼레와 도버 사이에 설치되었다. 하지만 이 케이블은 불과 11분 만에 끊어져서, 이듬 해인 1851년 11월 30일 케이블이 다시 설치되었다. 이로써 메시지 전달 소요 시간은 (사흘에서) 한 시간으로 줄었다. 이 케이블은 이후 40년 동안 작동하면서 주로 주식시장 정보를 모스 부호로 전달했다.

해저 전신 케이블은 세계 경제에 놀라운 변화를 일으켰다. 모든 사람 이 전에 없이 빠른 속도로 정보를 얻을 수 있게 되리라고 예감했다.

영국은 점진적으로 전신 케이블을 설치해 유럽의 다른 나라들과 연 결했다. 주로 금융 정보를 모스 부호로 주고받기 위한 것이었다. 이로써 런던의 권력을 장기간 지속시켜줄 사회 기반시설이 자리를 잡았다.

증기선을 이용한 두 번째 전쟁과 세 번째 전쟁: 크림반도와 중국

그런 뒤에 다시 새로운 전쟁이 시작되었다. 물론 이번에도 전투는 바다 에서 벌어졌다. 1853년 러시아인들은 오스만제국이 쇠락한 틈을 타서 흑해에 진출하고자 하는 천년 묵은 야심을 이루려 했다. 1853년 11월 러 시아는 오스만제국의 시노프 항구를 파괴했다. 1854년 프랑스와 영국은 러시아가 흑해를 장악한 뒤 지중해를 두고 경쟁할 것을 염려해 튀르크 인들을 돕기 위해 나섰다. 철갑을 두른 (뒤퓌 드 롬이 제작한) 증기선 전함 들이 역풍을 뚫고 보스포루스 해협을 지나 북해로 올라갔다. 1855년 프 랑스 해군과 영국 해군이 러시아의 킨부른 요새를 공격했다. 오늘날 우크라이나에 속하는 드네프르강 남쪽 기슭에 위치한 이 요새는 흑해에서 러시아를 방호했다. 프랑스의 구포함白砲艦과 영국의 대포함은 우선 러시아 군대를 향해 규칙적으로 포를 쏘면서 유동적인 화포를 전투 대형으로 정렬했다. 영국과 프랑스 해군은 네 시간 만에 3000개 이상의 포탄을 쏘았고, 200개의 포환을 맞았다. 하지만 전함에 철갑을 두른 덕분에 큰 피해는 입지 않았다. 러시아는 결국 요새를 넘겨주고 퇴각해야 했다.

1856년 파리 조약으로 크림 전쟁은 마무리되었다. 흑해는 '중립 지대'가 되었다. 이제는 어떠한 전함도 흑해를 경유할 수 없으며, 요새를 건설하는 것도 금지되었다. 이는 보스포루스 해협과 다르다넬스 해협의 자유로운 통행을 보장하고, 프랑스와 영국이 흑해에서 계속 무역 활동을 유지하며 러시아 근해에까지 선박을 배치할 수 있도록 허락했다. 또한 파리 조약은 적국 상선의 나포를 금지하고, (밀수품을 제외한) 적국의 재화를 바다에서 포획할 수 없다고 선언했다. 하지만 러시아가 패배했음에도, 오스만제국은 더욱 강화된 모습으로 부상할 수는 없었다.

이렇게 철갑 전함들이 승리를 거두자, 세계 최강의 해군들은 목선을 폐기하기 시작했다. 이로써 프랑스에서 '철갑선의 시대'라고 부르는 시대가 열렸다. '철갑'은 중세 기사들이 전투에 참여할 때 입었던 갑옷과 비슷하다는 의미에서 나온 말이며, 이는 프랑스인들의 과거에 대한 향수를 드러내는 것이다.

늘 그러했듯이 1856년에도 영국인들은 점점 더 많은 차를 소비하고 있었고, 수익성이 높은 중국과의 아편 무역을 확대하기를 희망했다. 반대로 중국 정부는 아편 무역을 막고자 할 수 있는 모든 일을 하고 있었다. 그러던 중에 중국 군함들이 아편을 수송하는 것으로 의심되는 영국 상선 애로호를 가로채는 사건이 발생했다. 이로써 2차 아편전쟁이 발발했다.

1859년 다시 한 번 프랑스-영국 연합 해군이 파견되어 중국의 수도를 봉쇄하려 했다. 이를 위해 연합 해군은 베이징의 물자 공급에 치명적인 톈진 항구를 폐쇄했다. 하지만 이전과 달리, 이것만으로는 중국 황제를 굴복시키기에 충분하지 않았다. 연합 해군은 결정적인 공격을 감행하기로 결정하고, 황허강을 거슬러 올라가 1860년 10월 6일 베이징을 점령하고 황제의 여름 궁전을 불태웠다. 중국은 다시금 패배를 인정하고 1860년 베이징 조약을 체결했다. 이로써 중국의 11개 항구가 유럽인들에게 추가로 개방되었다. 프랑스와 영국은 배상금으로 320톤의 은을 받았다. 영국인들은 주룽九龍반도의 남쪽을 영구적으로 할양받았다. 이곳의 영국 해외 상관이 확장되어 홍콩이라는 도시를 이룬다.

이 시기에 마지막까지 남아 있던 범선들과 외차 증기선들이 군사용으로나 상업용으로나 더 이상 쓰이지 않고 자취를 감추게 되었다. 나폴레옹 3세는 프랑스 해군을 위해 40척의 쾌속선과 90척의 호위함과 초계함, 그리고 해안과 항구 방어를 위해 특화된 선박을 주문했다.

1857년 미국인 실업가 사이러스 필드가 아일랜드와 뉴펀들랜드 사이에 해저 전신 케이블을 설치했다. 대서양을 횡단하는 최초의 전신 케이블이었다. 이 작업은 당시 세계 최대 선박인 그레이트이스턴호를 해저 케이블 부설선으로 개조함으로써 이루어졌다. 이 케이블은 길이가 4200킬로미터, 무게가 7000톤에 달했다. 하지만 매우 느린 속도로 모스 부호만 전송했고, 게다가 20일밖에 작동하지 못했다. 이후 동일한 배가 영국의 의뢰를 받아 거의 4만 8000킬로미터에 달하는 해저 케이블을 점진적으로 설치하게 된다. 특히 프랑스 브레스트에서 캐나다 생피에르미클롱을 연결하는 4개의 대서양 횡단 케이블 외에, 예멘 아덴에서 인도 봄베이를 연결하는 인도양 횡단 케이블이 1870년에 설치되었다. 이 케이블은 이 듬해인 1871년에는 홍콩까지, 그 이듬해인 1872년에는 시드니까지 연결되었다.

이제는 스크루 증기선들이, 그러니까 결국 영국의 증기선들이 대서양을 누비고 다니며 화물과 승객을 수송했다. 주요 해운회사로는 커너드라인, 인만라인, 그레이트이스턴, 페닌슐라앤오리엔탈이 있었다.

1850년대 말부터는 석유가 사용되기 시작했다. 우선은 대도시의 조명에 사용되었다. 1857년 루마니아 부쿠레슈티는 석유를 사용한 공공조명을 설치한 세계 최초의 도시가 되었다. 1861년 최초의 유조선 엘리자베스와츠호가 필라델피아에서 출발해 매우 위험한 45일간의 여정을 거쳐 런던에 도착했다. 이 영국 배의 규모는 224톤에 달했으나, 유조탱크의 방수처리가 완벽하지는 않았다.

바다는 여전히 위험했다. 이 시기에는 매년 3000명의 영국 선원들이 바다에서 사라졌다. 그들이 살았던 삶의 조건 또한 언제나 끔찍했다.

남북전쟁과 최초의 잠수함

1861년 2월 4일 미국의 새 대통령 에이브러햄 링컨은 미국 전역에서 노예제를 폐지하기로 결정했다. 하지만 남부의 여러 주에서는 노예제 폐지를 거부하고 독립을 선언했다. 이로써 남북전쟁이 시작되었다.[87]

이 내전에서 해군이 상당한 역할을 했음을 의심하는 사람은 아무도 없다. 이보다 90년 앞선 미국 독립전쟁에서 그러했던 것과 마찬가지였다.

남부연합에서는 생활에 필요한 모든 것을 생산하지 못했다. 그래서 이전에 생필품을 수입해야 하는 모든 강대국이 그러했듯이 바다를 통제해야만 했다. 하지만 북부와 남부 어느 쪽 군대도 바다에서 강하지 못했다. 남부와 북부의 군대 모두 거대한 기병대가 주를 이루었기 때문이다. 전쟁이 시작되었을 때 북부 해군은 증기선 군함 12척만을 보유하고 있었다. 남부 해군의 군함은 그보다도 훨씬 적었다.[27]

1862년 링컨 대통령은 육상과 해상 모두에서 남부를 봉쇄하기로 결정했다. 이를 위해서는 5600킬로미터에 이르는 해안과, 뉴올리언스 및 모빌을 비롯한 12개의 주요 항구를 통제하고, 미시시피강의 보안을 철저히 지켜야 했다. 그래서 링컨 대통령은 필라델피아의 조선소를 비롯해 여러 조선소에 다수의 배를 건조하도록 지시했다. 남부연합은 프랑스가 자국 선박을 판매하지 않겠다고 하자 영국에서 배를 만들기로 했다. 특히 폭약을 장착한 초계함과 더불어 최초의 잠수함 앨리게이터호를 건조했다. 길이 14미터의 앨리게이터호는 노를 저어 앞으로 나아가고, 그런 다음엔 크랭크 핸들로 스크루를 돌려서 추진력을 얻었다. 이 최초의 잠수함은 북부 군함의 홀수면 아래에 기뢰를 설치하는 데 쓰였다.[87] 1864년 2월 17일 사람의 손으로 추진력을 내는 이 잠수함 가운데 하나인 CSS헌리호가 북부의 USS후서토닉호를 전복시켰다. 그럼에도 링컨이 결정한 봉쇄망은 무너지지 않고 철저하게 유지되었다. 1864년 8월 5일 북부 해군은 남부연합의 주요 항구 가운데 마지막까지 남아 있던 멕

시코만의 모빌마저 막아버리는 데 성공했다.[87]

이로써 남부연합으로 들어오던 1차 필수품의 해상 운송로가 모두 차단되었다. 곧이어 엄청난 인플레이션이 일어났고 은행들이 파산했다. 특히 남부연합은 말에게 먹이는 데 꼭 필요한 소금마저 구할 길이 없었다.[87] 결국 마지막 육상 전투에서 남부연합 로버트 리 장군의 군대가 패배했고, 이로써 1865년 4월 9일 남북전쟁도 끝이 났다.

언제나 그러했듯이, 이번에도 모든 것은 바다에서 결정되었다.

최초의 대운하

19세기 전반기에 유럽과 아시아 사이의 무역이 크게 확장되었다. 세계 최고 상선대의 뒷받침을 받는 런던은 언제나 세계 제일의 항구였다. 또한 웨스트인디아 부두, 이스트인디아 부두, 로열빅토리아 부두를 갖춘 런던은 세계 제일의 화물 집산지이기도 했다. 이 부두들은 모두 템스강에 설치되어 있었고, 아시아와의 무역을 위한 것이었다. 당시 아시아에 이르는 유일한 항로는 여전히 아프리카 대륙을 크게 돌아서 가는 것이었다. 영국에서 출발한 배가 인도에 이르는 데는 여전히 35일이나 걸렸다. 중국까지 가는 데는 그보다 거의 두 배의 시일이 걸렸고, 오스트레일리아까지는 더 많은 시일이 필요했다.

아프리카 우회로를 피하기 위해 지중해와 홍해 사이의 최단 거리, 즉 알렉산드리아와 수에즈 사이의 300킬로미터를 잇는 운하 건설이 논의되기 시작했다. 이 아이디어는 프랑스에서 나왔다. 프랑스는 운하를 건설해 이집트에 대한 영국의 영향력을 제한하려 했고, 영국과 중국 및 인도 사이의 무역에 제동을 걸고자 했다.[93] 페르디낭 드 레셉스와 그의 만국 수에즈 해양 운항 회사는 나폴레옹 3세의 지원을 받아 오스만제국 지도자들로부터 운하 건설권을 획득했다. 건설될 운하는 폭 280~345미터, 깊이 22.5미터 규모로 스크루 기관선을 수용할 수 있도록 설계되었다. 하지만 당시 기관으로 동력을 얻는 수송선은 전체의 5퍼센트밖에 되지 않았다.[93]

1869년에 발표된 쥘 베른의 소설 《해저 2만 리》에 등장하는 노틸러스호는 미국의 USS앨리게이터호에서 영감을 받은 것이다. 이 소설 속 잠수함은 길이가 대략 70미터이고 전기 에너지를 사용해 해수면 아래 8000~1만 2000미터에서 항해할 수 있었다. 이 정도 깊이의 바다는 소설이 출간되고 6년이 지난 뒤에야 발견되는 마리아나 해구의 깊이에 매우 가까운 것이었다. 하지만 이런 크기의 잠수함이 실제로 제작되려면 1930년까지 기다려야 한다.

같은 해인 1869년, 프랑스의 황후 외제니 드 몽티조가 주재하는 수에즈 운하의 개통식이 열렸다. 유럽의 여러 항구에서 인도 뭄바이에 이르는 여정은 그 거리가 1만 7000킬로미터에서 9900킬로미터로 단축되었고 소요 시간은 35일에서 20일로 줄었다.[93]

하지만 운하를 개통하고 몇 달 지나지 않아, 승리감에 취해 있던 프랑스는 어리석게도 프로이센에 맞서 육상전을 감행한다. 지난 20년 동안 다른 어떤 나라보다도 해군을 근대화하는 데 몰두했던 프랑스는 양측의 기병대가 서로 맞붙는 육상전에 제대로 준비되어 있지 않았다. 황제가 20년에 걸쳐 이루어놓은 프랑스 함대는 (증기선 총 321척 중 55척의 철갑선과 115척의 순양함, 52척의 수송선을 갖추었으나) 육상전에서 아무런 쓸모가 없었다.

프랑스는 스당 전투에서 패배했다. 제2제국은 사라졌다. 그리고 독일은 미국과 함께 영국의 새로운 경쟁자로 떠올랐다.

수에즈 운하가 개통되고 6년 만에 프랑스의 존재감은 사라졌고, 영국은 이 상황을 이용해 정말 우스울 만큼 적은 금액으로 수에즈 운하 회사의 이집트 지분을 매입했다. 그리고 13년 뒤 이스탄불(이집트가 편입되어 있던 오스만제국의 수도)에서는 영국을 포함한 다수의 나라가 참여해 수에즈 운하에 국제적 지위를 부여하는 조약을 체결했다. 이로써 수에즈 운하는 국적과 상관없이 모든 선박이 이용할 수 있게 되었다.

이후로 바다는 훨씬 더 안전한 곳이 되었다. 선박의 늑재가 개량된 덕분에 난파 사고의 빈도도 낮아졌다. 또한 오직 국가만이 철갑선으로 구성된 능률적인 함대를 소유하고 운영할 수 있었으므로 해적이 거의 사라졌다.

새로운 혁신들과 두 번째 운하

영국인들은 이제 바다에서 거칠 것이 없었다. 리버풀과 글래스고에 근거지를 둔 운송 회사들은 수에즈를 통해 아시아로 향하는 새로운 경로를 장악했다. 아덴, 카라치, 홍콩을 점령해 영국의 세계적 패권을 확실히 했다. 1872년 영국은 특별히 고안된 최초의 배를 건조해 (아직은 모스 부호밖에 전달하지 못하는) 전신 케이블을 도처에 설치했다. 1877년 영국이 보유한 전신 케이블은 10만 3068킬로미터에 이르렀는데, 당시 세계 통신망의 전신 케이블 총길이는 11만 8507킬로미터였다. 프랑스의 전신 케이블은 1246킬로미터였고, 독일은 752킬로미터였으며, 미국은 전혀 없었다.[49]

페르디낭 드 레셉스는 중앙아메리카 대륙 한중간을 가로지르는 운하를 생각하기 시작했다. 이 운하 덕분에 뉴욕에서 로스앤젤레스에 이르는 거리가 절반 이상(2만 2500킬로미터에서 9500킬로미터로) 줄고, 따라서 일본에서 뉴욕에 이르는 거리 또한 그렇게 단축될 터였다. 1882년 페르디낭 드 레셉스의 만국 파나마 대양 간 운하 회사가 운하 건설에 착수했다. 그런데 해가 바뀌기도 전에 지진이 일어나서 건설이 중단되었다.[16]

처음으로 해양 자원을 과도하게 개발하고 이용하는 데 대한 우려가 대두되었다. 이제 물고기잡이는 가족이나 지역 기업만이 아니라 거대 기업에 의해 이루어졌다. 브레멘에서는 독일북해증기선어업회사가 창립되어 10척이 넘는 대형 어선을 운영했다. 특히 고래잡이는 포경 산업이 되었다. 한 해 포획되는 고래의 수가 1880년에는 1000마리였으나 몇 년 만에 2만 마리로 늘었다. 이에 대한 대응으로, 발트해에서 어업을 통제하고 제한하기 위해 덴마크, 핀란드, 독일, 네덜란드, 노르웨이, 스웨덴, 러시아, 영국이 참여해 최초의 국제 해양 기구인 국제해양탐사위원회 ICES를 창설하고 그 본부를 코펜하겐에 두었다.

그 사이에 파나마에서는 1889년 황열병이 유행하고, 재정 비용 증가와 부정이 발생하면서 결국 페르디낭 드 레셉스의 파나마 운하 회사가 파산했다. 10만 명에 달하는 프랑스 투자자 또한 파산했다.[16] 드 레셉스를 대신해 현장을 관리했던 프랑스 공학자 필리프 뷔노-바리야는 신新

파나마 운하 회사를 설립하고, 아직 본격적인 공사가 시작되지도 않은 운하 프로젝트의 주요 주주가 되었다.[75]

바다에서 새로이 생겨난 식민지 지배 야망

1890년 미국 해군 제독 앨프리드 세이어 머핸이 《해양력이 역사에 미치는 영향The Influence of Sea Power upon History, 1660-1783》을 출간했다. 그는 이 책에서 영국의 사례와 넬슨 제독의 역할을 바탕으로 '지배적 해양 강국'[78]을 정의했다. 이 책은 이후 미국 대통령들에게 큰 영향을 미치게 된다. 미국 대통령들은 주저하기는 했지만, 그럼에도 나라 밖의 세계에 관심을 기울였고, 강력한 해군을 만들게 되었다.[27]

1891년 프랑스와 영국 사이에 최초의 해저 전화선이 놓였다. 이제 모스 부호만이 아니라 목소리를 직접 전달할 수 있게 된 것이다. 엄청난 혁신이었다.

바다에서는 다시 새로운 세력이 부상했다. 수마트라의 스리위자야 이후 아시아에서는 1500년 만에 처음 있는 일이었다. 일본이 등장한 것이다.

1894년 초, 지방 농민들의 반란에 직면한 조선의 임금은 중국과 일본에 도움을 요청했다. 1868년 이후 근대화를 강행한 일본은 이 기회를 이용해 조선을 돕는다는 명분으로 병사 1만 8000명으로 구성된 함대를 재빨리 파견해 중국에 맞섰다. 중국과 일본 사이의 전투는 주로 바다에서 펼쳐졌다. 1894년 9월 17일 일본 함대(순양함 9척, 초계정 1척, 포함 1척, 보조 순양함 1척)는 압록강 입구에서 더 강력한 중국 함대(철갑선 2척, 순양함

8척, 초계정 2척, 어뢰정 2척)를 가볍게 물리쳤다. 1895년 2월 청나라 황제는 일본에 항복하고, 시모노세키에서 조약을 맺어 타이완을 할양했다. 쿠빌라이 칸 이후 6세기 만에 중국은 또다시 일본에 패배한 것이다.

1898년 2월 미국 또한 직접 해양 탐험에 나섰다. 스페인 지배자들에 맞선 쿠바인들의 반란이 일어나면서, 당시 해당 지역을 예방 중이던 미국 철갑선 메인호가 파선하고 미국인 선원 266명이 사망하는 사건이 발생했다. 나중에 우발적 사건임이 밝혀졌음에도, 이에 자극받은 미국은 스페인과 전쟁에 돌입해 미국 해군 최초의 전투를 감행했다. 그런데 쿠바보다 먼저 전투가 벌어진 곳은 16세기 이래 스페인이 점령하고 있던 필리핀이었다.[27]

1898년 5월 1일, 마닐라 항구의 정박지에는 대포 163문, 해병 1750명, 군함 7척으로 구성된 미국 함대가 대포 76문과 1875명의 해병, 군함 8척으로 무장한 스페인 함대를 격파했다. 7월 13일에는 또 다른 미국 함대가 산티아고 항구를 떠나려고 하던 마지막 스페인 선박들을 전멸시켰다. 7월 17일 쿠바에 남아 있던 스페인 세력이 항복했다. 8월 12일 스페인은 전체적인 휴전협정을 수용했다. 8월 13일, 미국이 마닐라를 점령했다. 12월 10일 파리 조약에 의해 스페인은 쿠바의 독립을 인정하고, 2000만 달러에 필리핀, 푸에르토리코, 괌을 미국에 할양했다.[27] 이로써 미국은 세계 강대국으로 부상했다. 해양 강대국이 된 덕분이었다.

모든 대륙에서, 다른 나라의 식민지를 대하는 태도에서도 바다는 중요한 역할을 했다. 여기서는 영국과 프랑스의 아프리카 정복을 근본적으로 해양 전략에 연결된 것으로서 논의해볼 수 있겠다. 프랑스는 다카르 [아프리카 서부 세네갈의 수도. 대서양에 면한 항구도시]에서 지부티 [아프리카

동부 홍해 입구에 면한 항구도시]를 연결하고자 한 반면, 영국은 카이로에서 희망봉을 연결하려고 했다. 두 나라 모두 항구를 하나씩 연결하고 그 배후지를 통제하길 원했다. 그 결과 1898년 두 나라 군대가 파쇼다에서 맞닥뜨리게 되었다. 하지만 바다를 통해 더 많은 수단을 동원할 수 있었던 영국은 전투를 벌이지 않고도 프랑스를 물리칠 수 있었다. 프랑스의 굴욕은 이후 영불협상Entente cordiale〔1904년 독일 제국의 진출을 막기 위해 영국과 프랑스가 맺은 식민지에 관한 협상〕을 낳는다.

같은 시기에 이 지역에서는 독일 제국도 모습을 드러내기 시작했다. 특히 열강이 서로 식민지로 삼으려던 사모아제도를 두고 이미 그곳에 먼저 진출한 영국 및 미국과 경쟁했다. 1889년 베를린에서 체결된 조약에 따라 이 섬들은 세 나라의 공동 보호령이 되었다. 하지만 1899년 런던에서 새로운 조약이 체결되어 영국은 통가를 얻는 대신 사모아에서 물러나기로 했다. 통가는 뉴질랜드와 오스트레일리아로 가는 해로에 있었기 때문에 영국에게는 전략적으로 더 중요했다.[27]

1901년 미국의 새 대통령 시어도어 루스벨트는 앨프리드 머핸의 주제들을 분명하게 자기 것으로 삼았다. 그는 미국 해군이 태평양을 통제하기를 원했다.[78]

바다에서 이는 전쟁의 조짐

대서양과 태평양을 모두 지배해야겠다고 결심한 미국이 두 대양을 잇는 운하 건설 계획을 그냥 지나칠 수는 없었다. 미국은 아직 공사가 시작되지도 않은 파나마 운하에 대한 통제권을 장악하려 했다.

이를 위해 시어도어 루스벨트 대통령은 1903년 운하 건설 예정지를 콜롬비아에서 따로 떼어내 파나마라고 명했다. 그의 국무장관 존 헤이는 (운하 건설 회사의 대주주이기도 했던) 프랑스인 공학자 필리프 뷔노-바리야와 협약을 맺었다. 총길이 80킬로미터에 이르는 미래의 운하 지역 전체가 미국의 완전한 통제를 받게 될 것이다.[27] 신생국 파나마는 미국과 프랑스 사이의 협약에 당사자로 참여하지도 못했으나, 우선 1000만 달러를 받고 매년 운하 임대료 25만 달러를 챙기는 것으로 이 협약을 받아들였다. 이렇게 해서 운하 건설은 미국 공병대에 맡겨졌다. 이는 미국이 처음으로 바다를 장악하게 되었다는 신호였다.

그러나 여전히 대부분의 해양을 통제하고 있는 것은 영국이었다. 1905년 건조된 전함 드레드넛호는 이러한 영국의 지배력을 더욱 확실하게 했다. 러시아도 프랑스도 독일도, 그리고 미국조차도 영국에 대항할 방법이 없었다.

같은 해에 영국은 러일전쟁에서 러시아의 패배를 결정지었다. 발트해에서 출발한 러시아 함대가 수에즈 운하를 통과하지 못하도록 차단함으로써 일본열도 근해의 전장에 합류하는 것을 방해했던 것이다.

따라서 러시아 함대는 아프리카 남단 희망봉을 돌아가는 경로를 택해야 했으며, 이 여정은 장장 8개월이나 걸렸다. 1905년 5월에야 러시아 함대는 마침내 일본 근해에 도착해 전투에 참여할 수 있었다. 하지만 일본열도 남동쪽에서 벌어진 쓰시마 해전에서 일본 해군에 패배했다. 러시아는 일본에 휴전을 요청하고 만주의 일부를 할양해야 했다. 또한 1453년 오스만제국이 콘스탄티노플을 점령한 이래로 동양과의 전쟁에서 패배한 첫 그리스도교 국가가 되었다.

한 달 뒤인 1905년 6월 전함 포템킨호에서 일어난 폭동은 러시아 해군 전체의 사기를 떨어뜨렸다. 어떤 면에서 쓰시마 해전에서 러시아 해군이 패배한 사실은 1917년 혁명 발발에도 영향을 주었다.

같은 시기에 유럽 전체를 위협하는 전운이 다시 바다에서부터 감돌기 시작했다. 독일 황제 빌헬름 2세는 새로운 군함 건조 계획에 착수했고, 영국은 이를 용납할 수 없었다. 영국인들이 보기에 거대한 전쟁만이 독일의 추격을 막을 수 있으리라는 사실은 점점 더 명백해졌다.

1909년 10월 22일 독일에 맞선 전쟁을 준비하기 위해 영국은 프랑스 및 러시아와 동맹을 맺었다. 이제 전쟁이 임박했다.

최초의 항공모함과 대형 난파 사고

미국에서는, 그리고 그 바다에서는 상대적으로 잘 알려지지 않았지만 앞으로 상당한 결과를 가져올 업적이 이루어졌다. 또한 반대로 언론에 크게 보도되었으나 사실 그 결과는 미미한 난파 사고가 일어났다.

1910년 11월 14일, 스물네 살의 젊은 미국인 기술자이자 비행사인 유진 엘리가 배 위에서 비행기를 이륙시키는 데 처음으로 성공했다. 뉴욕 항구에 떠 있던 순양함 USS버밍엄호에서 비행기를 몰고 날아올랐던 것이다. 이듬해 1월 19일에는 이륙보다 어려운 착륙에도 성공했다. 엘리는 비행기를 몰고 와서 샌프란시스코만의 USS페닌슐라호 위에 무사히 내려앉았다. 하지만 같은 해인 1911년 10월 19일 또 다른 도전을 하던 중 목숨을 잃고 말았다. 전쟁의 양상을 바꾸어놓을 최초의 항공모함은 이렇게 모습을 드러냈다.

한편 1912년 4월 14일 밤, 영국 사우스햄프턴에서 미국 뉴욕까지 첫 대서양 횡단에 나선 RMS타이타닉호가 침몰했다. 화이트스타 라인의 거대한 신형 호화 여객선이었던 이 배는 '절대 침몰하지 않을' 배라고 알려졌으나, 너무 빠른 속도로 빙산에 부딪힌 나머지 두 시간 40분 만에 바다 속으로 가라앉고 말았다. 구조선이 부족했고(승객은 2200명이었으나 구조선 총 수용 인원은 1178명), 승무원 교육이 잘 이루어지지 않았던 탓에 승객들을 모두 구하는 데 실패했다. 구조선의 총 수용 인원보다 훨씬 적은 700명의 승객만 목숨을 구했다.[249]

이 사고는 상업용 민간 선박들의 운항에 큰 충격을 줄 수도 있었다. 하지만 어찌 되었든 곧 전쟁이 일어나 민간인의 대서양 횡단이 중단되었다. 1913년 백악관에 입성한 우드로 윌슨 대통령은 독일과의 전쟁을 피하기 위해 모든 일을 하기로 결심했다.

이 시기에 미국은 전 세계의 모든 불우한 이들을 계속해서 끌어들이고 있었다. 1881년 러시아, 1896년 터키, 그리고 아르메니아에서 학살이 벌어지자 유대인들의 미국 이민이 빠르게 늘어났다. 이민의 물결은 실로 엄청나게 불어났다. 1913년 한 해에만 257만 8000명이 대서양을 건넜다. 1815년에서 1914년까지 총 6000만 명에 가까운 유럽인들이 단지 아메리카 대륙으로 가기 위해 배에 올랐다.

해양 무역의 규모 또한 더욱더 늘어났다. 세계 전체 해양 무역량은 1840년에 670만 톤, 1850년에 900만 톤, 1880년에 2000만 톤, 1900년에 2600만 톤, 1913년에 4700만 톤으로 늘어났다. 1914년이 되기 직전까지 매년 3만 척의 배가 바다를 누볐다. 수많은 분석가들이 이제 국가 간 전쟁은 불가능하다고 추론했다. 국가 간 상호 의존성이 너무 높아졌을 뿐 아니라 전기, 축음기, 전화, 자동차, 비행기, 영화, 라디오, 승강기 등 새로운 기술 발전이 꽃피고 있었기 때문이다.

그럼에도 전쟁은 피할 길이 없었다. 영국과 미국은 독일의 무역에 대한 야망, 특히 해양 무역에 대한 야망을 더는 용인할 수 없는 지경에 이르렀다.

유럽에서 전쟁이 선포되고 2주가 지난 1914년 8월 15일, 파나마 운하 개통식이 열렸다. 남아메리카 남단 혼곶으로 우회할 경우 2만 2500킬로미터에 달하는 뉴욕-로스앤젤레스 항로가 9500킬로미터로 단축되었다. 놀랍게도 거대한 전쟁을 앞두고 거대한 운하가 또다시 개통된 셈이었다.

1차 세계대전:
참호보다 바다에서 이루어진 전쟁

1차 세계대전은 처음에 육상전으로 시작되었다. 이 전쟁은 1870년의 전쟁[프로이센-프랑스 전쟁]에 대한 설욕전이었고, 그래서 그와 비슷한 육상전의 성격을 띠었다. 그러나 아주 빠른 속도로 상황이 완전히 달라졌다. 이 전쟁 또한 바다 위에서 전개되었다. 전쟁의 희생자 거의 전부가 육상에서 발생했지만, 그럼에도 전쟁의 핵심은 바다에 있었다.

그러나 이번에도 역시 역사는 이 무시무시한 분쟁의 핵심인 바다를 충분히 고찰하지 못한 채 간과해버리고 말았다.

전쟁에 뛰어든 모든 나라는 식량, 석탄, 주철, 강철, 무기 등의 필수품을 아메리카, 아프리카, 아시아로부터 공급받아야 했고, 이를 보장하기 위해서는 바다를 장악하는 것이 핵심 관건이었다. 육상의 전쟁은 바다를 통한 물자 공급 없이는 불가능하다.

그리고 프랑스 북부와 벨기에의 항구들을 통제하는 것이 모든 군대에 치명적일 만큼 중요했다. 전쟁에서 승리하려면 영국군은 이들 항구에 배를 댈 수 있어야 했고, 독일군은 이들 항구에서 배를 띄울 수 있어야 했다.

1914년 여름 이후 바다는 전쟁터가 되었다. 규칙을 지키는 교전국은 하나도 없었다. 특히 1856년 크림 전쟁이 끝났을 때 약속했던 중립국 선박에 관한 규칙은 전혀 지켜지지 않았다. 프랑스와 영국의 상선들이 1906년에 건조된 28척의 독일 잠수함 U-보트의 직접 공격을 받았다.

1914년 9월 독일군은 칼레, 됭케르크, 불로뉴쉬르메르 같은 프랑스 북부의 항구들을 접수하기 위해 나섰다. 영국은 벨기에 군대의 도움과 자국 함대 덕분에 이 공격을 격퇴할 수 있었다. 11월 3일부터는 영국 해군 사령부에서 북해 전역에 기뢰를 놓아 8척의 U-보트를 격침하고 또 다른 8척을 파손했다. 독일은 이제 연합군이 아메리카와 아시아에서 물자를 수입하지 못하도록 막아낼 방법이 없었다.

오히려 이제는 역으로 연합군의 봉쇄 때문에 독일이 아프리카와 오세아니아의 식민지에서 오기를 기다리고 있던 원자재들을 받을 수가 없게 되었다. 따라서 독일 제국은 아메리카에서 영국과 프랑스로 들어오는 무기와 식량 공급을 막기 위해 계속 노력하는 한편으로 동부전선을 공격해야 했다.

1915년 5월 7일 대서양 양안을 오가는 영국 대형 여객선 루시타니아호가 공식적으로는 승객들을 수송하면서 영국군을 위한 전쟁 물자를 은밀하게 운반하다가 독일의 마지막 U-보트에 의해 침몰하는 사건이 일어났다. 이로 인해 1200명이 죽었는데, 그중 124명이 미국인이었다. 이로써 미국의 여론이 분노로 들끓기 시작했다. 독일은 미국과 충돌하는 것을 두려워했기에 이 잠수함 전쟁을 중단했다.[27] 하지만 이에 대한 반작용으로, 미국의 윌리엄 심스 제독은 대서양 너머 영국과 프랑스는 물론 두 나라의 식민지들 사이의 상품 및 무기 수송에 박차를 가했다.

1916년 영국에서는 순양함 HMS퓨리오소호 위에 평평한 갑판을 설치하고, 에드윈 해리스 더닝 중령이 비행기를 몰고 와 그 위에 착륙하는 데 성공한다. 이것이 최초의 항공모함이다. 1916년 독일 함대가 영국의 두 도시 야머스와 로스토프트를 폭격했지만 영국 해군에 의해 격퇴되었다. 이제 독일은 스칸디나비아의 강철에 접근하려고 다른 종류의 시도를 감행했다. 1916년 6월 1일, 존 젤리코 제독이 이끄는 영국 함대는 덴마크 북서부 유틀란트 앞바다에서 라인하르트 셰어 제독이 이끄는 독일 함대와 충돌했다. 이 전투에서 사망한 영국 군인은 6094명, 독일 군인은 2551명이었다. 하지만 해전의 승패는 뚜렷이 결정 나지 않았다.

독일은 이제 외부의 물자 공급원을 모두 빼앗겼다.

1917년 1월 독일군은 아메리카에서 조달한 무기 덕분에 훨씬 더 잘 무장한 프랑스 및 영국 군대와 대결했다. 독일은 잠수함을 다시 사용해야만 했다. 하지만 이는 1917년 4월 6일 미국의 참전을 유도하는 결과를 낳았다. 200만 명에 가까운 미국 병사들이 유럽으로 건너왔다. 점점 그 수가 줄고 있던 독일 잠수함들은 연합군의 배를 한 척도 격침하지 못했다. 반면에 연합군이 영국해협에 설치한 기뢰 때문에 독일 잠수함은 50척이나 침몰했다.

이후로 각국 군대의 운명은 이미 정해졌다. 전쟁의 결말은 이제 시간 문제일 뿐이었다. 독일은 1918년 3월 3일 러시아와 브레스트-리토프스크 조약을 맺고 동부전선의 군단을 서부전선으로 돌릴 수 있었지만 이미 소용없는 일이었다.

1918년 봄, 영국은 최초의 항공모함 HMS아거스호를 전투에 투입했다. 원래 이 배는 이탈리아의 수송선으로 제작되었으나, 배 위의 구조물들을 제거하고 갑판 위에 넓은 공간을 마련해 비행기가 착륙할 수 있도록 개조된 것이었다.

1918년 9월, 미국은 승리의 조건이 조성되었음을 간파하고 (프랑스에 도착해 전선에 이르기까지 무척이나 지체되었음에도) 자국의 의지를 관철시켰다. 윌슨 대통령은 평화조약을 통해 지켜지길 바라는 14개 원칙을 발표했는데, 선박의 해상 운항과 국제 무역을 자유로이 할 것, 모든 국가에서 함대의 규모를 제한할 것, 식민지의 요구사항을 공정하게 처리할 것, 각 민족이 스스로의 운명을 결정할 권리를 인정할 것, 알자스 및 로렌을 프랑스에 반환할 것 등이었다. 이에 더해 연합군 측에서는 즉각적인 잠수함전 중단만이 대화를 개시하고 명예로운 휴전조약을 맺는 조건이 될 것임을 독일에 통보했다. 독일은 허리를 굽힐 수밖에 없었고, 두 달 후에 휴전협정이 체결되었다. 다시금, 전쟁 시기에도 평화 시기에도 핵심은 바다였다.

평화조약, 위기, 그리고 바다

전쟁이 끝나고 체결된 베르사유 조약 제2항 '해군 조항'에 따르면 독일 함대는 최대 장갑함 6척, 순양함 6척, 구축함 12척, 어뢰정 12척, 그리고 1만 5000명의 해병으로 제한되어야 하며, 잠수함은 한 척도 보유할 수 없다. 현재 독일 영토 이외 지역에 있는 군함은 모두 연합군 해군에 징발된다. 독일 해군은 자국 연안의 기뢰를 모두 제거해야 한다.

1922년 미국, 영국, 일본, 프랑스, 이탈리아가 유럽의 점진적 무기 감축에 관해 체결한 워싱턴 조약은 미국 대통령이 바란 대로, 전승국을 포함한 모든 국가에서 함대 규모를 동결하고 국가별로 함대의 최대 톤수를 제한했다.

하지만 이러한 군축 결의는 결코 이룰 수 없는 평화주의적 환영에 불과했다. 1930년 이후 런던 조약에 의해 보류되고, 일본의 공식적인 폐기 통고 이후에는 완전히 버려졌다. 1935년 독일과 영국 사이에 체결된 해군 조약은 독일 해군이 결국 나치의 해군이 되는 구실이 되었다. 독일 해군의 군함 전체 톤수가 베르사유 조약에서 부과된 한계를 넘어 영국 해군의 35퍼센트에 이르도록 허용했던 것이다. 물론 히틀러는 부과된 제약들을 아무런 거리낌도 없이 짓밟아버렸다.

같은 시기에 경제위기가 닥쳐 교역이 급감했다. 상품 거래가 1929년 수준을 회복하려면 1938년까지 기다려야 했다. 여객 왕래는 1913년 257만 8000명에서 1924년 78만 5000명으로 줄었다가, 1930년에 100만 명을 조금 넘었다. 위기가 닥치기 전 진수된 여객선 2척이 이런 상황에서도 운항을 시작했으니, 1932년의 노르망디호와 1936년의 퀸메리호였다.

은밀하게 도박장이나 양조장으로 이용되는 미국의 여객선들이 미국 영해에 닻을 내리기 위해 편의치적제〔선박의 국적을 선주의 편의에 따라 제3국에 등록할 수 있는 제도〕가 발전했다.

각국이 무기를 닦고 윤을 내고 있었다. 독일, 일본, 미국은 함대 건설에 박차를 가했다. 특히 각자 최초의 항공모함을 갖추려고 열을 냈다. 1937년 일본 해군은 미국과 영국에 이어 세계 3위에 올랐으며, 태평양 지역에서는 최강이었다. 일본 국가 예산의 15퍼센트가 해군에 할당되었는데, 이는 미국(7.5퍼센트)과 프랑스(5.3퍼센트)를 크게 앞서는 것이었다. 프랑스 해군은 총 76척의 전함을 보유했다. 최신 됭케르크형 장갑함이 2척, 프로방스형 장갑함이 3척 있었고, 다른 유형의 장갑함인 리슐리외호와 장바르호는 건조 중이었으며, 순양함 18척, 어뢰정 공격용 구축함 32척, 어뢰정 26척이 있었다. 그리고 수상비행기용 항공모함 코망당테스트호와 일반 항공모함 베아른호가 있었으며, 당시 세계 최대 규모인 쉬르쿠프호를 비롯한 78척의 잠수함이 있었다.[28]

같은 시기에 한 가지 혁신이 또 다른 미래를 예비하고 있었다. 1908년 프랑스인 르네 로랭이 처음 제시한 아이디어를 바탕으로 1930년 영국인 프랭크 휘틀이 제트 엔진을 발명해 특허를 냈다. 그는 1937년 4월 12일 처음으로 실제 제트 엔진을 만들어 보였다. 같은 해에 독일인 공학자 한스 폰 오하인이 몇 개의 제트 엔진 시제품들을 선보였다. 1939년에는 그의 엔진을 바탕으로 최초의 제트 비행기 시제품을 구상할 수 있게 되었다. '하인켈 He-178'로 명명된 이 비행기는 1939년 8월 27일 독일 총통의 갈채를 받으며 처음으로 날아올랐다.

새로운 세계대전이 일어나기 사흘 전이었다.

2차 세계대전:
태평양에서 시작되고 태평양에서 끝난 전쟁

결국 또다시 전쟁이 발발했다. 아시아에서 시작된 전쟁은 언제나처럼 바다에서 펼쳐졌다. 1937년, 이미 항공모함을 여러 척 마련한 일본은 공중 폭격 능력을 갖춘 덕분에 중국 해안에 병사들을 수송하고 필리핀, 말레이시아, 스리랑카, 버마를 점령할 수 있었다.

1939년 독일은 전쟁을 원했지만 전쟁이 빨리 끝나기를 바랐다. (주로 프랑스와 미국에서 오던) 농산물 수입과 (스웨덴에서 오던) 철강 수입을 오랫동안 보장할 수 있을 만큼 충분한 해군력을 갖추지 못한 탓이었다.[29]

1940년 첫 몇 달 사이에 전쟁의 운명을 결정짓게 되는 두 가지 사건이 유럽의 바다에서 벌어졌다.

우선, 독일은 1차 세계대전 때처럼 무기를 생산하는 데 필수불가결한 스웨덴의 철을 들여오는 길을 열고자 했다. 이에 대한 대응으로 1940년 4월 18일 연합군은 노르웨이로 돌진했고, 독일은 중순양함 1척, 경순양함 2척, 구축함 10척, 잠수함 6척을 잃었다. 그러자 독일 총통은 식량과 에너지 공급원을 찾아 아시아로 눈을 돌렸다. 독일은 협정을 깨고 소련을 침공했다. 그러느라 대서양은 미국과 영국이 지배하도록 내버려두었고, 이 때문에 연합군이 북아프리카 전선에, 그다음엔 유럽 전선에 쉽게 도달할 수 있었다.

1940년 봄이 되자, 영국군은 1914년에 그랬던 것처럼 독일군이 북해와 대서양에 접근하지 못하게 막으려 했다. 하지만 1940년 5월 프랑스군이 패주하면서 영국군 역시 어려움에 봉착했다. 영국은 구축함 39척과 소해정(기뢰 등 위험물을 제거하는 배) 여러 척을 비롯해 민간인 요트와 어선까지 보내어 33만 8226명의 병사(프랑스 군인 12만 3000명 포함)를 됭 케르크에서 탈출시키는 데 성공했다. 독일은 그들을 붙잡을 수 없었다. 곧이어 메르엘케비르(알제리의 작은 항구도시)에서 영국군이 프랑스 함대를 파괴했으며, 툴롱에서는 프랑스군이 스스로 자국의 함대를 파괴했다. 따라서 독일은 프랑스를 점령하고도 이들 함대를 이용할 수 없었고 대서양, 발트해, 지중해, 어느 바다도 통제하지 못했다. 결국 독일은 아시아로 눈을 돌려야 했다.

어떤 의미에서 유럽에서는 전쟁의 결말이 이미 정해진 셈이었다.

독일과 마찬가지로 일본 역시 미국에 맞서 장기전을 벌일 경우 승산이 없다고 생각했다.[35] 그래서 미국의 사기를 떨어뜨려 전면전을 피할 심산으로 하와이를 공격하기로 했다. 1941년 12월 일본군은 하와이 진주만 기지를 기습 공격했다. 무려 350대의 전투기와, 6척의 항공모함을 포함한 20여 척의 군함이 동원되었다. 그 결과 2403명의 미국인이 목숨을 잃고, 4척의 순양함이 파괴되었다. 그럼에도 3척의 미국 항공모함이 여전히 바다에 떠 있었고, 전혀 손상을 입지 않았다. 이로써 일본은 계산했던 것과 정반대의 결과를 얻었다. 미국이 참전을 결정한 것이다.

일본 해군은 서태평양에서 미국 해군에 여러 차례 패배를 안겨주었다. 일본은 미국령 미크로네시아와, 알래스카 서남쪽 알류산열도의 섬들을 점령했다. 1942년 5월 일본 해군은 뉴기니 북부에 상륙하여 오스트레일리아를 직접 압박하기 시작했다.

하지만 미국은 포기하지 않았다. 1942년 6월 태평양 한복판에 있는 섬 미드웨이 앞바다에서 벌어진 해전은 전쟁의 향방을 바꾸어놓았다.

미국 함대는 엔터프라이즈호를 포함해 항공모함 3척, 중순양함 7척, 경순양함 1척, 구축함 15척으로 항공모함 4척, 장갑함 2척, 중순양함 2척, 경순양함 1척, 구축함 8척으로 구성된 일본 함대와 충돌했다. 일본은 항공모함 4척을 모두 잃었고, 병사 3057명이 목숨을 잃었다. 곧 재건 프로그램을 시작했으나 손실을 만회하지는 못했다.[35] 오히려 생산성이 높은 미국은 어뢰정, 순양함, 구축함 등 다양한 선박을 빠른 속도로 만들어 냈다.

1942년부터 연합군은, 그해 8월 캐나다군이 프랑스 디에프 상륙에 실패했음에도 불구하고, 연합국의 해군을 하나로 연결해 세계 곳곳의 다양한 작전 지역으로 군대와 물자를 수송했다. 반면에 독일군의 육로 수송은 너무 느렸고, 특히 북아프리카의 롬멜 장군을 위한 보급이 제대로 이루어지지 않았으며, 러시아를 향한 진군은 레닌그라드에서 막혔다가 스탈린그라드에서 완전히 저지되었다.

1942년 11월, 북아프리카에 영미 연합군이 상륙하자 걸프 지역의 석유에 접근하려던 독일의 마지막 희망도 사라졌다. 이로써 프랑스 남부가 독일의 점령에서 해방되었고, 히틀러는 아제르바이잔의 에너지원을 손에 넣기를 기도한다. 1943년 이탈리아 해군은 연합군이 반도 남부에 상륙하는 것을 저지할 힘이 없었고, 독일 역시 마그레브, 리비아, 이집트에 군단을 충원해 연합군에 맞서 싸울 여력이 없었다. 더욱이 스탈린그라드에서 러시아의 강력한 저항에 부닥쳐, 동방에서 연료를 공급하려던 희망도 깨져버렸다.

1943년 이 암울한 시기에, 툴롱에서는 자크-이브 쿠스토와 에밀 가냥이 자급식 잠수 장비를 개발했다. 이로써 해저 생태계와 유전 탐사의 가능성이 열렸다.

유럽에서는 미군의 이탈리아 상륙만으로는 전쟁을 빨리 끝낼 수 없으리라는 게 분명해 보였다. 전쟁을 끝내려면 미군이 대서양에도 상륙할 필요가 있었다. 결국 1944년 6월 6일 미군이 노르망디에 상륙했다. 인류 역사상 최대 규모의 상륙작전이었다.

노르망디 상륙작전에 동원된 함대는 총 6939척의 선박으로 이루어졌다. 전함이 1213척, 수송선이 4126척, 지원선이 1600척(그중 다수는 일반 상선)이었다. 수십만 명의 병사들이 며칠 만에 모두 상륙했다. 처음 며칠 동안 미군은 큰 손실을 입었지만, 그럼에도 미군의 상륙을 막는 것은 불가능했다.

이와 동시에 태평양에서는 미국의 잠수함들이 일본의 해군 항공부대를 격퇴했다. 몇 번의 살인적인 전투 이후 1944년 7월 21일과 8월 10일에 벌어진 괌 해전에서 미국이 승리했다. 이로써 미국은 일본 본토에서 2600킬로미터 떨어진 이 섬에 해군 및 육군 기지를 설치할 수 있게 되었다. 일본 본토가 미국의 공습 범위 안에 들어온 것이다.

그동안 소련은 자국 영토에서 독일군을 몰아내는 데 몰입한 탓에 바다에서 진행 중이던 전쟁에는 참여하지 않았다. 스탈린은 자신의 제독들을 믿지 못했고, 그들이 정치적으로 위험하다고 판단했다. 그는 소형 선박들을 제작하라고 명령했을 뿐 항공모함 건조는 주문하지 않았다. 그럼에도 소련은 승전국에 포함되었고, 얄타에서 연합군의 다른 지도자들을 소집했다. 스탈린은 일본에 맞서 전략적 요충지를 차지하기 위해 일본 북단의 쿠릴열도를 요구했다. 이에 대한 대가로 소련은 미국이 3년째 요구해온 대로 일본과의 전쟁에 참여하기로 했다. 이러한 위협이 가해지고, 히로시마와 나가사키에 핵폭탄이 떨어지자 1945년 8월 일본은 결국 정전을 간청하기에 이르렀다.

2차 세계대전은 베를린과 도쿄가 점령됨으로써 끝이 났다. 유럽에서도 아시아에서도 전쟁의 결말은 육상에서 이루어진 셈이다. 그럼에도 전쟁의 실제 결말은 이미 1940년 이후 바다를 점령한 데서 결정되었다. 미국과 일본 사이의 정전 협정이 바다에서 체결되었다는 사실 자체가 매우 상징적인 일이다.

전쟁이 끝났을 때 미국 해군은 1200척의 대형 전함과 그보다 많은 군단 수송선을 보유하고 있었다. 이 배들은 대체로 새로운 미국 상선단의 근간을 이루었다.

6
'컨테이너' 혹은 바다의 세계화
1945년부터 2017년까지

1945년부터 서방과 동방 사이에 긴장이 유지되는 가운데 상대적으로 평화로운 시대가 시작되었다. 바다에서 서방과 동방의 함대들이 서로를 도발하고 충돌 직전에 이르곤 했다. 바다 아래에서는 핵잠수함들이 더욱더 강력해지는, 그래서 전 인류를 몇 번이고 파멸시킬 수 있는 무기를 장착하고(이에 대해서는 다음 장에서 다룰 것이다) 곳곳에 흩어져 있었다. 하지만 바다는 여전히 화물 운송이 주로 이루어지는 공간으로 남아 있었다. 물론 더 이상 여객 수송이 주로 이루어지는 공간은 아니었다.

바다는 더욱더 인류에게 없어서는 안 될 곳이 되었다. 해안 근처에 사는 인구의 비율이 점점 더 늘어났다. 바다 혹은 대양에서 150킬로미터 이내 지역에 거주하는 인구가 한 세기 전에는 30퍼센트에 불과했으나 2017년에는 60퍼센트에 이르렀다.

바다는 성장의 장이 되었고, 그로 인해 점점 더 고통을 겪고 있다. 바다 위에서나 바다 주위에서 유례가 없을 정도로 큰 규모의 경제활동이 전개되고 있다. 항구가 건설되고 해양산업이 성장하고, 물자와 정보가 전달되고, 어업과 양식이 이루어지고, 관광과 더불어 해저 자원 탐사도 진행된다. 바다를 둘러싸고 이루어지는 이 모든 일이 오늘날 인간 활동 중 농식품 산업 다음으로 큰 영역을 차지하며, 농식품 산업의 일부까지도 거기에 포함된다.[162]

이 모든 일이 이루어지기 위해서는, 다시 말해 늘어만 가는 사람들의 요구를 바다가 견디기 위해서는, 두 번의 세계대전이 끝났을 때 서툴게 급조된 초라한 것이었다 하더라도, 하나의 혁신이 일어나 화물 운송의 조건들을 뒤집어놓았어야 했다.

바다에 대한 거대한 수요

2차 세계대전이 끝나자 항공이 해운을 대체하는 것이 현실에 부합하는 듯 보였다. 적어도 여객 수송에 대해서는 실제로 그러했다.

전쟁 이전에 설립되었다가 전쟁 기간에 휴면 상태에 들어갔던 최초의 민간 항공사들이 다시 활기를 띠었다. 1952년 5월 2일 영국에서 제조한 코멧기가 영국해외항공BOAC에서 취항해 다른 비행기들보다 두 배 빠른 속도로 대서양을 횡단했다. 이는 제트기가 상업적 비행에 이용된 첫 사례였다. 1958년에는 보잉에서 707기를 선보였다. 같은 해에 프랑스 최초의 제트기도 등장했다. 쉬드아비아시옹에서 생산된 카라벨기였다.

이후에 쉬드아비아시옹은 아에로스파시알(프랑스 국영 항공우주산업 기업)이 된다. 이제 해양 여객선의 시대는 끝이 났다.

그럼에도 프랑스 정부는 1960년 5월 11일 고급 여객선 프랑스호 건조를 시작해 1962년 1월 19일에 진수했다. 다른 나라의 대형 정기 여객선 대부분이 이미 해체되었거나 관광용 크루즈선으로 개조되던 때였다. 프랑스호는 곧 노르웨이호가 된다.

어떤 이들은 화물 운송에서도 같은 일이 벌어질 거라고 내다보았다. 하지만 실제로 그런 일은 불가능하다는 것을 깨달았다. 비행기로는 석유, 밀, 동물, 공작기계, 트럭, 자동차, 가사 도구 등을 실어나를 수 없었고, 철로나 도로를 이용할 경우에는 제한된 지역에서만 운송이 가능했다. 그런데 이들 재화에 대한 수요는 세계적으로 크게 증가했다. 특히 1947년 이후 유럽에서는 마셜 플랜으로 자금이 조달되는 재건 사업에 필요한 기계들을 미국에서 들여와야 했다.

오직 바다를 통해서만 이러한 화물을 운송할 수 있었다. 하지만 무슨 방법으로 할 것인가? 태평양 해전과 노르망디 상륙에 쓰인 수많은 미국 군함들이 상선으로 개조되었지만 그것만으로는 충분하지 않았다. 이 배들은 벌크선이어서 포장하거나 정렬하지 않아도 되는 화물만 운송할 수 있었기 때문이다. 기계를 옮길 경우, 부품으로 해체해서 운송한 뒤 배송 지역의 해당 공장에서 다시 조립해야 했다. 또한 항구들이 무척이나 복잡한 탓에 무역이 제한되기도 했다. 부두는 늘 수천 명의 하역 인부들로 붐볐고, 물류 창고는 혼돈에 가까울 정도로 무질서했으며, 어마어마한 교통 체증으로 트럭들은 느릿느릿 움직여야 했다.

이처럼 적절한 운송 수단 및 물류 수단이 결여된 탓에 1940년대 말에는 세계의 총수요 증가가 주춤하기에 이르렀다. 서방에는 강력한 인플레이션이 지속되었다.

'컨테이너'가 일으킨 혁명

이 모든 상황이 매우 간단한 혁신 덕분에 곧 바뀌게 된다. 이제 부서지기 쉬운 화물조차 대량으로 배에 싣고, 날씨에 상관없이 매우 안전한 상태로 장거리 해상 경로를 통해 운송하고, 보관 및 취급하는 것이 가능해졌다. 컨테이너가 등장한 것이다. 컨테이너는 얼핏 대수롭지 않게 보이지만, 소위 '영광의 30년'〔2차 세계대전 직후부터 석유 파동 직전까지의 고도 성장기〕동안 엄청난 경제 성장을 가능하게 한, 절대적으로 중요한 혁신을 일으켰다.[73]

전쟁이 끝나고 5년이 채 지나지 않은 1949년, 프루에하우프 트레일러 코퍼레이션이라는 도로 운송 회사에 고용되어 있던 미국인 공학자 키스 탠틀링어가 커다란 금속 상자를 만들었다. 복잡할 정도로 다양한 화물(자동차, 공작기계, 가사 도구, 의약품을 비롯해 포장된 각종 상품들)을 분해하지 않고도 차곡차곡 실어서 움직이지 않게 고정한 상태로 운송할 수 있게 하는 게 목적이었다. 선적 시에는 동일하게 제작된 이 '상자'들을 서로 결부시켜 실음으로써 배의 균형을 잡고, 하역 시에는 각 상자를 트럭의 짐칸에 그대로 옮겨 사용한다는 것이 탠틀링어의 구상이었다. 여기서 핵심이 되는 세부사항은, 탠틀링어가 이 상자를 배의 선창에 대량으로 쌓아 올릴 수 있는 방식으로 고안했다는 사실이다.[73]

하지만 탠틀링어의 아이디어는 오래가지 못했다. 그의 '상자'는 상업적으로 타산을 맞추기에는 가격이 너무 높았다. 하지만 그는 포기하지 않고 자신의 아이디어를 개선하기 위해 동업자를 물색했다. 그렇게 5년이 지난 1954년 미국인 도로 운송업자 맬컴 매클레인을 만났다. 얼마 전에 매클레인은 트럭을 이용한 물자 조달을 안정적으로 확보하기 위해, 37척의 선박을 보유하고 16개 항구에 접안권을 가진 팬애틀랜틱이라는 해운업체를 매입했다. 탠틀링어와 매클레인은 팬애틀랜틱이 새로 취득한 유조선 2척의 선창 크기에 맞게 조절된 길이 10미터의 컨테이너를 함께 구상했다.[73] 그로부터 2년이 지난 1956년에 두 사람은 먼저 200개의 컨테이너를 제작했고, 실제 선적에도 성공했다. 제작된 컨테이너들은 제 기능을 발휘했다. 1958년 두 사람은 각각 226개의 컨테이너를 운송할 수 있는 특화된 화물선 건조를 주문했다. 1960년에는 컨테이너의 길이를 7.5미터(20피트)로 줄였고, 이것이 최종적으로 화물선이나 트럭의 운송 용량을 나타내는 단위인 TEU의 기준이 된다.

다른 운송업자들도 탠틀링어와 매클레인을 따랐다. 길이 200미터의 화물선을 컨테이너선으로 개조하면 800TEU까지 수용할 수 있었다.

1967년 국제표준화기구ISO에서는 컨테이너의 길이를 20피트, 30피트, 50피트 세 가지로 제한하고 폭은 8피트(약 2.43미터)로만 규정할 것을 제안했다. 이 기준은 선주들에 의해 빠르게 채택되었고, 결국 모든 배에 적용되는 규칙이 되었다.

컨테이너의 보편화

컨테이너 사용이 급격히 늘어나기 시작한 것은 베트남 전쟁 때였다. 미국의 캘리포니아주와 워싱턴주에서 무기와 장비를 베트남으로 운송하는 데 컨테이너가 사용되었다. 베트남에서 미국으로 돌아올 때는 경쟁력을 갖추기 시작한 일본 제품들을 실어오는 것으로 수익을 냈다.

이제 조선사들은 컨테이너 운송을 위해 특별히 고안된 선박들을 건조하기 시작했다. 컨테이너를 선창에만 싣는 것도 아니었다. 배의 균형을 매우 안정적으로 유지해 갑판 위에 컨테이너를 3층으로 쌓을 수 있게 한 것이다. 이제 세계 전역에서 컨테이너선이 건조되었다. 1973년에 등장한 세계 최대의 컨테이너선은 프랑스 최초의 컨테이너선 캉구루호였다. 이 배는 길이가 228미터에 용적이 3000TEU였으며, 1만 5000톤의 화물을 운송할 수 있었다.

1970년대에는 벌크선들이 차츰 컨테이너선으로 교체되었다. 1977년 남아프리카와 유럽 사이의 벌크선 전용 해로까지도 컨테이너선들이 이용하게 되었다.

1988년 '파나맥스 선박'[파나마 운하를 통과할 수 있는 최대 선박]이라고 하는 새로운 컨테이너선이 등장했다. 용적이 5000TEU에 길이가 290미터였다. 1990년에는 '포스트 파나맥스' 컨테이너선이 선보였는데 최대 6000TEU까지 운송이 가능했다. 1996년에는 용적 8000TEU에 길이 335미터인 '포스트 파나맥스 플러스' 컨테이너선이 등장했다. 그리고 10년이 지난 2006년에는 용적 1만 9000TEU에 길이가 380미터에 달하는 컨테이너선이 나왔다.

2017년 기준 세계 최대의 컨테이너선 OOCL홍콩호는 길이가 400미터에 용적이 2만 1413TEU이며, 갑판 위에 컨테이너를 10층으로 쌓을 수 있다. 60년 전에 건조된 최초의 컨테이너선에 비하면 100배는 커진 셈이다. 이제 운송 화물은 훨씬 더 많아졌지만 배는 훨씬 더 적게 필요하다.

컨테이너선의 발전과 함께 다른 형태의 상선들도 규모는 더욱 커지고, 동체는 금속으로 더욱 강화되었으며, 엔진은 석유를 더 적게 소비하게 되었다. 세계 최대의 벌크선 발레브라질호는 길이가 362미터이고 최대 40만 2000톤의 곡물을 수송할 수 있다. 세계 최대의 유조선 티오세아니아호는 길이가 380미터이고 50만 세제곱미터의 원유를 수송할 수 있다. 세계 최대의 액화가스 수송선은 길이가 345미터이고, 26만 6000세제곱미터의 가스를 수송할 수 있다. 유엔무역개발회의UNCTAD에 따르면, 2017년 기준 전 세계에 있는 상선은 모두 8만 9423척으로, 그중 1만 9534척이 화물선, 9300척이 유조선, 1만 461척이 벌크선, 5132척이 컨테이너선이며 4만 4000척이 기타 선박(액화가스 수송선, 냉동선, 자동차 수송선, 아스팔트 수송선, 연락선, 해저 케이블 부설선, 예인선, 탐사선)이다.

그 어느 때보다 번성한 세계 해양 무역

컨테이너 덕분에 해양 무역은 이 시기에 줄곧 빠른 속도로 성장해왔다. 1970년 26억 톤을 넘어선 화물 총량이 2000년에는 60억 톤, 2017년에는 110억 톤을 넘어섰다.

그렇다고 해서 바다가 항공기 이용의 발전을 방해했던 것도 아니다. 고부가 상품(화장품, 직물, 각종 약품, 항공산업용 부품)과 신선 상품(살아 있는 동물, 과일, 채소, 간행물, 우편물)은 항공편으로 운송되었다. 사실 매년 5000만 톤의 화물이 항공편으로 배송된다. 석유의 경우 75퍼센트가 해로를 통해 운송되고, 16퍼센트는 육로로, 9퍼센트는 송유관으로 운송된다.

전 세계 운송량을 가치로 따져 비교하자면, 50퍼센트 이상이 바다를 통해 운송되고, 3분의 1이 하늘을 통해서, 나머지가 육로로 운송된다.

이는 바다가 지닌 예외적 경쟁력을 잘 보여준다. 2017년 기준 해상 운송은 항공 운송보다 100배 저렴하고, 육상 운송보다 열 배 저렴하다. 상하이에서 런던까지 25톤의 화물을 배로 운송할 때 드는 비용은 항공기 이등석의 1인 탑승권 가격보다 낮다. 상하이에서 온 텔레비전이 안트베르펜에서 1000달러에 팔릴 경우, 배로 운반되었다면 운송비는 10달러에 그치지만 비행기로 운반되었다면 운송비가 70달러에 달한다.

태평양의 항구들이 거둔 승리

컨테이너선이 등장하자 선견지명이 있는 항구들은 그에 걸맞은 물류 처리 수단들을 빠르게 갖추어나갔다. 항구에는 컨테이너 하역 크레인, 컨테이너 적재장, 트럭이나 기차에 실어 보내기 위한 다중 모드 플랫폼이 갖추어졌고, 소비자가 있는 배후지를 빠르고 편리하게 연결하는 도로망과 철도망도 마련되었다. 또한 항구 전체가 자동화되고, 이어서 디지털화되었다.

1960년대에 처음으로 이렇게 변모된 항구들은 2차 세계대전이 끝났을 때 세계를 지배하고 있던 곳들이다. 뉴욕, 버지니아, 찰스턴, 펠릭스토, 시애틀, 런던, 리버풀, 글래스고, 로테르담, 안트베르펜, 홍콩, 싱가포르, 시드니, 멜버른 등이 대표적이다.

1970년에는 대서양 횡단 항로가 여전히 세계 무역의 지배적인 경로로 남아 있었다. 세계 10대 항구 중 영국이 3개, 미국이 4개를 차지할 정도였다.

하지만 1980년대에는 일본의 수출이 늘고, 이어서 한국과 중국의 수출도 늘어나면서 상황이 완전히 달라졌다. 태평양이 대서양을 압도한 것이다. 로스앤젤레스, 싱가포르, 홍콩이 아시아로 가는 새로운 항로를 지배했고, 이로써 세계 최고의 항구가 되었다.

1986년, 마침내 아시아의 항구들이 권력을 장악했다. 싱가포르는 처리하는 컨테이너 수와 선박 톤수에서 세계 1위를 차지했고, 일본(요코하마)과 한국(부산)이 뒤를 이었다.

1990년 이후로는 중국(홍콩 제외)의 항구들이 부상했다. 2000년에 이르면 이들 중국 항구들이 컨테이너 하역과 선적 모두에서 세계의 선두자리를 차지했다. 상하이는 육로를 통해 중국의 공산품을 받아서, 바다를 통해 세계의 소비자들에게 보냈다. 그 총량이 2000년 500만 TEU에서 5년 만인 2005년에 1800만 TEU로 늘었고, 2005년 기준으로 상하이는 처리하는 컨테이너 수와 선박 톤수에서 세계 1위가 되었다. 같은 해에 로스앤젤레스는 세계 8위(500만 TEU)에 머물렀다.

2017년 세계 5대 항구는 상하이(3650만 TEU), 싱가포르(3100만 TEU), 선전(2400만 TEU), 닝보-저우산(2060만 TEU), 홍콩(2000만 TEU)으로 모두

태평양 연안의 아시아 항구들이다. 이들 항구에는 중국의 공산품이 트럭으로 운송되어오고, 그 대부분은 배에 실려 전 세계로 배송된다.

2017년 미국 최고의 항구는 남부 루이지애나의 항구인데, 교역량 2억 6500만 톤으로 세계 15위에 그친다. 교역량 8억 8900만 톤의 닝보-저우산(중국)에 비해서도 한참 뒤지는 것이다. 미국의 2위 항구는 휴스턴이다. 로스앤젤레스는 한참 아래인 20위에 불과하다(800만 TEU). 1960년까지 세계 최고의 항구였던 뉴욕은 오늘날에는 그 존재조차 거의 미미하다. 유럽에서는 아시아에서 오는 화물의 대부분을 한자동맹의 3대 항구(로테르담-안트베르펜-함부르크)에서 받는다. 세계 20위권에 드는 유럽 항구는 이 세 항구밖에 없다(각기 13위, 15위, 18위). 하지만 상대적인 활동 수준은 매우 빈약하다. 유럽에서 주요 항구 5개의 화물 거래량 총합이 상하이 단 한 곳의 거래량보다 적다. 런던은 별로 중요하지 않은 항구가 되었고, 영국 내에서도 펠릭스토와 사우스햄프턴에 추월당했다. 아프리카 제1의 항구는 수에즈 운하의 입구인 이집트의 포트사이드인데 세계 48위이며, 모로코의 새 항구 탕헤르메드가 그 뒤를 잇는다. 라틴아메리카의 최고 항구는 브라질의 산투스이며 세계 41위다. 프랑스 르아브르는 세계 65위이며, 제노바는 70위, 바르셀로나는 71위, 마르세유는 100위다.

결국 역사상 처음으로, 경제와 군사에서 가장 강력한 국가가 경제적으로 바다를 지배하지 않게 된 것이다. 이러한 현상은 결과적으로 세계 지정학에 중장기적 변화를 일으키지 않을 수 없다. 이에 대해서는 뒤에서 다시 살펴볼 것이다.

조선업 또한 아시아의 산업이 되다

누가 배를 만드는가? 이제 이 분야에서도 미국은 지배적 위치를 점하고 있지 않다.

1950년 이후 미국과 영국의 조선소들은 일본과 한국의 조선소들에 밀려났다. 2005년에 이르면 이 두 나라가 세계 선박 건조량의 40퍼센트를 차지했다. 2010년에는 중국이 세계 최대의 조선국으로 떠올랐다. 특히 세계의 주요 컨테이너 제작 회사인 CIMC와 신가마스 모두 중국 회사다. 한국은 세계 컨테이너선의 50퍼센트, 유조선의 60퍼센트를 생산한다. 중국과 일본이 그 뒤를 잇고 있다.

어선 제작은 일본이 지배하고 있다. 일본 정부는 보조금을 통해 어선 제작을 적극적으로 돕고 있다. 이 분야에서 중국은 아직 2위이지만, 곧 1위가 될 것으로 보인다.

크루즈선의 90퍼센트는 유럽에서 제작되고 있다. 2012년부터 2016년까지 유럽에서 건조된 크루즈선은 모두 24척이다. 예를 들어 길이가 362미터에 달하는 로열캐리비언호의 운영사는 미국 회사지만, 제작은 핀란드와 프랑스(생나제르)에서 이루어졌다.

그러니까 유럽은 아직 세계 3대 해운회사를 보유하고 있다. 덴마크의 머스크, 이탈리아의 MSC〔1978년 이후 본사는 스위스 소재〕, 프랑스의 CMA-CGM이 세계 해상 수송량의 37퍼센트를 점유한다. 중국 해운회사인 코스코cosco는 세계 4위의 컨테이너선 해운회사다. 현재 세계 최강국은 정말로 바다를 포기한 듯 보인다. 어찌 되었든 통상 분야에서는 정말로 그러하다.

아시아 차지가 되어버린 바닷일

2017년 기준 전 세계 바다의 상선에서 근무하는 사람은 모두 140만 명이다. 이중 44만 5000명이 관리자이고 64만 8000명이 선원이다.

전 세계 선원 10명 가운데 6명은 아시아 출신이다. 선원을 가장 많이 공급하는 다섯 나라는 중국(14만 1807명), 터키(8만 7743명), 필리핀(8만 1180명), 인도네시아(7만 7727명), 러시아(6만 5000명)이다. 미국(3만 8454명), 영국(2만 3193명), 프랑스(1만 3696명)가 그 뒤를 잇는다. 2010년 필리핀은 연간 4만 명의 선원을 양성할 것을 목표로 100개의 해양학교 신설에 투자했다. 국외 거주 필리핀인들이 본국에 송금한 160억 달러 가운데 70억 달러가 바닷일을 하는 노동자들이 보낸 것이다.

선원들의 실제 노동 조건은, 전 세계 어디에서나 수천 년 동안 그래왔듯이 여전히 노예 상태에 가깝다. 선원들은 평균적으로 매일 14시간에서 16시간 일하고 150달러의 월급을 받으며 한 번에 3개월에서 9개월 동안 바다에 머문다. 아프리카 주변을 돌아다니는 아시아 어선들에서는 선원들이 2년 이상 바다에 머물기도 한다. 벗어나는 길은 배에서 탈출하거나, 때로는 배를 침몰시키는 것밖에 없다. 국제노동사무국[국제노동기구 ILO의 상시 사무국]에서는 2006년부터 해양노동규약을 적용하여, 특히 선원의 연령, 채용, 계약, 임금, 노동 시간(이를테면 최소 1일 열 시간의 휴식 시간 보장)과 관련해 선원들을 더 효과적으로 보호하고자 했다. 이 문제에 가장 많이 관련되어 있는 중국, 필리핀, 인도네시아, 파나마, 라이베리아, 러시아, 바하마 등이 이 규약에 조인했다. 하지만 이 규칙들은 편의 치적제에 의해 쉽게 비켜갈 수 있다. 오늘날 전 세계 상업 선박의 절반은 편의치적제에 의한 국적 표시를 달고 운항 중이다. 해양 노동자를 가장 많이 고용하고 있는 10대 해운회사 선박들의 국적은 25퍼센트가 파나마, 17퍼센트가 바하마, 11퍼센트가 라이베리아다. 이들 나라의 규정들은 선상 안전에 관해 거의 아무것도 강제하지 않는다. 이는 법치法治가 결여된 세계화가 가져온 추악한 현실이다.

해저 케이블은 여전히 미국의 것

화물 운송에서 컨테이너가 확실하게 핵심을 이룬 것처럼, 정보 전달에서는 때로 인공위성이 필요하기도 하지만, 확실하게 핵심 역할을 담당하는 것은 해저 케이블이다. 이 분야에서는 여전히 미국이 권력을 유지하고 있다.

1956년 동축同軸 기술이 적용된 최초의 전화 케이블(고주파에서 사용되는 비대칭 전송선)이 대서양에 설치되었다. 1962년부터 이 해저 케이블은 전화 연결 부문에서 인공위성과 경쟁하기 시작했다. 하지만 대륙 깊숙한 시골 지역을 제외하고는 경쟁이 제대로 이루어질 수 없었고, 지구라는 행성 차원에서는 해저 케이블이 거의 독점적 지위를 계속해서 유지했다.

당시에 이 새로운 케이블 생산은 영국 회사들에서 미국 회사들로 옮겨갔다. 1988년 미국이 최초의 광섬유 케이블을 대서양에 설치했다. 용량이 560메가비트인 이 케이블을 통해 처음으로 이미지 전송이 가능해졌다.

이러한 기술은 화물 운송에서 컨테이너가 했던 것과 같은 역할을 했다. 이를 통해 바다는 정보 전달에서도 핵심적인 지위를 그대로 유지했다.

1999년 최초로 유럽에서 인도를 거쳐 일본까지 연결하는 해저 광섬유 케이블 시미위3Sea-Me-We3가 개통되었다. 이 케이블을 통해서는 컬러 이미지를 전송하는 것이 가능해졌다.

1995년 이후로 해저 케이블을 통해 정보가 유통되고 인터넷이 작동하기 시작했다. 인터넷은 곧 정보통신에서 핵심을 차지한다.

2017년 기준 전 세계에는 263개의 해저 케이블이 있으며, 이를 모두 합친 총길이는 100만 킬로미터에 이른다. 인터넷을 통한 정보 교류는 거의 모두 해저 케이블을 통해 이루어지며, 전 세계 통신과 이미지 전송의 95퍼센트 역시 해저 케이블에 의존한다. 이중 대서양을 가로지르는 케이블은 30개인데, 모두 미국 소유다. 나머지 케이블 중 다수는 동남아시아와 오세아니아의 도서 국가들을 연결하는 것과 같이 비교적 짧은 케이블이다. 어떤 케이블들은 수심 8000미터 깊이에 놓여 있다. 해저 케이블은 배의 닻이나 어업용 그물에 걸리기 쉬운 탓에—매년 일어나는 단절 사고의 70퍼센트가 이 때문이다—오늘날에는 점차 땅속에 매설되고 있다.

미국은 일찌감치 부의 핵심이 물질이 아닌 정보의 교류에서 오리라는 것을 이해했던 듯하다. 당장에 상품 무역을 이류 열강들에게 넘겨주고, 늘 바다에 있는, 하지만 이번에는 바다 아래에 있는 미래의 상품 수송, 곧 정보의 교류를 장악하기로 한 것이다.

아시아의 다국적 통신회사들은 한층 더 해저 케이블에 투자하는 경향이 있다. 우선은 아시아에서 투자했으나 이제는 전 세계에 투자하고 있다.

2008년 중국의 통신장비 제조업체인 화웨이는 영국의 글로벌마린시스템과 합작으로 해저 케이블 설치·유지·보수에 특화된 자회사 화웨이마린을 설립했다. 이 회사는 이미 수많은 케이블을 설치했다. 더욱이 아시아에서 통신량이 폭발적으로 증가하고 있으므로 앞으로 세계 최고의 회사로 부상할 수 있을 것이다. 하지만 현존하는 케이블조차 여전히 충분히 사용되고 있지 않다. 대서양을 가로지르는 13개 케이블의 총용량 중 20퍼센트만이 실제로 사용되고 있다.

바다의 산업들

또한 바다는 자원의 산업적 개발이 이루어지는 현장이 되었다. 오늘날 해저에서 채굴되는 원유는 전체 원유 생산의 30퍼센트를 차지한다. 전체 가스 생산의 27퍼센트가 바다에서 이루어지고 있다. 오늘날 원유 시추의 깊이는 2000미터를 넘어선다. 여기에는 물론 위험이 없지 않다. 2010년 원유시추선 딥워터호라이즌호 사고에서는 7억 5000만 리터의 원유가 멕시코만으로 쏟아졌다. 이에 대해서는 뒤에서 다시 다루도록 하겠다.

이제는 바다에서 금, 구리, 아연, 은도 채굴하기 시작했다. 해양 바이오산업과 같은 여타 산업은 이제 겨우 걸음마를 뗐을 뿐이다.

세계적으로 바다가 생산하는 순부가가치는 1조 5000억 달러에 달하며, 5억의 인구가 바다에 기대어 생계를 유지한다.[162]

불법적이고 범죄적인 무역:
용이한 통행

사실 해양 무역의 발전은 세계의 모든 바다에서 상업용 선박들이 비용을 치르지 않고 항해하는 것이 보장되어 있지 않았다면 불가능했을 것이다. 선박의 무상 통행은 이제 2017년 몬테고베이에서 170개국이 재인준한 해양법 협약을 통해 이론적으로 보장된다. 바다의 보안은 냉전시대 두 강대국 소련과 미국에 의해 오랫동안 보장되어왔다. 하지만 공산권이 붕괴한 이후 국제적 경찰력은 존재하지 않고, 오늘날 미국은 혼자서 해상 보안을 보장할 수 없게 되었다.

그리하여 2017년 기준, 불법 생산된 제품의 국제 거래 중 대부분은 바다를 통해 이루어지고 있다. 매년 거의 1000만 개의 담배가 컨테이너에 담겨 밀수출된다. 콜롬비아에서 생산되는 헤로인의 90퍼센트와 남아메리카에서 생산되는 코카인의 80퍼센트는 배에 실려 중앙아메리카나 카리브해의 섬들로 운송된다. 나머지는 베네수엘라에서 리스본, 로테르담, 바르셀로나로 향하고, 또한 기니와 나이지리아의 항구로 실려 간 뒤 육로를 통해 말리와 니제르를 통과한다. 모로코의 대마는 지브롤터 해협을 통해 스페인에 도착한다. 아프가니스탄의 헤로인 대부분은 트럭에 실려 동지중해나 흑해의 항구로 옮겨진 뒤, 다시 배에 실려 유럽이나 미국으로 향한다. 미얀마의 헤로인과 아편 또한 윈난을 거쳐 중국 항구들로 운반된 다음 배에 실려 태평양 건너 미국으로 팔려나간다.

마약 밀수업자들은 온갖 종류의 배를 이용한다. 컨테이너선, 개조한 어선, 고속 모터보트, (특히 동태평양에서 많이 쓰이는) 자동 파괴 기능을 갖춘 반잠수정 등 배의 종류를 가리지 않는다. 게다가 컨테이너의 잠금 장치들이 낡은 탓에 완벽하게 합법적인 컨테이너 안에 엄청난 양의 마약을 숨기는 것도 가능하다. 이렇게 해서 마약은 전 세계 7000개 항구에 손쉽게 들어간다. 엑스레이 검사기가 있는 항구에서도 전체 화물의 5~10퍼센트 정도만 통제되고 있을 뿐이다.

마약이 들어 있는 화물을 적발해 몰수할 확률은 매우 낮고, 마약 밀수업자들이 감수해야 할 위험은 더욱더 가벼워졌다.

해적질과 테러리즘:
통상을 방해하는 하찮은 장애물 두 가지

2000년 이후 해적질이 다시 중요한 문제로 떠올랐다. 해적질이 절정에 이른 2011년에는 153척의 선박이 공격을 받았고, 49척이 항로를 바꾸었으며, 1052명의 선원이 인질로 잡혔다. 어떤 행동들은 특히 상징적이었고 매우 가시적이었다. 인도네시아에서는 아체 분리주의 집단이 바다에서 인질들을 잡았다. 나이지리아에서는 이러저러한 다수의 집단이 해상 석유 플랫폼에서 인질들을 잡았다. 소말리아에서는 해적들이 심지어 해안에서 1600킬로미터 떨어진 곳에서까지 수에즈로 가는 선박들을 공격하고 인질들의 몸값을 요구했다.

이런 해적질에 맞선 경찰 작전은 국제 공조가 이루어져야 효과적으로 진행된다. 2008년 인도양에서 개시된 아탈란타 작전[185]은 인도양에서 수에즈 운하로 가는 선박들을 호위하고 해안을 배회하는 해적들을 소탕하는 이중 임무를 수행했다. 이 작전에는 매우 많은 나라의 해군이 참여해 효과적으로 협력했다. 2008년에서 2014년까지 소요된 비용은 연간 50억에서 80억 달러에 달했다. 같은 기간 동안 해적의 공격은 168건에서 3건으로 줄었다. 2016년에는 단 한 건밖에 발생하지 않았으며 그나마도 성공하지 못한 경우였다. 이 기간에 해적들이 탈취한 합산 금액도 2억에서 3억 유로에 그쳤다. 이는 우리가 원할 때면 전 지구적 차원에서 법에 의한 통치를 이룰 수 있음을 보여주는 증거다.

　해상에서의 테러는 상대적으로 매우 드문 일이 되었다. 물론 비교적 오래된 어떤 사건들은 여론에 강렬한 인상을 남기기는 했다. 1985년 크루즈선 아킬레라우로호 납치 사건은 2명의 사망자를 낳았고 전 세계인들의 감정을 자극했다. 이외에도 단독으로 항해하던 선박이 공격을 감행한 두 사건을 언급할 수 있을 것이다. 나이지리아에서는 석유 플랫폼이, 예멘 아덴에서는 미국 선박 USS콜호가 공격을 받아 파괴되었다.[133]

결국, 바다는 누구의 소유인가?

원칙적으로 바다는 누구의 소유도 아니다. 17세기에 그로티우스의 저서가 나온 이래로, 모든 바다에 대한 모두의 자유로운 접근권을 보장하는 해양법이 존재해왔다. 이 권리는 또한 국제적 관습과 여러 법정의 법 해석, 그리고 국제 법률가들의 견해에 그 토대를 두고 있다. 1945년까지 유효했던 이 법 해석에 따르면, 국가는 내수內水(호수, 강, 하천)와 영해(해안선에 매우 가까운 바다)만을 지배한다. 또한 접속 수역(해안선에서 약

39킬로미터까지)에서 관세와 치안을 통제할 수 있는 권한을 갖는다. 하지만 대륙붕과 국제 해역에 대해서는 어떠한 권한도 갖지 못한다.[28]

이러한 해양법은 대략 300년에 걸쳐 적용되어왔으나(전쟁 시기는 예외), 1945년 미국의 영해 바깥 대륙붕에서 석유가 발견됨에 따라 논쟁의 대상이 되었다.

당시 신임 대통령이었던 트루먼은 즉각 이 자원이 미국에 속한다고 선언했다.

바다에서의 항해와 영유권에 관한 문제들을 정리하고자 각기 제한된 권한을 갖는 국제기구들이 창설되었다. 1948년 정부 간 해사자문기구 IMCO가 생겼다가 1958년 국제해사기구IMO로 변경되었다. 바다에 접한 171개 국가가 참여하고 있는 이 국제기구는 "해적과 싸우고, 선박에서 발생하는 온실가스 배출을 줄이고, 지속적 해운 체계를 창조하고, 해양에서 인간 생명을 수호한다"라는 야심 찬 사명을 지니고 있다. 빈약한 예산에도 불구하고(6000만 유로 이하), 이 기구는 매우 효율적으로 활동하고 있다. 171개 회원국은 공표된 규칙들을 대체로 존중하고, 특히 상선에서 보내야 하는 신호에 관한 규칙들을 잘 준수하고 있다. 해양 오염에 관한 마폴MARPOL 협약과 항해 중인 선박의 안전에 관한 솔라스SOLAS 협약 등 이제까지 국제해사기구를 통해 70개의 해양법 규약이 맺어졌다.

영해 바깥 바다의 소유권에 관한 법률적 고찰도 진행되었다. 여러 해 동안 협상이 진행되고 나서 1958년 해양법에 관한 유엔 회담이 열렸고 4개의 협약이 맺어졌다. 이들 협약은 영해와 접속 수역의 한계, 공해公海의 한계, 공해의 생물자원 보존과 어업, 대륙붕의 크기를 정의했다. 그리고 자국 해안에서 200해리(약 370킬로미터)에 해당하는 '배타적 경제수역

EEZ'과 '군도 수역'이란 개념을 도입했다. 두 수역에서 해당 국가는 몇 가지 특정한 권리를 주장할 수 있다. 하지만 이 이상으로 정확하게 결정된 것은 아무것도 없다. 나머지는 모두 각국의 협상에 맡겨져 있다.

한 가지 특별한 경우로서, 다양한 자원(석유, 희귀 금속 등)이 풍부한 남극에 대해서는 근본적인 결정이 내려졌다. 1959년 12월 1일 12개 국가(남아프리카공화국, 아르헨티나, 오스트레일리아, 벨기에, 칠레, 미국, 프랑스, 일본, 노르웨이, 뉴질랜드, 영국, 소련)가 참여해 남극 조약을 체결했다. 오늘날 53개국이 참여하고 있는 이 조약은 남극을 보호하고, 과학적 교류의 장으로 한정하고, 남극의 자원 개발을 일체 금지하고, 현존하는 연구기지들이 군사기지로 변용되는 것을 막고, 남극 근해에서 군함의 항해를 금지한다는 내용을 담고 있다.

1966년 미국 대통령 린든 존슨은 해양학 프로그램을 개시하면서, 미국이 "온 인류의 유산이며 앞으로도 그렇게 남을" 해저海底를 보호해야 한다고 주장했다.

1973년 유엔에서는 1958년 협약에서 정의된 영해의 개념과 영유권을 분명히 하기 위한 협상이 시작되었다. 이에 더해 뉴욕에서는 해양법에 관한 유엔 협약UNCLOS의 협상이 시작되었다. 이 협상은 10년 동안 지속되었다.

1982년 자메이카 몬테고베이에서 마침내 협약이 조인되었고, 1994년 첫 협상이 구체적으로 시작된 이후 36년 만에 60번째 국가가 인준함으로써 협약이 발효되었다. 이 협약은 바다의 여러 구역을 정확히 정의한다. 연안 해역 혹은 영해는 해안선에서 12해리(22킬로미터)까지이고, 접속 수역은 영해 경계에서 24해리까지다. 연안 국가는 이 경계 안에서 "자연 자원,

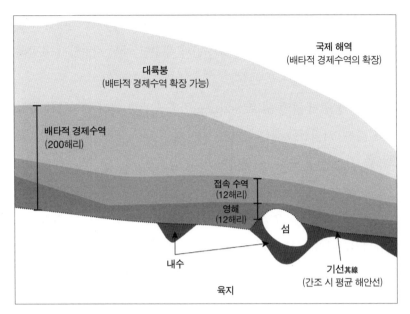

바다의 수역에 관한 국제법

해저심층수, 해저면, 해저면 지하의 탐사 및 개발, 보존 및 관리를 위한 주권"을 갖는다. 배타적 경제수역은 해안선에서 200해리까지이며 이 수역은 연안 국가의 어업과 대륙붕 해저 개발이 이루어지는 구역으로 정의된다. 마지막으로 공해公海는 모두에게 개방되어 있으며, 어느 국가도 자국의 이익을 위해 개발할 수 없다. 지구 전체 해수면의 64퍼센트는 공해다.

연안 국가는 또한 자국의 사법권 아래 있는 대륙붕을 200해리 넘어서 최대 350해리(650킬로미터)까지 확장할 수 있다. 이러한 확장은 해수면 위로 드러난 육지의 자연적 연장에 따라 해저면과 해저면 지하에만 해당한다. 나머지 해수는 모두 국제 해역에 속한다. 이 '대륙붕 구역'에서 연안 국가는 해저면과 해저면 지하의 자연 자원의 개발에 대한 주권을 행사한다. 따라서 대륙붕은 해수면과 해수면 아래 해수까지 포함하는 배타적 경제수역과 구분된다.

해양법에 관한 유엔 협약UNCLOS은 바다에 관한 권리와 의무를 규정하며, 항해, 국적선에 관한 국가의 의무, 해적, 지역적 협력 등에 관한 규칙들을 규정한다. 또한 이 협약에 따라 법률고문관리소, 국제해양법재판소, 대륙붕한계위원회CLCS 세 기관이 창설되었다. 대륙붕한계위원회는 77개 안의 검토를 요구받았고 그중 19개 안을 확정했다. 이 위원회는 법률위원회이기보다는 과학위원회다.

1991년에는 1959년의 조약에 남극을 "평화와 과학에 봉헌된 자연보전구역"으로 지정하는 의정서가 추가되었다. 이로써 남대양의 로스해에서는 모든 어로 행위가 금지되었다. 이곳에는 아델리펭귄의 40퍼센트와 황제펭귄의 25퍼센트가 살고 있으며, 밍크고래, 범고래, 물범, 물개 등도 서식한다. 1994년 일본의 반대에도 불구하고 남극은 고래 보호구역으로 설정되었다. 이 조약의 유효 기간은 미정이다.

1992년 리우 정상회담에서는 168개국이 참여해 생물 다양성 협약CBD을 채택했고, 이를 통해 '해양보호구역'MPA이 정립되고, 곧바로 1300곳이 지정되었다.

1994년 자메이카 킹스턴에서는 유엔의 후원을 받아 국제해저기구ISA가 창설되었다. 이 기구의 창설 목적은 '인류의 공통 자산'으로 여겨지는 공해 해저의 조사와 탐사에 관한 활동을 통제하는 것이다.

남극과 달리 북극은 개발과 군사활동으로부터 보호받지 못하고 있다. 1996년 북극이사회가 창립되었지만, 단지 환경 보호 문제 등과 관련해

의견을 조율하는 '정부 간 포럼'의 기능만을 수행하고 있다. 북극이사회는 북극에 인접한 5개국인 노르웨이, 덴마크, 러시아, 미국, 캐나다에 더해 스웨덴, 아이슬란드, 핀란드까지 총 8개 회원국으로 구성된다. 그밖에 프랑스, 영국, 이탈리아, 네덜란드, 중국, 일본이 영구 옵서버 자격을 갖는다. 유럽연합EU과 중국이 영구 옵서버 자격을 요구하고 있지만, 러시아는 유럽연합이 북극에 관한 주권 행사 문제에 목소리를 내는 것을 원치 않는다. 인도와 한국 같은 다른 나라들도 이사회에서 자문 역할을 한다(2013년 5월 현재 북극이사회의 영구 옵서버 국가는 한국과 인도를 포함해 총 12개국이며, 유럽연합과 터키는 임시 옵서버 국이다). 더욱이 지역 원주민들(캐나다, 미국, 그린란드의 이뉴이트, 러시아의 축치인과 에벤크인, 스칸디나비아의 사미인) 또한 논의에 참여하기를 원하고 있다.

마지막으로, 2016년 유엔의 발전 목표들이 채택되었다. 그중 14항은 명백히 "지속 가능한 방법으로 해양을 보존하고 개발할 것"을 겨냥하고 있다.

이 모든 협약에 서명한 나라는 많지만, 협약을 제대로 준수하지 않거나 아예 존중할 의사가 없는 나라도 많다. 오스트레일리아는 자국 선박이 인도네시아, 싱가포르, 혹은 필리핀의 해안을 자유로이 항해할 권리를 옹호하면서, 자국 영해에서는 다른 나라 선박의 접근을 제한하고 있다. 미국은 당분간은 원칙 대부분을 준수하고 있지만, 그럼에도 협약에 서명하지 않았다. 선원들의 노동 조건은 거의 보호받지 못하고 있다. 누구도 어부들의 커져가는 탐욕으로부터 바다를 지켜주지 못한다.

이어지는 장에서 우리는 이러한 국제 협약을 위반하려 드는 자들에 의해 바다가 얼마나 큰 위협을 받고 있는지 살펴보려 한다.

7

오늘날의 어업

바다는 단지 통상의 장소만은 아니다. 태초부터 바다는 무엇보다도 어업의 장소였다. 비록 부분적이긴 하더라도, 인간이 창과 그물을 가지고 나룻배와 뗏목을 타고서 자연이 제공하는 것을 약탈하고자 강물과 바다에 과감히 뛰어들었던 것은 식량을 얻기 위해서였다.

현재까지도 인류는 대체로 10만 년 전과 다름없이 바다를 다루고 있다. 야만스러운 채집자로서, 물고기들의 번식 장소를 보호한다거나 멸종위기에 처한 종들을 살려둔다든가 하는 일에는 전혀 신경 쓰지 않는다. 심지어 그것만으로는 충분하지 않아서 이제는 해산물 가공 선박을 만들고, 더 큰 그물을 던지고, 공장식 축사에서 가축을 길러내듯 바다에서 물고기를 길러낸다.

바다와 대양의 실제 주민

30억 년이 넘는 지난 세월 동안 생명이 진화한 결과, 오늘날 바다의 동물상은 놀라울 정도로 다양하다. 먹이사슬의 시작점에 있는 식물성 플랑크톤은 태양빛을 흡수하고 이산화탄소와 물을 결합해 당_糖을 만들어 내 스스로 양분을 취한다. 그리고 이 과정에서 산소를 만들어내 다른 생물들이 호흡할 수 있게도 한다.[28]

이 식물성 플랑크톤은 더욱 복잡한 다른 생물들의 먹이가 된다. 이 생물들은 '동물성 플랑크톤'이라는 이름으로 분류된다. (바이러스, 박테리아, 미세조류, 산호, 생식세포, 치어, 미세갑각류, 특히 크릴새우 등) 동물성 플랑크톤은 해양 생물량의 95퍼센트를 차지한다. 겨우 몇 센티미터에 지나지 않지만 단백질과 오메가3가 풍부한 붉은색의 크릴새우는 남반구 대양의 3000미터 깊이에 살며, 길이가 무려 100킬로미터에 이르는 무리를 이룬다. 크릴새우의 총 생물량은 대략 5억 톤에 달한다(이는 인류 전체의 무게와도 같고, 해양생물 전체 무게의 절반과도 같다).

동물성 플랑크톤은 다시 연체동물, 해면동물, 해파리, 절지동물, 양서류, 어류, 극피동물(성게, 불가사리, 해삼 등의 동물), 해양 포유동물에 의해 섭취된다.

또한 심해에는 실러캔스, 꼼치, 첨치, 바이퍼피시처럼 오래전에 사라졌다고 생각해온 종들도 있다.

요컨대 오늘날 바다에는 대략 10억 톤의 생물이 살고 있으며 이는 전 인류의 두 배에 달하는 무게다. 그렇지만 육상생물 전체의 무게보다는 훨씬 적은 셈이다. 육상생물과 달리 해파리, 파랑쥐치, 복어, 개복치, 전

갱이 같은 몇 가지 예외를 제외하고는 거의 모든 해양생물이 인간의 음식이 될 수 있다.

우리가 바다에서 잡는 물고기

역사적으로 인간이 가장 많이 잡은 어종은 등 푸른 생선(정어리, 청어, 멸치, 고등어, 대구, 참치)과 담수어종인 틸라피아다.

어떤 종교에선 특정 물고기를 먹지 못하게 금한다. 힌두교에서는 모든 고기를 금하듯이 모든 생선을 금한다. 유대교에서는 비늘과 지느러미가 없는 생선을 금하고, 어류가 아닌 해산물도 금한다. 이슬람에서는 산 채로 잡지 않은 생선은 모두 배제한다. 어떤 문화에서 거부하는 해산물이 다른 문화에서는 맛있는 귀한 음식이 되기도 한다. 서방 사람들은 대체로 낙지를 산 채로 먹는 데 어려움을 느끼겠지만, 산낙지는 한국인들이 정말 좋아하는 음식이다. 복어는 프랑스에선 식용이 금지되어 있으나, 일본에서는 특별한 자격을 갖춘 요리사들이 요리할 수 있는 특별한 식재료다. 매년 3800만 마리의 상어가 단지 그 지느러미를 얻으려는 사람들에 의해, 특히 중국인들에 의해 죽임을 당한다.

중국은 세계적인 해산물 생산국이자 소비국이며 수출국이기도 하다. 노르웨이, 베트남, 태국이 그 뒤를 잇는다. 가장 큰 수입국은 유럽연합과 미국, 그리고 일본이다.

물고기를 가장 많이 잡는 어장은 북대서양(아이슬란드 남부와 북해), 남대서양(서부 아프리카 근해), 북태평양(베링해와 쿠릴열도 근해), 중서 태평양, 동인도양이다. 남동 태평양에서는 주로 멸치를 잡는다. 북태평양에서는 대구나 알래스카 검정대구를 잡고, 북동 대서양과 북서 대서양에서는 청어를 잡는다.

바다의 어업 생산량은 1950년 2000만 톤에서 2016년 9500만 톤까지 늘어났다. 하지만 2008년부터는 더 늘지 않고 정체되어 있다. 동아시아가 전체 어획량의 52퍼센트를 차지하는데, 중국이 1700만 톤, 인도네시아가 480만 톤, 일본이 420만 톤이다. 더욱이 매년 수백만 톤의 물고기가 죽거나 거의 죽은 상태로 다시 바닷물에 던져진다.

우리가 바다에서 물고기를 잡는 방식

2017년 기준 세계의 바다를 항해하는 어선은 모두 460만 척인데, 그중 4분의 3이 아시아 어선이고(중국 어선만 70만 척), 유럽 어선은 6만 5000척밖에 되지 않는다. 이중 대략 400만 척이 길이 12미터 이하의 소형 선박이다. 길이 24미터 이상인 선박은 6만 4000척밖에 되지 않는다. 이들 중 3분의 1은 모터가 없는, 기계화되지 않은 배들이다. 가장 정교하고 복잡한 배들은 레이더, 음파 탐지기, 냉각기를 모두 갖추고 있다. 잡은 물고기를 직접 배에서 처리하는 수산물 가공 선박도 있다. 그린피스에 따르면 이 수산물 가공 선박들은 전 세계 모든 선박의 1퍼센트밖에 되지 않지만, 총어획량의 50퍼센트를 차지한다. 수산물 가공에서 발생하는 쓰레기는 다시 바다에 던져진다.

예를 들어 크릴새우를 잡는 배들은 바다에 떠 있는 공장인 셈이다. 잡힌 크릴새우는 선상에서 곧바로 기름과 양식용 분말로 가공된다.

주낙 어선(여러 개의 낚시가 달린 긴 낚싯줄로 물고기를 잡는 배)이 매년 바다에 던지는 낚싯바늘만 14억 개에 달한다. 어떤 어선의 그물은 넓이가 2만 3000제곱미터에 이른다. 이는 축구 경기장 4개 면적에 해당하며, 한 번에 최대 500톤의 물고기를 잡아들일 수 있다. 물고기를 많이 소비하는 나라들은 대량의 보조금을 어업에 지원한다. 이는 대형 어선들의 대규모 어획을 장려하는 효과를 낳고, 지방의 소형 어부들을 몰락시킨다. 오늘날 모리타니에서 연안의 소형 어선들은 물고기를 시간당 3킬로그램까지밖에 잡을 수 없다. 시간당 20킬로그램까지 잡을 수 있었던 2005년과 대비된다. 모든 게 일본, 한국, 중국의 거대한 저인망 어선에 끌려 들어가기 때문이다. 수산물 가공 설비까지 갖춘 이들 어선은 국제 규칙들을 전혀 존중하지 않고, 아프리카 해안 가까이에까지 가서 바다 속 수산자원을 모두 고갈시킨다. 게다가 그 선원들은 때로 2년 동안 배에서 내리지 못한 채 바다에서 머물기도 한다.

1960년에는 수심 100미터에서 물고기를 잡았지만 2017년에는 수심 300미터에서 잡는다. 심해에서 물고기를 잡는 방법이 개발되고 있으나, 수심 800미터보다 더 깊은 곳에서 물고기를 잡지 못하게 금지하는 곳은 유럽연합뿐이다.

어업 자원의 고갈

수많은 종류의 물고기가 과도하게 남획되었다. 즉 해당 종의 물고기가 번식을 통해 자연적으로 재생산되는 것보다 더 많은 물고기를 우리가 잡아들인다는 말이다. 어획량의 40퍼센트가 과도한 남획으로 분류되는 실정이다.

대표적으로 남획되는 물고기로는 북대서양의 청어, 페루의 멸치, 남대서양의 정어리, 그리고 다랑어, 대구, 만새기 등이 있다. 부어浮魚(정어리, 멸치, 청어처럼 해수면 가까이에 사는 물고기)는 모두 최대치까지 어획되거나 과도하게 남획되고 있다. 예를 들어 2013년 한 해 동안 다랑어는 6만 1000톤이 잡혔으나, 적정 어획량은 1만 톤을 넘지 않는다. '생물학적으로 지속 가능한' 수준에서 보면 2013년 이래 41퍼센트의 다랑어가 남획된 것이다. 1960년 대구의 연간 어획량은 허용 가능한 최대치인 20만 톤이었으나, 최근에는 50만 톤까지 늘었다. 대서양과 태평양의 고등어는 동태평양에서 최대치로 잡히고 있으며, 북서 태평양에서는 과도하게 남획되고 있다. 지중해와 흑해에서는 대구, 서대기, 성대가 남획되고 있으며, 어획량의 59퍼센트만이 '생물학적으로 지속 가능한' 수준에서 어획되고 있다.

어획이 금지되었으나 그럼에도 대량으로 어획되고 있는 어종은 셀 수 없이 많다. 매년 약 1억 마리의 상어가 중국, 인도네시아, 인도, 스페인 근처에서 남획된다.[187] 1946년에 체결되어 1986년에야 고래 사냥을 완전히 금지한 국제 협약이 있음에도 불구하고 (일본, 아이슬란드, 노르웨이에서) 2009년에는 1500마리의 고래가 잡혔고, 2013년에는 1179마리, 2016년에는 300마리가 포획되었다. 2017년 기준 지구에 남아 있는 고래는 1800년 대비 10분의 1에 불과하다.

이제 사람들은 더 깊은 바다에서(수심 900미터에서 1800미터 사이에서)

만새기와 같은 새로운 종류의 물고기를 잡아 올리고 있다.

양식

수요를 충족하기 위해 물고기를 해수나 담수에서 직접 기르는 방법이
발전했다. 유엔 식량농업기구FAO에 따르면 양식으로 생산되는 수산물
의 양은 1950년 100만 톤에 못 미쳤으나, 2017년에는 6000만 톤을 넘
어섰다. 이는 세계 어획량보다도 많은 것이다. 양식의 80퍼센트는 아시
아에서 이루어지며 그중 90퍼센트는 중국이 차지한다. 중국 이외에 인
도네시아, 인도, 베트남, 한국 등이 주요 양식 국가다. 유럽과 미국은 이
들에 한참 뒤처져 있다.

전체 양식의 85퍼센트가 잉어, 틸라피아, 갯농어, 메기, 연어, 뱀장어
여섯 종에 집중되어 있다. 특히 틸라피아(아프리카가 원산지인 담수어, 잉어
의 일종)는 중국, 이집트, 브라질, 인도네시아, 필리핀 등 100개 이상의
국가에서 매년 430만 톤 이상 생산되고 있다.

양식 생산량의 3분의 1 이상은 다른 종의 양식을 위한 먹이로 사용된
다. 1킬로그램의 양식 연어를 생산하려면 5킬로그램의 다른 물고기가
필요하다. 붉은 다랑어 1킬로그램을 얻으려면 8~10킬로그램의 다른 물
고기가 있어야 한다. 이렇게 다른 양식 물고기의 먹이로 쓰이는 물고기
들은 보통 잉어 같은 초식성 물고기다. 이들 물고기 또한 양식으로 길러
낸 다른 수산물을 먹는다.

주로 남아메리카(페루와 칠레)에서 생산되는 어분魚粉은 개와 고양이를

비롯한 가축용 사료에 쓰인다. 세계에서 생산되는 어분의 22퍼센트는 돼지의 사료로, 14퍼센트는 가금류의 사료로 사용된다.

어업의 경제

어업과 양식에서 얻는 해산물은 2017년 기준 인류가 섭취하는 단백질의 17퍼센트 정도를 차지하며, 70퍼센트는 해안 국가들에서 소비된다. 이 소비량은 증가 일로에 있다. 1인당 연간 어류 섭취량은 1960년에 9.9킬로그램이었으나 2016년에는 20.1킬로그램이었다. 하지만 국가별 소비량은 상당히 큰 편차를 보인다. 이 부분에서 최고 기록을 갖고 있는 아일랜드 사람들은 1인당 연간 평균 91킬로그램의 물고기를 먹는다. 나라별로 살펴보면 스페인 40킬로그램, 프랑스 34킬로그램, 세네갈 26킬로그램, 중국 24킬로그램, 미국 18킬로그램, 콩고 6킬로그램, 불가리아 4킬로그램, 나이지리아 3킬로그램 등이다.

직접적이든 간접적이든, 어업을 생업으로 삼는 사람은 세계 인구의 10~12퍼센트에 달하며, 이중 다수는 아시아인이다. 전 세계 어부와 양식업자 수는 1990년 3100만 명(어부 2700만 명, 양식업자 400만 명)이었으나, 2016년에는 5500만 명(어부 3900만, 양식업자 1600만)으로 늘었다. 이중 아시아에 4800만 명(세계 어부의 86퍼센트, 양식업자의 97퍼센트), 아프리카에 400만 명, 라틴아메리카에 300만 명, 유럽에 63만 4000명, 북아메리카에 34만 2000명이 있다.

전 세계에서 생산되는 해산물의 상업적 가치는 1976년 80억 달러를 넘어섰고, 2016년에는 1300억 달러에 이르렀다. 매년 평균 8.3퍼센트씩 성장한 셈이다. 줄농어, 참다랑어, 바다가재 같은 특정 어류나 갑각류는 갈수록 희귀해져서 가격이 많이 올랐다. 2016년 세계 고등어 가격은 35퍼센트나 인상되었다. 같은 해에 노르웨이 연어는 45퍼센트, 정어리는 49퍼센트 올랐다.

그럼에도 어업은 세계 총생산의 아주 미미한 부분(0.13퍼센트)밖에 차지하지 않는다. 어업은 아프리카에서도 총생산의 1.26퍼센트밖에 차지하지 않지만, 세네갈, 코모로, 나미비아 같은 나라에서는 국내총생산의 6퍼센트를 차지한다.[162]

매우 하찮으면서 동시에 매우 중요한 어업은 인간의 물질적 생존에 없어서는 안 될 것이다.

인류 문화에는 더더욱 없어서는 안 된다.

8

바다, 자유라는 이데올로기의 근원

"어떤 지방은 더 행복한 지도 위에 그려져 있다. 만灣과 항港으로
더 잘 나뉘어 있고, 바다와 산으로 더 잘 막혀 있으며,
계곡과 하천이 더 잘 통과하고, 더 유기적으로 구성되어 있다.
이런 지방은 어떤 것이든 성취할 능력도 더 많다."
미슐레, 《보편 역사에 관한 서론Introduction à l'histoire universelle》, 1850

바다는 예부터 늘 그래왔듯이, 단지 어업, 모험, 발견, 교류, 부와 권력의
공간만은 아니다. 무엇보다도 바다는 인류 문화의 주요한 원천이다. 바
다가 문화의 핵심적 원천이라는 데는 의심의 여지가 없다. 오늘날 좀 의
심스러운 말이 되긴 했지만, 아주 원대한 단어를 사용해보자면, 바다는
남자들의 중대한 이상향의 기원이다. 남자들의 중대한 이데올로기, 즉 자
유라는 이데올로기의 기원이다. 바다는 자유의 영예와 도취와 비극을 가
르친다. 바다는 시간의 여명에서부터, 우리가 이미 보았듯이, 남자들의 —
여자들보다는 — 왕국이었다. 바다를 항해하는 여자는 거의 없었다. 오
늘날에도 배에서 승객이 아닌 여성을 찾아보기란 무척 어려운 일이다.
물론 바다에서 일하는 여성들의 모습이 더 쉽게 눈에 들어온다면, 그것
은 우리 모두를 위한 자유의 진보를 드러내는 훌륭한 척도가 될 것이다.

인류가 이동생활을 하던 때에 바다는 그런 이동생활의 극한이었다. 바다에서 감내해야 할 위험 부담은 사막 중에서도 최악인 사막에서보다 천 배는 더 높았다. 바다에서는 어떤 사고라도 인명 사고가 될 수 있고, 어떤 실수도 치명적일 수 있다. 바다는 사막보다도, 모험과 용기와 선택과 자유의 장소였다. 또한 바다는 사막과 달리 인간의 권력에 핵심적인 곳이다.[9]

또한 바다를 누비고 다니는 데 필요한 자질들이 생존, 성공, 윤리, 생명, 세계라는 개념을 차츰 형성했다. 이 개념은 대양을 횡단하는 이들, 연안을 항해하는 이들, 또는 바다에 기대 생계를 유지하는 이들에게 없어서는 안 될 것이다. 우리가 앞서 보았듯이, 바로 이런 이들이 세계를 지배했으므로, 승자의 이데올로기가 형성되는 곳은 바로 바다였다.

또한 오늘날에도 현대의 윤리가 명확해지고 정교해지는 곳은 바다이다. 바다는, 정말 자연적으로, 다른 어떤 가치보다 어떤 한 가치를 우선시하도록 이끌었다. 이 가치는 인류 역사에 자기 길을 내어 다른 모든 가치를 이기고 오늘날의 모든 문명을 만들어냈다. 이 가치란 곧 자유에 대한 갈망이다.

바다는 자유의 요구 조건을 익히는 장소

단단한 땅에 정착한 이들에게는 일정하게 돌아가는 일상이 필요하다. 그들은 때에 따라 계절이 순환하고 비가 오고 규칙적으로 바람이 불 것이라 예상한다. 경험은 새로운 것, 낯선 것, 변하는 것을 경계하고, 환경에 따라 변하지 않는 규칙을 선호하도록 그들을 가르친다. 그들은 지대 地代 받는 걸 좋아한다. 모험하는 것, 위험을 감수하는 것은 싫어한다. 그들에게 실수란 치명적이지 않다. 그들은 실수하더라도 너무 많은 위험을 감수하지 않을 수 있다. 그들은 절대 방황을 선택하지 않는다. 그들은 규율과 위계를 필요로 하며, 가장 강한 자의 법 아래 허리를 굽힌다.

이와 반대로 바다에서 일하며 먹고사는 이들은 유랑하는 이들과 마찬가지로 위험, 혁신, 용기를 맛보길 원한다. 실용주의, 실력에 대한 칭송, 도전하는 정신, 세상에 대한 개방성을 요구한다. 바다는 어떤 면에서 유랑생활의 궁극적인 장소다. 바다에서 유랑하는 사람들은 길을 잃을 위험을 감수하며(그리하여 그들이 찾고 있던 것이 아닌 다른 것을 발견하기도 하며), 바람과 해류와 농간을 부리고, 그리하여 결국엔 그것들을 거슬러 항해하기 위해 그것들을 이용하는 경지에 이른다. 그들에겐 실수가 허용되지 않는다. 바다에서 전문가답지 못한 태도란 즉각 치명적인 결과를 가져올 수 있기 때문이다. 선원들은 실력을 바탕으로 형성된 적법한 위계가 아니라면 기꺼이 위계를 받아들이려 하지 않으며, 조직의 협력에 요구되는 사항들을 함께 고려한다.

바다가 요구하는 자질들은 겉으로 보기엔 서로 모순적이다. 바다는 체계적인 방법과 과감한 시도, 숙련과 임기응변, 협력과 자율을 동시에 요구한다. 사실 이러한 자질들은 정확히 개인의 자유라는 이데올로기가 등장하는 데 필요한 것이기도 하다. 자유의 이데올로기는 무정부주의로 변질되지 않기 위해 명확한 제도적 틀 안에 새겨질 필요가 있다. 그럼에도 바다는 가장 나쁜 형태로 인간이 인간을 착취하는 장소이기도 하다. 수많은 선주들이 수많은 선원들을 착취한다. 마치 현실이 되기 전의 자유란 그저 관념에 불과하다는 것을 실제로 보여주려는 것만 같다.

바다는 생명을 낳았다. 그리고 5억 년이 지난 뒤, 바다는 자신의 피조물 중 하나에게 스스로 자유로이 생각하는 능력을 주었다.

바다는 도전 정신의 원천

바다는 수많은 불행이 닥쳐온 곳이다. 바다에서는 폭풍, 난파, 해적질, 전쟁이 일어나고, 항구로는 나쁜 소식과 전염병과 적군이 닥쳐온다.

인류에게 필요불가결한 발견과 혁신이 일어난 곳 또한 바다였다. 앞서 보았듯이, 역동적인 문명일수록 더욱 열렬히 바다를 대면했다. 주요 도시를 해안에 건설한 나라만이 강대국이 되었다. 메소포타미아, 이집트, 그리스, 카르타고, 로마, 인도네시아, 베네치아, 발트, 플랑드르, 영국, 미국의 문명이 그러했고, 오늘날에는 일본, 중국, 한국의 문명이 그러하다. 이러한 경향은, 기원후 시대에 대해서만 말하자면, 잘 알려지지 않았으나 강대국이었던 도시국가 스리위자야로부터 브뤼헤, 베네치아, 안트베르펜, 제노바, 암스테르담, 런던을 지나 미국에까지 이어진다.

프랑스, 독일, 러시아, 인도는 이러한 경향과 거리가 먼 나라들이다. 중국 역시 그러하다. 중국은 수천 년 전부터 세상을 지배하는 데 필요한 모든 것을 갖추었다. 앞서 살펴보았듯이, 중국인들은 인류 최초의 항해가이기도 했다. 하지만 아주 최근에 이르기까지도 이러한 경향과는 거리가 멀었다.

자유와 시장에 대한 옹호에 기초하여 새로운 사회를 창설할 줄 알았던 이들과 봉건적 세계와 그 지대地代 안에서 정체되어 있던 이들 사이의 경계는 고착되어 있다. 그 원인을 찾기 위해 마르크스, 다윈, 좀바르트 등 많은 학자가 둘 사이의 차이가 무엇인지를 제시해왔다. (프로테스탄티즘을 개인주의적 근대성과 자본주의의 근원으로 보았던) 막스 베버는 둘 사이를 구분 짓는 것은 종교적 차이라고 보았다. 하지만 내가 보기에 그 둘을 구분 짓는 것은 바다와 육지, 선원과 농부의 차이다. 승리자들 중에는 네덜란드와 영국과 미국의 프로테스탄트만 있는 것이 아니라, 플랑드르와 베네치아의 가톨릭 신자들도 있고, 스리위자야의 불교 신자들과 힌두교 신자들도 있다. 또한 패배자들 중에는 중국의 도교 신자들과 불교 신자들은 물론 프랑스의 가톨릭 신자들과 독일의 프로테스탄트, 러시아의 정교회 신자들과 인도의 힌두교 신자들도 있다.

승리자들은 이러저러한 방식으로 자유의 이데올로기를 발전시키면서 개인과, 세계에 대한 개인의 관계를 예찬했다.[12] 자유는 적어도 바다의 지배자들을 위한 것이었다. 베네치아도 브뤼헤도 민주정은 아니었음에도, 그곳에서 바다에 대한 관계를 통제하는 이들은 자유로웠다. 우선 선원들이 노예였던 경우는 매우 드물다. 물론 자본주의 시장의 나머지 부분에서, 이론상 자유인이었던 선원들의 다수가 견딜 수 없을 만큼 착취당하는 노예 상태에 있었던 것이 사실이긴 하다.

베네치아의 상인이나 플랑드르의 부르주아는 프랑스나 중국의 봉건 제후보다 거의 무한대로 더 자유로웠다. 민주적 이상은 무엇보다도 먼저 부르주아의 이상이자 상인의 이상이었고, 민주적 이상과 바다는 매우 강력하게 연결되어 있었다.

결국 앞서 이야기한 모든 내용이 보여주듯이, 어떠한 해양 국가에서도 독재가 오래도록 지속되지 못했다. 적어도 해양 국가를 다스리는 큰 집단에서는 독재가 지속되지 못했다. 역으로, 독재가 오래 지속된 어떠한 국가에서도 해양 관련 분야를 발전시키지 못했다.

또한 어제와 오늘의 독재국가들이 해양 강대국이 되기를 주저했다는 데는 의심의 여지가 없다. 설사 그들에게 기회가 없었다 해도 그러하다. 독재국가들은 바다에서 잃게 될 것이 너무 많았기 때문이다.

바다는 탈주의 길

연안에 위치한 강대국이 독재국가일 경우, 바다는 자유를 찾는 이들이 탈주하기에 아주 좋은 장소가 된다. 이미 고대에도 도망 중인 노예들은 바다를 향해 달아났다. 그들이 안심할 수 있는 확실한 장소를 찾기란 쉽지 않았다. 동지중해 항구도시들의 여관에서 그들의 흔적이 종종 발견되곤 한다. 때로는 성경의 〈탈출기〉에서처럼 바다가 갈라져 자유로 향한 길을 그들에게 열어주었을지도 모른다. 히브리인들이 파라오에게서 달아나 홍해를 건넜다는 이야기 또한 노예 신분으로부터의 탈출로 이해되어야 한다. 성경의 다른 이야기에서와 마찬가지로, 바다는 무정형의 은유, 난센스의 은유로서, 스스로를 해방하고 세상에 의미를 부여하기 위해 가로질러야 할 것, 넘어서야 할 것을 의미한다. 훨씬 뒤에 오는 카를 융에게도 바다는 이성으로부터 자유로운 무의식의 상징이 된다.

때로는 더욱 간단하게, 바다는 도망자들을 더 호의적인 곳으로 옮겨주었다. 훨씬 더 먼 옛날 고대인들은 견딜 수 없는 삶의 조건에서 달아나기 위해 바다를 통해 다른 곳으로 옮겨갔다. 마찬가지로 16세기 이래 수천만 명의 유럽인들이 유럽이 허락하지 않은 자유를 찾아 아메리카로 떠났고, 원주민 말살을 토대로 스스로의 해방을 이루었다. 그리고 그것은 우연한 일이 아니었다. 19세기 말 이래로 바다로 와서 뉴욕 항구에 내리는 이민자들이 처음 만나는 기념물은 엘리스섬에 서 있는 자유의 여신상이었다. 이 기념물은 자유의 이상향에 세워진 새로운 국가의 탄생 100주년을 맞아 프랑스가 미국에 선물한 것이었다.

마찬가지로 근래에 존재했던 해안의 독재국가들에서는 탈주하고자 하는 사람들을 가리켜 배를 탄 여행자들이라고 불렀다. 쿠바의 발세로스, 베트남과 캄보디아의 보트피플이 그러한 예다. 1994년부터 수만 명의 쿠바인들이 140킬로미터의 바다를 건너 플로리다에 닿았다. 플로리다에는 해외로 이주한 쿠바인들의 4분의 3이 거주하고 있다. 1975년부터 1985년까지 보트피플 80만 명을 포함해 100만 명이 넘는 베트남인들이 목숨을 걸고 조국에서 탈출했다.

오늘날에도 독재 정부나 내전이나 기아를 피해 달아나고자 수천수만 명의 사람들이 바닷길로 나선다. 그들은 해안을 따라 세네갈에서 모로코로, 튀니지에서 터키로, 소말리아에서 리비아와 이탈리아로, 자유로이 살 수 있다는 작은 기회를 잡기 위해 익사할 위험을 무릅쓰고 아프리카를 떠난다. 2016년 한 해에만 30만 명이 지중해를 건넜다. 2000년 이후 지중해를 건너다 목숨을 잃은 사람은 2만 2000명이다. 연간 1500명 꼴이다. '아프리카의 뿔'이라 불리는 지역〔아덴만 남쪽으로 튀어나온 소말리아반도 지역〕에서는 2016년 한 해 동안 8만 2680명이 아덴만과 홍해를 건넜다. 이들은 주로 소말리아인과 에티오피아인이었다. 같은 해에 거의

10만 6000명에 달하는 이주민이 예멘에 가기 위해 아프리카의 뿔 지역으로 몰려들었다. 이 수치는 한 해 전인 2015년에는 9만 2446명이었고, 10년 전인 2006년에는 2만 5898명에 불과했었다. 동남아시아에서는 미얀마인들과 방글라데시인들이 배를 타고 말라카 해협을 지나거나 벵골만을 가로질러 태국과 말레이시아로 넘어가고자 시도했다. 2016년 카리브해 섬들에서는 적어도 4775명이 가난에서 벗어나기 위해서 혹은 망명지를 찾아 배를 빌려 타고 미국으로 향했다. 같은 해에 전 세계에서 바다를 건너다 익사한 이주민은 3만 명이나 된다.

바다는 영웅들이 누리는 자유의 원천

바다와 자유의 상관관계는 모든 민족의 문학에서도 발견된다. 바다는 운동과 자유를 사랑하는 모든 이들에 의해 칭송된다. 운동과 자유를 사랑하지 않는 사람은 바다도 사랑하지 않는다. 그들은 단지 바다를 예상할 수 없는 온갖 위험이 도사리거나, 오직 신들의 결정만을 따라야 하는 곳으로 여긴다.[137]

이는 모든 민족의 설화와 전설에서도 마찬가지다. 바이킹에게 바다는 굴복시켜야 하는 힘의 상징이었다. 《우파니샤드》[힌두교의 이론과 사상의 토대를 이루는 문헌의 집성체]에서 바다는 평화의 상징이며, 명상과 신비적 통찰의 대상이다. 서사시 《길가메시》에는 앞서 살펴보았듯이 대홍수와 거기서 구원된 이들의 자유에 관한 최초의 이야기가 담겨 있다. 켈트족 설화에서 바다는 영웅이 자신의 신원을 바꾸고 자기 목숨을 다시 살릴 수 있는 도주의 공간이다. 시베리아와 아메리카의 우주 생성 설화에서 우주의 끝은 바다이며, 몇몇 사람들은 바다를 통해 다음 우주로 빠져나갈 수 있다.

그리스 신화에서 바다는 미궁에서 빠져나온 테세우스가 미노스 왕을 피해 그의 딸 아리아드네와 함께 달아난 곳이다. 바다는 또한 테세우스의 아버지 아이게우스가 죽은 곳이다. 그는 아들의 생환을 기다리다 아들이 타고 오는 배의 돛 색깔을 잘못 보고 바다에 투신했다.[136] 호메로스에게 바다는 오디세우스가 항해한 공간이었다. 그의 모험은 처음엔 트로이로 달아난 헬레네를 찾아오기 위한 모험이었으나, 결국엔 조국과 아내를 되찾기 위한 모험이 되었다.[60] 오디세우스는 참된 뱃사람이었다. 그는 온갖 돛에 대해 다 알고 있었다. "그의 눈은 플레이아데스성단과, 너무 늦게 지는 목동자리와, 수레자리라고도 불리는 큰곰자리에 고정되었다. 단 하나의 별도 바닷물에 뛰어드는 일은 절대 없었다. 그는 대체로 큰곰자리를 왼쪽에 유지한 채 바닷길로 항해했다."(V: 270~278) 그렇게 함으로써 오디세우스는 계속 동쪽으로 갈 수 있었다. 사람들은 17세기까지도 줄곧 이와 같은 방식으로 항해했다. 하지만 오디세우스는 다른 모든 뱃사람처럼 바다에 있는 위험들을 알고 있었다. 그는 "바다의 소용돌이와, 바다의 공포와, 바다의 위험을"(V:174) 두려워했다. 그 모든 모험이 끝난 뒤에 오디세우스는 승리의 기쁨을 만끽하며 고향과 가족에게로 돌아왔다.[136]

오디세우스 이후 몇 세기가 흐른 뒤 위대한 항해사 플라톤은 자신이 설득해보려는 지도자들을 만나기 위해 지중해를 가로질러 항해했다. 하지만 여러 차례 폭풍을 만나 배가 난파되는 일을 겪고 나서는 바다를 철학의 원수로 여겼다. 플라톤이 그토록 집착했던 질서를 바다는 거부했기 때문이다.[142] 플라톤이 말하길, 바다는 지나칠 만큼 통상과 민주주의에 관련되어 있다. 통상과 민주주의 두 가지 모두 플라톤이 경멸하던 것들이다. "사실 한 나라가 바다에 인접해 있다는 것은 일상생활에 즐거움을 준다. 하지만 현실적으로는 그런 이웃 관계는 짜고 씁쓸한 것이다. 바다는 상거래에 관한 일들로 도시를 가득 채우면서, 사람들의 영혼 속에 불안정하고 불성실한 풍속을 낳는다. 바다는 타인에 대한 경계심과 적대감으로 도시를 가득 채운다."[142] 그런데 다른 한편으로 플라톤이 보기에, 바다에서는 자신의 목숨을 전문가에게 내어 맡겨야만 살아남을수 있다. 국가는 하나의 선박처럼 운영되어야 하며, 그러하기에 민주주의는 들어설 자리가 없다. 더욱이 우리가 민주주의를 신뢰해 국가를 민주정에 맡길 경우, 세상은 마치 자기가 어디로 가는지조차 모르는 무지하고 변덕스러운 사람들로 가득 찬, "바보들의 배"와 같아질 것이라고 플라톤은 말했다.[142]

로마에서는 베르길리우스가 《아이네이스》에서 아이네이아스의 이야기를 노래했다. 아이네이아스는 아프로디테 여신과 인간 사이에서 태어난 반신半神이었다. 그는 트로이가 아카이아인들의 손에 무너질 때 카르타고로 달아났는데, 카르타고의 여왕 디도가 그를 보고 반했다.

이후에도 바다는 해양 국가들의 온갖 문학 속에 등장했다. 거기에는 언제나 바다가 품고 있는 위험에 대한 두려움과 자유를 향한 흥분이 함께했다. 적어도 바다의 의미를 받아들이는 민족들에게는 그러했다.

영문학 또한 마찬가지였다. 중세 이래로 영국 작가들은 영국이 섬나라라는 사실에 대한 근심을 기술해왔다. 그리고 그들은 바다에서 운명의 지배자를 보았으며, 이상을 추구할 수 있는 장소를 찾았다. 예를 들어 가장 오래된 필사본의 연대가 12세기까지 거슬러 올라가는 〈성 브렌던의 여행Voyage of Saint Brendan〉 이야기는 6세기에 살았던 수도원장 브렌던의 기나긴 여행에 관한 것이다. 그는 에덴동산을 찾기 위해 아일랜드의 서쪽으로 떠났고 (오늘날 아소르스제도일지도 모르는) 섬들을 발견했다고 한다.[84] 같은 시대에 월터 맵〔영국 헨리 2세의 궁정 대신이었던 작가〕은 《궁정인들의 한담De nugis curialum》에서 '바닷사람'이라 불린 니컬러스 파이프의 이야기를 들려준다. 그는 "바다 속에서 물고기와 함께 … 오랫동안 숨을 쉬지 않고도 살" 수 있는 능력이 있었다고 한다. 13세기의 켈트 소설 《페를레스바우스Perlesvaus》[131]는 기사 페르스발이 "기적의 배"를 타고 성배를 찾아 성배의 성으로 떠나는 이야기를 들려준다. 또한 같은 시기의 다른 이야기에서, 사랑의 묘약으로 운명이 바뀌어버린 기사 트리스탄은 자유를 되찾고자 한다.

조금 더 시간이 흐른 뒤 1610년경에 출간된 셰익스피어의 마지막 작품 《템페스트》[104]는 바다에서 영감을 얻은 문학 전체의 결정체다. 우리는 이 작품에서 에라스뮈스의 《난파선Naufragium》(1523)을 비롯해 여러 작품과 이야기의 구절들을 볼 수 있다.[237] 윌리엄 스트레이치의 《기사 토머스 게이츠 경의 고난과 구원에 관한 진실된 보고True Repertory of the Wracke and Redemption of Sir Thomas Gates, Knight》는 1609년 버뮤다 근처에서 벌어진 시벤처호의 난파 사건을 이야기한다. 1519년 마젤란을 따라 탐험에 나섰다가 마젤란이 죽게 되는 막탄섬 전투에도 참여했던 로도스 출신의 기사 안토니오 피가페타의 이야기도 있다. 몽테뉴가 《수상록》에서 제시한 것에 가까운 카리브제도에 대한 묘사도 있으며, 오비디우스에게서 직접 취한 대화도 보인다.[237] 《템페스트》에서 바다는 일탈의 방도이며, 온갖 위험의 장소이고, 섬에 표류한 모든 난파선의 포로들에겐 자유의 길이다.

1719년에 출간된 대니얼 디포의 《로빈슨 크루소》[39]는 1651년 해적들의 공격으로 표류하다 1659년 한 섬에 닿게 된 선원의 모험을 이야기했다. 그는 섬에서 벗어나기를 포기한 채 28년을 그곳에서 보냈다. 디포가 그다음에 쓴 《몰 플랜더스Moll Flanders》는 런던의 뉴게이트 감옥에서 태어난 젊은 여자의 이야기였다. 그녀는 영국을 떠나 영국 식민지였던 버지니아에 정착하기로 결심했다. 이 이야기에서도 바다는 자유에 대한 희망을 상징한다.

1789년 새뮤얼 콜리지는 자신의 시 〈옛 뱃사람의 운韻Rime of the Ancient Mariner〉에서, 바다를 사람의 손이 닿지 않은 자연의 왕국이자 모든 문명의 위협에서 벗어난 피난처로 묘사했다.[227]

1816년 바이런은 그리스의 자유를 위해 싸우러 떠나 결국 목숨을 잃기 전에, 자신의 장시 〈차일드 해럴드의 편력〉에서 우리가 바다에서 찾을 수 있는 자유에 관한 경이로운 성찰을 제시한다.

길 없는 숲 속에 기쁨이 있다
외로운 물가에 황홀이 있다
아무도 침범하지 않는 곳에 사귐이 있다
깊은 바다 곁, 그 함성의 음악에

바이런에게 바다란 이기려면 그 갈기를 붙잡아야만 하는 야수였다.

미국 작가들도 뒤를 이었다. 월터 스콧의 《해적The Pirate》에 대한 응답으로 1821년 제임스 페니모어 쿠퍼가 《파일럿The Pilot》을 쓰고, 그것을 미국인 정체성의 상징으로 삼았다. 열일곱 살에 해군에 입대한 그는 사냥꾼들과 아메리카 인디언들에 관한 책으로 유명해졌고, 《미국 해군의 역사The History of the Navy of the United States of America》를 저술하기도 했다.

1838년에는 에드거 앨런 포의 유일한 소설이자 대표작인 《아서 고든 핌의 모험》이 출간되었다. 이 작품은 단단한 육지와 그 야만성에서 달아나 바다로 되돌아가기 위해 고래잡이 어선에 탄 한 선원의 모험—난파, 폭동, 식인—을 이야기한다. 허먼 멜빌은 이 책을 무척이나 동경했다고 한다. 그 자신이 고래잡이 어선의 선원이기도 했던 멜빌은 1851년 《모비딕》[83]을 썼다. 그는 이 소설에서 포경선 피쿼드호의 에이허브 선장이 사납기로 유명한 흰 향유고래 모비딕을 잡으려는 생각에 얼마나 집착하고 있었는지를 이야기했다. 이는 강박적이고 파괴적인 기투企投의 전형이 되었다.

이와 같은 강박은 조금 더 시간이 흐른 뒤, 《섬의 추방자An Outcast of the Islands》(1896), 《어둠의 심연Heart of Darkness》(1899), 《로드 짐Lord Jim》(1900) 등 조지프 콘래드의 여러 작품에 다시 등장한다.[31] 콘래드 또한 본래 선원이었으며, 이후에 영국과 프랑스 상선의 선장이 되기도 했다. 그는 《태풍Typhoon》(1903)에서, 풍랑이 닥쳤을 때 선원들이 처음 보인 겁에 질린 반응과 그 요인들에 맞서는 그들의 용기를 삶의 한 교훈처럼 그려낸다. 어쩌면 다른 모든 작품보다도, 1921년에 출간된 B. 트라번의 천재적인 소설 《죽음의 배Das totenschiff》란 작품이 있다. 수수께끼 속에 감추어진 작가 트라번은 이 소설에서 결국 침몰할 운명인 배에 탄 선원들의 지옥 같은 삶을 묘사한다. 트라번이 쓴 다른 소설 《시에라 마드레의 황금Der Schatz der Sierra Madre》에 대해 아인슈타인은 이렇게 말했다. "내가 무인도에 가는데 책을 딱 한 권만 가져가야 한다면 트라번의 책을 가져갈 것이다."

그밖에도 수많은 미국 문학 작품들이 바다를 내적 자유를 향한, 더 깊은 자아를 발견하기 위한 길로 여겼다. 1952년 어니스트 헤밍웨이는 《노인과 바다》[58]에서 쿠바의 작은 항구에 사는 경험 많은 늙은 어부의 이야기를 들려준다. 그를 구제 불능이라 여기는 마을 사람들의 존경을 받기 위해 늙은 어부는 청새치와 사투를 벌여야 했다. 결국 노인은 청새치를 잡아놓고도 남은 잔해밖에는 가져올 수 없었지만, 결국 이웃들의 존경을 되찾는다.

반대로 다른 문학 작품들은 바다에 대해 거의 이야기하지 않았다. 다만 이상향으로 그리거나 어떤 환상적인 세계, 혹은 환상적인 이야기의 계기가 되는, 이 세상 바깥의 비현실적 배경으로 그릴 뿐이었다. 14세기에 등장한 《천일야화》[68]에서 그러한 예를 볼 수 있다. 부유한 상인이었던 신드바드는 여러 차례 난파 사고를 겪고 호의적이지 않은 여러 지방을 다니며 온갖 모험을 해야 했던 일곱 차례의 항해 이야기를 들려준다.

마찬가지로 프랑스 문학에서도 바다는 거의 등장하지 않는다. 그나마 바다 이야기를 할 때에도 바다에 대한 부정적 이미지를 주는 것이 일반적이다.

우선, 보들레르는 그토록 유명한 시에서 온통 프랑스와 바다의 관계에 대해 이야기하고 있다.

자유인이여, 너는 언제나 바다를 사랑할 것이라!

바다는 너의 거울이니, 너는 네 영혼을 비추어 본다

무한히 펼쳐지는 파도 속에

너의 정신 또한 그에 못지않게 가혹한 심연이라

…

그럼에도 셀 수 없는 세월이 흐르도록

너희들은 연민도 후회도 없이 싸우니

그토록 살육과 죽음을 사랑하는구나

영원한 투사들이여, 냉혹한 형제들이여![17]

퇴역 선원이기도 했던 외젠 쉬는 초기 소설들 《해적 케르녹Kernok le pirate》(1830),[112] 《아타르-굴Atar-Gull》(1831), 《살라망드르La Salamandre》(1832)[113]를 바다에 헌정했다. 오래도록 섬에 망명해 있던 동안에 바다에서 본 것이라고는 폭풍밖에 없었던 빅토르 위고는 1866년《바다의 일꾼들Les Travailleurs de la mer》[61]에서 이렇게 썼다. "바다처럼 먹이를 갈가리 찢어놓는 짐승은 없다. 바닷물은 발톱으로 가득하다. 바람은 물어뜯고, 파도는 집어삼킨다. 물결은 턱뼈와 같다. 그것은 떼어내는 동시에 부수어버린다. 바다는 사자의 발처럼 내려친다."

같은 시기에 영불해협과 대서양에서 (처음엔 작은 돛단배를 타다가 나중에는 11명의 승조원이 있는 증기기관 요트를 타고) 정기적으로 항해했으며, 에드거 앨런 포의 소설을 무척 동경하기도 했던 쥘 베른은 《해저 2만 리》에서 인간이 바다와 물고기의 적이라고 말한다.

그 뒤에 등장한 앙리 드 몽프레와 피에르 로티를 비롯해 베르나르 지로도, 올리비에 드 케르소종, 에리크 오르세나, 얀 케펠렉 등 본인이 항해사이기도 했던 작가들은 독자가 바다와 함께 꿈꿀 수 있게 하는 법을 알았다.

마찬가지로 바다는 러시아, 독일, 중국, 스페인 문학에서도 사실상 부재했다. 물론 세르반테스는 오랫동안 선원으로 일했으며, 이사크 바벨은 오데사의 항구와 유대인 게토를 경이로울 정도로 잘 묘사하긴 했다.

바다는 영화 속 자유의 원천

문학의 뒤를 이어 등장한 영화 또한 동일한 기준을 따랐다. 바다는 해양 민족들을 위한 모험의 영역이었다. 달아나야 할, 타인들을 위한, 적대적인 장소였다.

미국 영화들은 문학과 마찬가지로 인물들을 드러내고 삶의 교훈을 제시하는 해양 모험을 그리는 경우가 많다. 1941년 영화 〈애틀랜틱 페리 Atlantic Ferry〉[241]에서 월터 포드는 1830년대에 두 형제가 그들의 새 범선이 난파당한 뒤에 어떻게 최초의 증기선 건조에 착수하게 되었는지를 보여주었다. 앨프리드 히치콕의 〈구명보트〉(1944)[244]는 독일 잠수함에 의해 침몰당한 미국 선박의 이야기를 재현했다. 생존자들은 서로 다른 사회 계층 출신이었지만 모두 하나의 구명보트를 타고 줄로 서로를 묶어서 살아남는다. 찰스 프렌드의 〈잔인한 바다 The Cruel Sea〉(1953)[242]는 한밤중에 배가 어뢰 공격을 당해 구조선에 옮겨 타려고 애쓰던 승무원들의 시선으로 대서양 해전을 이야기했다.[175] 1956년에는 마이클 파월의

〈플라타강 전투The Battle of the River Plate〉[245]가 그러했다. 스티븐 스필버 그의 1975년작 〈죠스〉[246]는 한 도시 전체를 공포에 떨게 한 백상어에 관한 이야기를 스크린에 담았다. 존 맥티어난의 1990년작 〈붉은 10월〉[248]은 조국을 배신한 러시아 최신 잠수함의 모험담을 그려냈다. 이어서 1997년에는 제임스 캐머런의 〈타이타닉〉[249]이 나왔고, 2003년에는 18세기 해적들과 해병들의 삶을 보여주는 최고의 영화라고 할 수 있는 피터 위어의 〈마스터 앤드 커맨더〉[250]가 나왔다. 그리고 2013년에 나온 〈캡틴 필립스〉[252]는 소말리아 해적에게 나포된 미국 컨테이너선에 관한 이야기를 그렸다.[175]

프랑스 영화인들은 바다에 대해 거의 이야기하지 않았다. 적어도 극영화에서는 그렇다. 1907년 조르주 멜리에스는 소설 《해저 2만 리》[239]를 영화로 개작했는데, 바다를 적대적인 공간으로 묘사했다. 1941년 장 그레미용이 만든 〈폭풍우Remorques〉[240]는 멋진 브레스트를 배경으로 바다를 향한 사랑 이야기를 들려준다.

프랑스 영화인들은 1956년 칸 영화제 황금종려상을 받은 자크-이브 쿠스토와 루이 말의 〈침묵의 세계Le Monde du Silence〉[243]를 통해 해양 다큐멘터리라는 장르를 창조했다. 쿠스토는 이러한 방식으로 바다를 세계적인 무대 앞에 올려놓은 최초의 인물이다. 그는 40년 동안 자신의 배 칼립소호를 타고 바다를 누볐고, 수천 시간에 달하는 다큐멘터리를 만들어냈다. 1988년에는 뤽 베송의 〈그랑블루〉[247]가 나왔다. 뤽 베송은 이 영화에서 호흡장치 없이 바다로 뛰어드는 다이버들을 보여주는데, 그중한 명이 깊은 바다에서 정신을 잃고 결국 숨을 거두는 사고가 발생하면서 이야기가 전개된다. 2009년에는 자크 페랭과 자크 클뤼조의 〈오션스〉[251]

가 나왔다. 그밖에 망텔로 형제의 3D영화처럼 심해의 모습을 실감나게 보여주는 영화들도 있다.

바다에서 펼쳐지는 자유의 경연

오늘날 이러한 모험정신은 대체로 바다에서 벌어지는 요트 경주에서 볼 수 있다. 하지만 바다에서 펼쳐지는 경주는 자유의 욕망을 이상화하면서 선원들의 비참함은 가려버린다. 자동차 경주가 그러하듯이 엄청난 기술 발전의 경연장이 되어버리고 말았다.

더욱이 그러한 경주를 즐겼고, 또 여전히 즐기고 있는 나라는 바다를 지배하는 나라들이다. 프랑스도 이제는 그중 한자리를 차지한 듯하니, 어쩌면 바다에 대한 각성을 기대해도 좋을 듯하다.

바다 위에서 벌어지는 경주 중에 가장 오래된 것은 아메리카스 컵이다. 아메리카스 컵이라는 이름과 달리, 19세기 영국에서 처음 개최되었다. 당시는 런던이 세계 경제의 '심장'이었던 시기다. 아메리카스 컵은 이 대회에서 처음 우승한 배의 이름이다. 1851년 열린 만국박람회를 기념하여 요트 경주가 열렸고, 뉴욕 요트 클럽의 아메리카호가 우승을 차지했다. 미국에서 남북전쟁이 벌어지면서 대회가 중단되었다가, 1870년에 재개되었다. 이후로는 다수의 국제 요트 클럽에 의해 3~4년마다 개최되고 있다. 최근에는 오클랜드(2003), 발랑스(2007, 2010), 샌프란시스코(2013), 버뮤다(2017년 6월)에서 열렸다. 다음 개최지는 뉴질랜드로 예정되어 있다.

이러한 경주들은 새로운 배와 새로운 기술을 시험해보는 기회가 된다. 1960년대 에리크 타바를리는 레이스에 나가기 위해 알루미늄과 카본을 소재로 사용하고, 속도 제어장치를 장착한 최초의 3동선胴船〔배의 양측면에 작은 동체를 부가한 배〕을 제작했다. 실제로 이 배는 최초의 수중익선(일정한 속도에 도달하면 수면 위로 떠서 달릴 수 있는 배)이었다. 배의 소재로 쓰이던 철, 면이나 마가 나일론과 테블라 같은 합성소재로 대체된 것도 이러한 경주 덕분이었다. 방데글로브에서는 최초의 전자 카드를 시험했고, 이후에 이 전자 카드가 모든 배에서 종이 카드를 대체했다. 또한 최초의 수중익선을 시험했던 것도 이런 경주에서였다. 수중익선은 돛을 단 요트가 물 위로 떠서 달림으로써 바람보다 세 배 빠른 속도에 도달하는 것이 가능하다.

바다에서 최고 속도 기록은 1978년 오스트레일리아의 켄 워비가 스피릿오브오스트레일리아호를 타고 세운 시속 511킬로미터다. 이 배는 전투기에서 가져온 6000마력의 제트 엔진과 지느러미 용골을 갖춘 수상활주정이었다. 2017년까지 범선이 세운 세계 기록들은 모두 프랑스 선원들이 가지고 있다. 24시간 동안 범선으로 도달한 거리는 2009년 프랑스인 선장 파스칼 비데고리가 세운 908해리가 최장 기록이다. 2016년 프랑시스 주아용은 5일 21시간 만에 인도양을 횡단했다. 그리고 같은 해에 7일 21시간 만에 태평양을 횡단했다. 2017년 7월에 대서양을 횡단했을 때는, 승무원과 함께한 경우엔 3일 15시간이 걸렸고 승무원 없이 홀로 한 경우엔 5일 2시간 7분이 걸렸다. 승무원과 함께하되 중간 기항 없이 한 세계 일주 기록 역시 프랑시스 주아용이 2017년 초에 세운 40일 23시간 30분이다(마젤란의 경우 세계 일주에 3년이 걸렸다). 중간 기항 없이 홀로 항해해 세운 세계 일주 기록은 토마 코비유가 2016년 12월에 세운 것으로 49일 3시간이다.

이런 기록 순위표에서 아시아 국가는 전혀 찾아볼 수 없다. 앞서 살펴보았듯이 세계 조선업이 아시아에 집중되어 있다는 사실과 대조된다. 물론 이런 대회가 바다와 관련된 어떤 특정한 한 차원, 곧 개인주의에 대한 예찬이라는 데는 의심의 여지가 없다. 그럼에도 꼭 필요한, 이를테면 팀으로서 함께 일하는 협동의 의미라든가 규율 같은 것은 전혀 내세우지 않는 것이다. 또한 이러한 대회들은 이제는 존재하지 않는 오락용 범선 항해의 생태계를 전제로 하기 때문이기도 하다.

반면에 해저 탐사를 위한 노력은 별로 없었다. 해저를 탐험한 사람의 수는 우주를 방문한 사람의 수보다 훨씬 적다. 역설적이게도 이 분야의 선구자 오귀스트 피카르는 바다가 전혀 없는 스위스 출신이다. 그는 1948년 세계 최초로 수심 1000미터에 도달했으며, 1953년에는 수심 3150미터 지점까지 이르렀다. 그의 아들 자크 피카르는 1960년에 돈 월시의 도움을 받아 지구에서 가장 깊은 마리아나 해구의 수심 1만 916미터 지점까지 내려가는 데 성공했다. 이 기록은 미국인 영화 감독 제임스 캐머런이 소형 잠수정 딥시챌린저호를 타고 해저를 탐사한 2012년에야 갱신되었다.

마치 인간은 여전히 깊은 바다 속 죽음의 공간에 대한 두려움을 아직 극복하지 못한 듯하다.

해양 레저:
모조된 자유

2016년 한 해 동안 2420만 명이 300척 이상의 크루즈선을 타고 휴가를 즐겼다. 크루즈선은 자유와 바다를 맛보게 하지만 그건 그저 멀리서 바라보는 겉보기에 불과하다. 더욱이 크루즈선의 승무원들은 지옥 같은 생활을 한다.[173] 아주 부유한 퇴직자들 중에는 이런 배에 널찍한 아파트를 소유하고 계속 세계를 일주하며 남은 생의 대부분을 보내는 이들도 있다. 2017년 기준 전 세계에서 실제 운항 중인 레저용 선박은 2500만 척에 이른다. 노르웨이에만 80만 척이 있는데, 인구를 고려하면 6.4명당 한 척을 소유하고 있는 셈이다. 노르웨이 다음으로 스웨덴은 인구 8명당 배 한 척을 소유하고 있다. 미국에는 레저용 선박이 1600만 척이나 있는데, 그중 7퍼센트만이 범선이다. 미국인들은 모터보트를 선호하는 경향이 있다.

다른 한편으로, 개인 요트는 부의 상징이다. 2017년 여름 지중해에서만 길이 24미터 이상 되는 요트 4000척이 항해했다. 길이 180미터 이상의 대형 요트는 가격이 4억 달러에 가깝다. 길이가 140미터 정도 되는 세계에서 가장 큰 범선의 가치도 그 정도다.

프랑스는 길이 24미터 이하 요트 생산에서 유럽의 선두이며, 레저용 선박 생산에서 이탈리아에 이은 세계 2위다. 개인용 대형 선박들은 대체로 뤼르센과 블룸운트포스 같은 기업들에 의해 독일에서 생산된다.

어떤 이들의 자유가 다른 이들에게는 불행이 된다. 바다는 인간의 모순과 희망을 비추는 거울이다.

9

내일의 바다:
바다의 경제

"위대한 예술가인 바다는 죽이기 위해 죽이고,
그 부스러기들을 경멸하듯 바위에 토해낸다."
쥘 르나르, 《일기Journal》, 1887~1892

미래에는 그 어느 때보다도 더 많은 경제력과 영향력이 우주와 디지털 세계로 옮겨갈 것이다. 그럼에도 통상, 권력, 명망, 사상, 평화, 전쟁 그 모두가 여전히 바다 위에서 그리고 바다 아래에서 일어날 것이다.

디지털 분야가 점점 더 큰 역할을 하게 되더라도, 무한한 정보가 인터넷이라는 가상 해양에서 유통되더라도, 바다는 여전히 물질적 교류와 비물질적 교류, 그리고 경제적·문화적·지정학적 권력의 장소이자 주된 관건으로 남을 것이다.

대부분의 물자와 정보는 여전히 바다를 통해 이동할 것이다. 미래의 자원들은 대부분 바다에서 발견될 것이다. 머나먼 과거에 그러했듯이, 경제와 국가의 강점과 약점이 동시에 위치하는 곳 또한 바다가 될 것이다.

역사에서 늘 그래왔듯이, 자국의 바다와 심해를 소중히 여기고 보호할 줄 아는 나라들이 차세대 강대국이 될 것이다. 그러한 나라들이 경쟁 국과의 충돌에서 살아남을 것이다.

육로를 통해서만 교류하려 하거나 안보를 확보하려는 나라는 성공하지 못할 것이다. 바다는 세계적으로 육지보다 더 효율적이고 덜 위험한 공간으로 남을 것이다. 앞으로도 오랫동안 육로나 항공보다 훨씬 더 많은 물자가 훨씬 덜 위험한 방식으로 바다를 통해 운송될 것이다. 미래에도 거의 모든 정보는 해저를 통해 유통될 것이다.

중국, 미국, 캐나다, 오스트레일리아, 인도네시아, 싱가포르, 베트남, 한국, 일본이 이러한 변화의 승리자가 될 것이다. 적어도 이들 나라의 해안 지역은 그러할 것이다. 인도와 나이지리아 역시 장기적인 관점에서 승리자가 될 수 있다. 유럽 또한 어떤 역할을 재발견할 수 있을 것이다. 하지만 그러려면 몇 가지 조건이 충족되어야 한다. 우선 전 세계 해양의 새로운 가능성을 활용하기 위한 프로젝트를 재고해야 하며, 유럽 대륙의 바다와 관련된 측면과 다른 바다에 대한 의존 관계를 확고히 해야 한다. 그리고 가장 강력한 대륙의 두 세력인 프랑스와 독일의 대륙 지향성을 꺾어야 한다.

의심할 바 없이 모든 바다에서, 모든 공간에서 다른 모든 나라를 능가하고 경제적인 초강대국으로 떠오를 나라는 한동안 없을 것이다. 어쩌면 그런 나라는 앞으로도 절대 다시 등장하지 않을지 모른다. 미국은 적어도 중국과 함께 상당히 긴 기간 동안 세계 경제의 패권을 나눠 가져야 할 것이다. 초강력 경제력을 지닌 민간 기업은 이제 존재하지 않을 것이다. 대단한 규모를 지닌 세계적인 다국적 기업이라도 국가를 대신해 바다를 홀로 지배하지는 못할 것이다.

더욱이 놀랍게도 대형 디지털 기업들과 기업가들은 모두 바다보다 우주에 열중하고 있다. 이들은 이윤의 대부분이 바다에서 나오고, 단기적이든 장기적이든 인류의 미래가 바다에 달려 있다는 사실은 염두에 두고 있지 않다. 정의롭고 지속적인 경제활동을 계속해나가려면, 바다의 경제를 전적으로 재고해야 한다. 그렇지 않는다면, 인류의 경제 전체가 붕괴되는 것을 보게 될 것이다.

화물 운송과 해양 경제의 미래

해양 무역은 생산보다 조금 더 빠른 속도로 계속해서 증가할 것이다. 2017년 2월 22일 다자간 무역 원활화 협정(세계무역기구 창설 이후 20년 만에 이 분야에서는 처음 맺어진 협정)이 발효되어 세관 절차와 통관 조건이 간소화되는 만큼 해양 무역의 증가 속도도 더 빨라질 것이다. 이 협정에 따르면 무역 비용은 15퍼센트 줄고, 국제 교역량은 연간 1조 달러 늘 것이다.[162]

결국 해로로 수송되는 전체 물량은 2017년 110억 톤에서 2025년 150억 톤으로 증가할 것으로 보인다. 실로 엄청난 성장이다. 이는 새로운 디지털 경제의 가장 큰 분야들의 성장만큼이나 막대한 것이다. 그럼에도 이 시장의 중요성을 이해하는 기업이나 정부는 여전히 거의 없다.[162]

특히 우리는 철, 보크사이트, 알루미늄, 천연 인광석 등의 광물은 물론 곡물과 원유 수송이 크게 증가하는 것을 목격하게 될 것이다. 컨테이너를 이용한 교역량 또한 곧 증가할 것이다. 단지 유조선만은 과거에 비해 증가 속도가 느려질 텐데, 이는 유조선의 용적과 에너지 산업의 용량이 실제 수요를 초과한 탓이다.[162]

다른 한편으로, 현재부터 2035년까지 크루즈선 승객은 1900만 명에서 5400만 명으로 거의 세 배 가까이 늘 것으로 보인다.[162] 그러므로 이 수요를 충족하기 위해 필요한 선박의 수도 그만큼 늘 것이다. 레저용 선박도 마찬가지다.

이러한 발전이 가져올 생태학적 결과에 대해서는 이 책의 뒷부분에서 고찰하도록 하겠다.

새로운 항로

2030년에는 해상 교역의 태반이 아시아 국가들 사이에서, 그리고 아시아 국가들과 세계의 나머지 국가들 사이에서 이루어질 것이다. 여기에 소요되는 시간을 줄이기 위해 현재부터 2040년까지 새로운 항로들이 개척될 것이다.

우선, 중국 주도로 '일대일로―帶―路' 프로젝트가 진행되고 있다. 이는 인도양과 홍해를 가로지르는 "바다의 실크로드"를 통해 중국을 동아프리카 및 유럽에 다시 연결하려는 사업이다.[191] 68개국, 44억 명의 주민, 세계 총생산의 40퍼센트가 이 사업에 관계된다. 또한 이 사업에는 아제르바이잔의 바쿠와 인도의 콜카타와 같은 항구 개발도 전제된다. 그밖의 지역에서는 이 항로 전체를 따라, 특히 아프리카로 가는 우회로가 있는 인도양 주변에 중국이 자리를 잡아가고 있다. 바다의 실크로드에 더해, 혹은 바다의 실크로드를 대체할, '땅의 실크로드'도 추진되고 있다. 이는 중국 동부에서 카자흐스탄, 터키, 발칸 지역 국가들을 거쳐 런던까지 철로를 연결하는 거대한 사업이다. 하지만 이 사업은 중국이 서역을 통한 육상 무역을 위해 자국의 항구들을 오히려 약화시키는 결과를 가져올 것이다.[191] 지난 2000년 동안 지속된 바다에 대한 중국의 불신이 결국 회귀하리라는 희미한 신호인 것만 같다.

현재의 태평양 무역을 훨씬 단축된 경로로 돌리기 위한 또 다른 길도 열리게 될 것이다. 이들 항로가 열리기만 한다면 모든 게 뒤바뀔 것이다.[128]

장기적으로 큰 문제가 될 지구 온난화 현상으로 인해 적어도 2개의 새 항로가 북해를 가로질러 열릴 것이다. 하나는 유럽을 향한 것이고 다른

새로운 실크로드

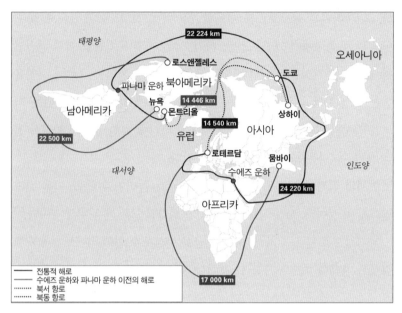

전 세계 해로

하나는 아메리카를 향한 것으로, 이 두 항로를 택할 경우 수에즈 운하와 파나마 운하를 경유할 필요가 없으므로 아시아에서 서방으로 가는 거리와 시간이 30퍼센트 단축된다.

'북동 항로'는 (러시아 해안을 따라 이어지며, 오늘날에는 쇄빙선만 통과할 수 있지만 앞으로는 공해의 어떠한 선박이라도 접근이 가능해질 것이므로) 북극점 인근을 경유해 아시아와 유럽을 연결할 수 있다. 수에즈 운하와 지중해를 거치지 않아도 되기 때문에 이동 시간의 3분의 1가량이 단축된다.

'북서 항로'[14]를 택할 경우, 아시아에서 베링 해협을 경유해 북극과 캐나다의 섬들을 지나 미국 해안까지 화물을 운송할 수 있다. 파나마 운하를 경유할 필요가 없기 때문에, 오늘날 23일 걸리는 것에서 8일을 더

바다의 시간

북서 항로

줄일 수 있다.

지구 온난화가 계속될 경우, 2040년부터는 여름철에 새로운 두 항로를 이용하는 것이 가능할 것으로 보인다. 이들 항로는 분명히 캐나다와 미국, 발트해와 북유럽의 여러 항구에 엄청난 이익을 가져다줄 것이다. 반대로 미국 서해안, 멕시코만, 지중해, 대서양, 영국해협(르아브르)의 항구들은 활기를 잃을 것이다.

더욱 직접적으로 북극을 관통하는 제3의 항로는, 2050년까지는 120미터의 빙산을 깰 수 있는 배라면 접근할 수 있게 될 것이다. 그렇게 되면 이동 시간 역시 상당히 줄어들게 된다.

물론 세 항로 모두 북극의 빙산과 생태계를 심각하게 파괴할 것이다.

미래 해양 세계의 거대 기업들

오늘날 주요 선주들은 현재의 지위를 그대로 유지할 만하다.

코펜하겐에 본부를 둔 덴마크 회사 A. P. 몰러-머스크는 덴마크 제1의 기업이며, 세계 제1의 해운회사이자 세계 최대의 컨테이너선 선주다. 이 회사는 세계에서 가장 큰 선단을 보유하고 있다. 총 1595척의 선박과 석유 플랫폼이 이 회사의 소유다. 제네바에 본부를 둔 이탈리아 회사 메디테라니언 시핑 컴퍼니MSC는 세계 2위의 해운회사다. 이 회사의 연간 수익은 대략 250억 달러에 달한다. 프랑스 회사 CMA-CGM은 해양 컨테이너 운송 분야에서 세계 3위다. 428척으로 구성된 선단을 운영하며, 주요 간선 항로와 지선 항로를 모두 포함해 170개 항로에 출항한다. 또한 몰타, 탕헤르, 코르파칸, 포트클랑, 킹스턴에 총 5개의 수송 허브를 가지고 있다. 베이징에 본부를 둔 차이나 코스코 홀딩스는 중국 1위, 세계 4위의 선주로 130척의 컨테이너선을 포함해 총 550척의 선박을 보유하고 있다.[28]

물론 우리는 건축의 개념과 선박 건조에 필요한 수많은 능력을 조합해 강한 인상을 남기는 새로운 선박 제조사들을 보게 될 것이다. 그런 회사로 스카이세일스, 롤스로이스, 토요타, 에코마린파워 등이 있다.

장기간에 걸쳐 다소간에 실현 가능성이 있는 해양 프로젝트에서 새로운 기업들이 파생되어 나오기도 할 것이다. 이런 프로젝트의 예를 들어 보면, 자크 루즈리의 반잠수정 탐사선 시오비터호, DCNS〔프랑스의 군수용 선박 제조 기업〕의 핵잠수함 플렉스블루호, 장-루이 에티엔의 해양 탐사선 폴라파드호 등이 있다. 또한 페이팔의 창업자 피터 틸이 자금을 대고

시스테딩인스티튜트가 추진하는 폴리네시아의 수상 도시와 일본의 거대 건설기업 시미즈가 추진하는 해저 도시 오션스파이럴 같은 프로젝트도 있다.

해양 운송의 새로운 기술들

컨테이너선들은 점점 더 커지고 점점 덜 무거워질 것이다. 또한 연료를 덜 소비하고 상호 간 더 연결되며, 환경을 덜 오염시킬 것이다. 이들 가운데 어떤 선박은 승무원 없이 무인으로 운항할 것이다. 롤스로이스에서는 드론에서 영감을 얻어 화물 수송 드론을 제안했다. 육상의 관제센터에서 조종하는 이 화물 수송 드론에는 인공지능을 장착하고, 오염물질을 덜 배출하면서도 연료는 15~20퍼센트 덜 쓰는 모터를 설치했다. 선박의 자동화를 향한 이러한 큰 변화를 지체시키는 것은 해양 노동자들을 착취하는 끔찍한 여건뿐이다.[226]

컨테이너 또한 태양 에너지로 냉난방이 이루어지고, 인터넷에 연결되어 고객들에게 위치 정보를 계속해서 제공하게 될 것이다.

전기 추진 장치가 더욱더 중요해져서, 결국엔 태양광 전지로 선체를 덮어 에너지를 자급하는 선박이 나올 것이다. 2009년 토요타에서는 처음으로 화물 수송용 태양 에너지 범선 오리가리더호를 진수했다. 이 배에는 238개의 광전지가 설치되어 운항에 필요한 에너지를 공급한다. 2010년 투라노르 플래닛솔라라는 길이 31미터의 쌍동선(2개의 선체를 연결해 만든 선박)이 등장했다. 태양 에너지로 작동되는 이 배는 청정에너지

홍보를 위해 바다를 누비고 있다. 퓨처13000C는 일본의 프로젝트 화물선이다. 선체가 태양광 전지로 덮여 있고, 열 회수 시스템과 경량 스크루가 장착되었으며 마찰을 줄여주는 외장재로 마무리되었다. 수송 능력이 1만 3000TEU인 이 선박은 오늘날 운항 중인 동급의 다른 선박들보다 30퍼센트 정도 에너지를 덜 소비한다.

풍력을 사용하는 선박들도 있다. 우선은 쿠스토 사령관이 진수한 알시온호가 있고, 안쪽으로 만곡된 49미터 길이의 선체 자체를 거대한 돛처럼 사용하는 빈드스킵호도 있다. 빈드스킵호에는 정교한 항해 프로그램이 장착되어 바람의 방향에 따라 선체의 방향을 조종할 수 있다. 스카이세일스는 연을 띄워 높은 고도에서 부는 바람의 에너지를 이용함으로써 작동한다. 2015년에는 에코마린파워라는 회사에서 풍력과 태양 에너지를 모두 이용할 수 있는 일종의 선박 시제품으로 아쿠아리우스호를 선보였다. 이 배는 수직으로 세워져 회전하는 지능형 태양광 전지로 돛을 대체하고 이산화탄소 배출량을 감소시킨다.

항구에는 더욱 친환경적인 시설과 장비가 설치될 것이다(로테르담의 한 터미널은 이미 완전히 재생 가능한 에너지로만 운용된다). 인공지능이 물류를 담당하고, 발송 기업과 해운회사 사이의 거래, 발송에서 수취까지 이르는 화물 추적을 관리하고 처리할 것이다. 심지어는 자율주행 선박, 열차, 트럭까지도 인공지능이 한 번에 운용할 것이다. 항만 노동자들은 기술자, 로봇공학자, 정보 처리 전문가에게 일자리를 내어주게 될 것이다.

정보통신이 해양 무역을 대체한다면?

언젠가는 이동하는 정보의 가치가 바다와 땅과 하늘을 통해 물리적으로 운송되는 물리적 상품의 가치를 넘어서는 날이 올 것이다. 이는 환경 보호에 가장 크게 이로울 것이다.

디지털 세계의 규모는 2년마다 두 배로 늘어나는데, 이 디지털 정보의 3분의 2는 인터넷, 소셜 네트워크, 디지털 TV, 휴대전화, 사물인터넷 등을 이용하는 개인 사용자들에 의해 창조되고 소비된다. 여기에 기업, 기관, 병원, 보안업체의 정보들이 더해진다. 이 모든 정보가 전송되어야 할 것이다.[126]

장기적으로는 3D프린터가 물리적 운송의 필요성을 더욱더 감소시킬 것이다. 각 개인이 잠재적으로 자기 집에서 저렴한 비용으로 필요한 물건들을 제작할 수 있게 될 테고, 그러면 대량 제조된 물품들과 낱개의 부품들을 운송하는 일이 대부분 시대착오적인 것이 되기 때문이다. 3D프린팅에 필요한 일차적 재료들만 소비될 장소를 향해 배송될 것이다. 이 새로운 기술들이 항만 작업에 끼칠 영향을 평가하기 위해, 로테르담에서는 (세계적인 발전 과정에 미리 앞서서) 연구센터 안에 3D프린팅 실험실을 설치했다.

그 결과 장기적으로 컨테이너 수가 줄고, 항구 이용률 역시 감소할 것이다.

이 정보들을 전송하기 위해, 특히 영구적이고 지구적인 접근성을 요구하는 '결정적' 서비스들을 위해서는, 지하 케이블과 해저 케이블, 그리고 인공위성을 계속해서 동시에 이용해야 한다.

도시 지역 인구의 4분의 3이 전송하는 정보의 95퍼센트를 지하 케이블과 해저 케이블이 담당할 것이다. 우리는 바다 아래에서 기존 케이블 263개에 더해 설치 예정인 케이블 22개를 사용할 것이다. 예정된 케이블 중에는 중국에서 원한 것도 있다. 이들 케이블은 특별히 은행과 시장의 온갖 금융 정보의 전달을 확실히 보장해왔고, 앞으로도 보장할 것이다. 금융 정보 전달이야말로 런던을 오랜 기간 세계 금융의 중심지로 보증해주었다.[169]

케이블 외에도 원웹과 스페이스X 등의 인공위성들이 정보통신에서 약간의 자리를 차지할 것이다. 특히 648개의 인공위성이 산개해 지구 전체를 두를 것이다. 하지만 인공위성은 전 세계 정보 전달에서 얻는 소득의 몇 퍼센트만 차지하고 있을 뿐이다. 인공위성은 미국과 아프리카의 내륙이나 난바다와 같이 사람이 거의 없는 지역에서 전화 연결이 필요한 사람들을 위해 주로 사용된다.

여기에는 역설이 있다. 바다에서는 하늘을 통해서만 통신할 수 있고, 앞으로도 그럴 것이다. 바다를 통하지 않고는 땅에서 통신할 수 없고, 앞으로도 그럴 것이다.

바다는 정착민에게 유랑의 수단들을 줄 것이고, 우주는 유랑민에게 정착의 수단을 줄 것이다.

조만간 개발 가능해질 해저 자원들

바다는 에너지와 희귀한 물질들을 포함한 막대한 자원을 품고 있으며,

이 자원들의 필요성은 점점 더 커지고 있다. 이 자원들을 개발하는 일은 이제 막 시작되었을 뿐이다. 하지만 그것이 생태학적으로 용인 가능한 일인지를 보장하는 것은 아무것도 없다.

2017년 기준으로, 바다에 매장된 탄화수소의 양은 대략 6500억 배럴에 이르는 것으로 추산된다. 이는 이제까지 알려진 세계 석유 매장량의 20퍼센트, 가스 매장량의 30퍼센트를 차지한다. 2017년에 완벽하게 파악된 주요 자원 매장지는 중동 지역의 그리 깊지 않은 지층에 위치한다. 지중해와 기니만(나이지리아, 앙골라)에서는 깊이 1000미터 이상 되는 유전 450개가 확인되었다. 특히 프랑스의 영해인 기아나, 생피에르미클롱, 마요트섬 근해, 뉴칼레도니아에서는 상당한 양의 자원이 발견될 가능성이 있는 것으로 생각된다. 또한 북극해에서도 많은 양의 탄화수소가 발견될 것으로 예측된다.[28]

이러한 자원들은 절대 사용될 수 없을 것이다. 왜냐하면 이중의 생태학적 이유 때문이다. 우선은 해저 환경을 보호해야 하며, 다음으로는 이들 에너지를 소비함으로써 발생하는 이산화탄소 배출 증가를 허용해서는 안 된다.[162]

바다에는 아직 개발되지 않은 희귀 금속들도 있다. 이들은 주로 수십 센티미터 크기의 구나 단괴로 되어 있다. 산화철, 망간, 구리, 코발트, 니켈, 백금, 텔루륨 등이 있고, 그밖에 리튬, 탈륨 같은 희귀 금속도 있다. 1868년 시베리아 인근 북극해의 카라해에서 발견된 것과 같은 이런 단괴형 자원의 주요 매장지는 인도양 북부, 태평양 남동부, 태평양 중앙 북부, 멕시코 서쪽 클라리온-클리퍼턴 단열대의 수심 3500미터에서 6000미터 사이에 있다. 바다에는 이러한 단괴들이 무려 340억 톤가량 있을 것으로 추산된다. 바다 바깥에 매장된 것으로 알려진 자원 전체와 비교할 때, 코발트, 망간, 니켈은 세 배, 탈륨은 6000배가 바다 속 단괴들에 포함되어 있을 것으로 보인다.[162]

바다에는 또한 구리, 아연, 납, 은, 금 외에 (인듐, 게르마늄, 셀레늄 같은) 희귀 원소들이 포함된 온천 황화물도 있다. 주요 매장지는 특히 해저산맥을 따라 위치해 있다. 특히 클라리온-클리퍼턴 단열대와 태평양 북동부에는 코발트 부스러기들이 매장되어 있는데, 총량이 무려 75억 톤에 가까운 것으로 추산된다.

이러한 단괴들과 황화물을 채굴해 이용하는 것은 기술적으로나 생태학적으로나 매우 복잡한 일이 될 것이다. 채굴 기계가 500바의 수압과 해류를 견디고, 산개된 여러 구역을 이동할 수 있어야 한다. 더욱이 이 단괴들이 있는 구역은 대체로 예외적인 생물 다양성을 갖춘 생명의 보고이기도 하다. 당연히 이미 북극해가 보호를 받고 있는 것처럼, 그런 곳은 하나의 성역으로 여겨 절대 개발하지 않을 각오를 하는 것이 좋을 것이다.

바다는 또한 바람, 조수, 해류 등 재생 가능 에너지의 보고이기도 하다. 조수와 해류에서 얻을 수 있는 에너지는 160GW(원자로 160개의 발전량)에 이를 것으로 추산된다. 파도에서 얻을 수 있는 에너지는 1.3~2TW(원자로 1300~2000개의 발전량)이다. 해수의 온도 차를 이용할 경우에는 2000GW, 염도 차를 이용할 경우에는(강물이 바다로 흘러드는 곳에서 나타나는 소금의 농도 차이 이용) 2600GW의 에너지를 얻을 수 있다. 우리는 이러한 에너지를 어떻게 의미 있고 지속 가능한 방식으로 모아들여 사용해야 할지 아직 알지 못한다.[162]

매우 장기적인 관점에서 볼 때, 생물공학, 양식, 담수화 등의 분야에서 기술 발전이 이루어질 텐데, 이에 대해서는 뒤에서 다시 언급하도록 하겠다. 결국 바다는 인류의 제1의 활동 영역은 아니더라도, 농식품 산업을 넘어서서 적어도 인류의 제2의 활동 영역으로 남을 것이다.[162] 하지만 다시 말하건대, 그러한 인류의 활동은 바다의 지속 가능한 존속과 양립 가능한 것이어야 한다.

어느 나라가 경제적으로 바다를 지배할 것인가

역사상 처음으로 군사적으로나 경제적으로 세계를 지배하는 나라가 바다를 경제적으로 지배하지 않는 일이 벌어지고 있다. 미국은 다가올 미래에 세계 최고의 항구들을 보유하지 못할 것이고, 최고의 선박 장비 회사들을 장악하지 못할 것이다.

하지만 미국은 현재 해저 정보통신 분야에서 가장 앞서 있으며, 앞으로 설치될 해저 케이블 분야에서도 지속적으로 앞서 나갈 것이다. 이들 케이블은 미국의 민간 기업들에 의해 기획되고 통제될 것이다. 페이스북과 구글은 이미 미국 버지니아주에서 스페인 빌바오에 이르는 6600킬로미터의 해저 광케이블 설치 사업을 시작했다. 이 케이블은 여덟 쌍의 광섬유로 구성되며, 초기 전송 용량은 초당 160테라비트에 이를 것으로 추산된다. 이는 두 대륙 사이를 잇는 가장 큰 정보 전송 용량이다. 다중망 장비를 통한 대규모의 정보 처리 상호 운용 덕분에 그 용량은 쉽게 증대될 수 있을 것이다.[207] 이 두 미국 회사는 홍콩에서 캘리포니아를 잇는 1만 2800킬로미터의 초고속 해저 광케이블 설치 사업 또한 함께 추진하고 있는데 2018년에 정식 운용에 들어간다.[207] 그밖에도 초당 52테라비트의 용량을 지닌 미국의 또 다른 케이블이 뉴욕과 런던을 이을 예정이다. 그리고 마르세유를 종점으로 해서 미국과 유럽을 직접 이어주던 케이블을 연장해 중동, 인도, 아시아까지 연결하게 될 것이다.

다른 한편으로, 앞으로 수십 년 동안은 인공위성을 통한 정보 전송 또한 미국의 지배를 받을 것이다. 미국 기업인 보잉과 스페이스X는 중단 없는 즉각적인 연결을 보장하기 위해 지구 상공에 일종의 위성군을 펼쳐놓으려는 구상을 가지고, 2020년에서 2030년 사이에 여러 차례 로켓을 발사할 계획이다. 하지만 이러한 인공위성들은 정보 전송 총량에서 매우 작은 부분만을 차지할 것이다.

결국 미국은 (국가와 기업이 뒤섞인 형태로) 적어도 30년 동안은 해저 케이블과 인공위성을 지배하고, 또한 그것들을 통해 전송되는 정보를 지배할 것이다. 특히 미국은 이를 바탕으로 자국에 득이 되도록 해상 항로의 안전을 보장하고, 세계 전역에서 생산되는 가치, 특히 금융, 로봇공학, 인공지능, 뉴스, 지식망, 정보망, 정보 처리, 건강, 교육 등 새로운 분야에서 생산되는 대부분의 가치를 장악하려 하고 있다.

그러므로 바다는 미국의 상대적 패권을 지속적으로 강화할 것이다.

중국은 자국 영역 안에 세계 최고 수준의 항구들을 보유할 것이다. 물리적인 화물 운송의 대부분은 여전히 바다를 통해 이루어질 것이고, 그 가운데 주요 부분을 중국의 항구들에서 담당할 것이다.

2035년경이면 중국은 구세계의 최강대국이 되고, 미국은 여전히 신세계의 최강대국으로 남아 있을 것이다.

이후에는 아마도 중국이 정보산업과 통신 분야에서도 패권을 차지할 것이다. 중국은 자국 영해로부터 태평양, 인도양, 대서양을 가로지르는 해저 케이블 프로젝트에 착수했다. 현재 중국 기업인 화웨이마린이 해저 케이블 프로젝트 46개를 동시에 추진하고 있다. 본래 군사 기업이었던 이 회사는 카메룬의 크리비와 브라질의 포르탈레사를 잇는 6000킬로미터의 해저 케이블 설치 사업의 컨소시엄에 참여하고 있다. 아프리카와 브라질은 중국의 전략 대상 지역이기도 하다.

중국 다음으로는 인도네시아, 한국, 일본, 베트남, 말레이시아, 오스트레일리아 등 아시아의 강국들이 차례로 중국의 뒤를 따를 것이다. 그 다음으로는 에티오피아와 나이지리아, 그리고 페르시아만의 강국들과 모로코의 순서가 올 것이다.

다가올 세계에서도 유럽 국가들이 현재의 생활수준을 유지하려면, 그들의 정체성과 해양 권력을 회복하고 발전시켜야만 한다.

내륙 국가도 성공할 수 있을까

어떤 나라들은 바다에 접하지 않고도 계속 성공을 거둘 수 있을 것이다. 부가가치가 매우 높거나, 가볍거나, 비물질적인 상품과 그에 적합한 운송 수단을 개발해 수익을 올리는 것이다.

행동의 원동력은 바로 결핍에 있다.

이와 관련해 다른 나라에 교훈을 주는 두 나라가 있다.

첫째, 스위스다. 스위스는 바다와 접하지 않지만 세계에서 가장 발전한 나라에 속한다. 스위스는 공작기계, 화학제품, 약품, 정밀기구, 금융 등 고부가가치 상품에 특화되어 있는데, 이를 추동한 것이 바로 바다와 접하지 못한 환경이다. 스위스의 전체 수출품 가운데 43퍼센트가 항공편으로 운송된다. 철도편으로는 수입품의 20퍼센트와 수출품의 15퍼센트가 운송되고, 하천을 통해서는 10퍼센트 정도가 운송되며, 나머지는 도로를 통한다. 하지만 스위스 내에서는 16개의 선박 회사가 12개의 호수와 라인강의 수로를 따라 운항하는 140척의 배들을 관리한다. 스위스 내 수로망은 바젤에서 라인펠덴까지, 그리고 샤프하우젠에서 콘스탄츠 호수까지 이어져 있다.

이러한 최고에 대한 집착과 금융 서비스—우선 지하 케이블이 필요하고, 그다음에는 해저 케이블이 필요한 분야—의 발달이 나머지 부족한 부분까지 충당해왔고, 앞으로도 그럴 것이다. 스위스는 정보 경제에서도 지위를 유지할 것이다. 하지만 스위스가 초강대국이 되는 일은 없을 것이다.

둘째, 르완다이다. 물론 르완다는 스위스와 완전히 다른 방식으로, 또한 완전히 다른 층위에서, 다른 나라들에 교훈을 줄 수 있다. 육지로 둘러싸인 이 나라의 1인당 GDP는 지난 20년 동안 다섯 배로 늘었으나, 구매력 평가 기준으로 945달러에 머물러 여전히 매우 낮은 수준이다. 광업과 농업 중심의 경제에서 부분적으로 서비스 경제로 이행 중이다. 여전히 금속, 광물, 커피, 차, 곡물, 채소 등의 주요 품목을 콩고, 케냐, 미국, 중국, 아랍에미리트, 인도로 수출하고 있다. 커피와 차를 제외한 수출품의 95퍼센트는 도로나 철도를 통해 아프리카의 1, 2위 항구인 케냐의 몸바사와 탄자니아의 다르에스살람으로 운송된다. (처음엔 지하 케이블에 의해, 다음엔 해저 케이블에 의해 확보되는) 디지털 분야와 서비스 분야의 발전이 이 전략의 열쇠가 될 것이다.

르완다는 2050년경에 '새로운 싱가포르'가 되는 꿈을 꾸고 있다. 또한 벽지 및 오지와 항구를 향해서 드론으로 화물을 운송하는 것을 허용하도록 법안을 정비할 예정이다. 여기에서도 역시 정보통신 분야의 진입 여부가 미래를 결정할 것이다.

스위스와 르완다의 예는 카자흐스탄(세계 최대의 내륙 국가)이나 중앙 유럽 국가들과 몇몇 라틴아메리카의 나라들처럼 육지로 둘러싸인 다른 내륙 국가들에게도 유용할 것이다.

결국 국가의 상대적 발전은 그 국가가 바다에 부여하는 지위에 따라 달라질 것이며, 또한 적극적인 해양 경제를 창출하기 위한 발전 모델의 근본적인 변화를 요구할 것이다.

10
미래:
바다의 지정학

바다는 앞으로도 아주 오랫동안 인간의 인간에 대한 권력의 원천이자 관건으로 남을 것이다. 그리고 모든 상황을 고려해보았을 때, 미래 세계의 경제 대권은 옛 경제의 새 초강대국 중국과 새 경제의 옛 초강대국 미국이 나누어 가질 것이 분명하다. 두 나라 모두 태평양에 면해 있다. 모든 상황을 고려해보았을 때, 두 강대국이 마주치는 지점들에서, 특히 바다에서 지정학적 긴장이 발생하리라는 것도 분명하다.

결국 중국 주변의 바다와 태평양에서, 특히 필수 자원을 중국으로 운송하는 해로와 중국 제품을 전 세계로 수출하는 해로에서 긴장이 발생할 것이다.

냉전시대의 해양 지정학

1945년부터 오늘날까지 바다는 모든 긴장의 중심이 되어왔다. 전 지구적 전쟁으로 확산되지는 않았지만, 그럼에도 거의 모든 국지전과 모든 위협이 바다를 중심으로 일어났다.

경제 분야에서 그러한 것처럼, 1945년 이후로 항공기와 로켓이 지정학적인 주요 역할을 담당하게 된 것처럼 보인다 해도, 모든 일이 펼쳐지는 곳은 여전히 바다이며, 특히나 바다 속이다. 1945년 이후로 가장 위험한 무기들이 배치된 곳이 바로 바다 속이다. 또한 강대국들이 지정학적으로 반드시 보호해야 할 모든 케이블이 설치된 곳도 바다 속이다.

1949년 북대서양조약기구NATO가 탄생한 것은 무엇보다도 바다 때문이었다. 이 기구의 사명은 대서양에서 자유로운 항해를 보장하고 소련이 가하는 모든 공격으로부터 연안 국가를 보호하는 것이었다.

1950년 냉전이 시작되고부터 핵추진 잠수함이 주로 시운전을 한 곳은 북대서양이었고, 각기 다중 핵탄두를 장착한 수많은 대륙 간 로켓탄이 시험 발사된 곳도 북대서양이었다. 1950년에 진수된 미국의 USS헬리벗호는 미사일 탑재 핵잠수함으로 분류되는 최초의 선박이다. 소련도 재빨리 미국을 따라 가공할 무기들을 만들어냈다.

인구 대국인 중국 또한 마오쩌둥이 권좌에 오르자 소련과 함께 전함 제작에 착수했다. 마오쩌둥은 1950년에 "제국주의자들의 침략에 맞서려면 강력한 해군을 건설해야 한다"라고 선언했다.

1956년 발생한 수에즈 위기는 옛 강대국의 권리를 존중받으려던 프랑스-영국의 시도가 실패로 돌아가고, 미국-소련의 새로운 지배권이 확고히 인정되었음을 명확히 드러냈다. 프랑스와 영국은 한쪽이 건설하고 다른 한쪽이 탈취했던 수에즈 운하가 이집트의 새 강자 가말 압델 나세르에 의해 국유화하는 것을 막기 위해 이집트에 낙하산 부대를 투입했다. 하지만 수치스럽게도, 이제 바다와 세계의 지배권을 양분한 새로운 두 강대국의 반대로 축출되었다.

냉전은 6년 뒤인 1962년 10월 중순에 절정에 이르렀다. 이번에도 그 배경은 바다였다. 1959년 공산국가가 된 쿠바를 향해 소련에서 핵미사일을 배에 실어 보낸 것이다. 핵미사일이 쿠바에 도착해 설치되는 것을 막기 위해 당시 미국 대통령 존 F. 케네디는 그해 10월 24일에 쿠바를 봉쇄했다. 이로써 냉전의 긴장이 극에 달했다. 핵전쟁이 임박했던 것이다. 하지만 쿠바 봉쇄 이후 사흘 뒤 소련이 양보하면서 핵미사일을 실은 배들이 회항했다. 미국은 그에 대한 대가로 터키에 핵미사일을 설치하려던 계획을 철회했다.

다시 3년이 지나, 중국은 소련과 관계를 끊고 스스로 해군을 건설하기로 결정했다.

하지만 중국만 그러했던 것은 아니다. 1967년 3월 29일 프랑스 최초의 핵잠수함 르두타블호가 사정거리 3000킬로미터의 미사일 16대를 장착하고 셰르부르 항에서 진수되었다.

이제 냉전은 핵 억제력에 기초해 진행되었다. 특히 적국 영토에 로켓탄을 쏠 수 있는 추적 불가능한 잠수함을 저지하는 것이 중요해졌다. 핵무기를 비행기로 수송해 투하하거나 지상 기지에서 발사하는 것보다 잠수함에서 직접 발사하는 것이 훨씬 더 확실하고 훨씬 덜 취약했기 때문이다.

경주는 시작되었다. 미사일을 탑재한 핵잠수함의 수가 빠르게 늘었다. 1970년 미국과 소련은 각기 41척과 44척을 보유했으며 다른 국가들역시 이 대열에 참여했다. 프랑스는 르두타블호 다음으로 테리블호, 푸드루아양호, 앵동타블호, 토낭호를 건조했다.

1983년 1월, 미국 대통령 로널드 레이건이 이른바 '별들의 전쟁' 구상을 발표하면서 냉전은 또 다른 국면에 접어들었다. 레이건의 구상은 적군의 잠수함에서 미국을 향해 발사된 대륙 간 로켓탄을 비행 중에 파괴할 수 있는 기술을 개발하는 것이 목표였다. 잠수함은 여전히 추적이 불가능했기 때문이다. 소련은 이 기술 경쟁에 뛰어듦으로써 미국의 새 구상에 대응하고자 했다. 이는 두 나라 모두의 생존이 걸린 문제였다. 이새로운 기술이 실제 효력을 발휘한다면, 그들의 핵 억지력은 완전히 와해될 것이기 때문이었다. 무기 감축 논의가 시작되었고 중단과 재개를반복하며 진행되었다. 그 과정에서 핵무기 감축을 선언하는 다수의 조약들이 체결되었다.

1982년 4월 2일, 다른 강대국들이 관여하지 않는 고립된 사건이 발생했다. 영국과 아르헨티나가 남대서양에서 충돌한 것이다. 아르헨티나의 장군들은 호위함 4척과 잠수함, 전차상륙함, 쇄빙선, 화물선 각 1척을 파견해 근해에 있는 포클랜드제도를 점령하도록 했다(포클랜드제도는본래 그곳에 처음 정착한 프랑스 생말로 출신의 어부들에 의해 1764년 말루인제도라고 명명되었으나, 1833년 이후 영국령이 되었다). 당시 영국 총리였던 마거릿 대처는 즉각 포클랜드 탈환을 위해 9척의 선박을 파견했다. 이중 5척은 방공 전함, 3척은 대잠수함 전함, 나머지 1척은 보급용 유조선이었다.당시 영국은 자국 해군이 엄청난 참극을 겪으리라 생각했다. 어뢰 발사기가 동원되고, 영국군 250명과 아르헨티나군 750명의 목숨을 앗아간 이 해전은 결국 6월 14일 아르헨티나가 항복함으로써 끝이 났다. 미국과 소련은 이 분쟁에 전혀 관여하지 않았다.

1986년 소련의 새 지도자 고르바초프는 더 이상 군비 경쟁을 계속할 수 없게 된 상황에서 소비에트 체제의 실패를 인정하고 페레스트로이카(개혁)를 단행했다. 1992년 마침내 소련은 해체되었다. 이전의 다른 전쟁들과 마찬가지로 냉전은 바다에서, 그리고 바다 속에서 펼쳐졌다.

시대의 표징은 이것이다. 이후 몇 년 사이에 중국인들이 자국 최초의 미사일 탑재 핵잠수함을 진수했다.

바다에서 벌어지는 3차 세계대전의 전초전

냉전 기간에 바다를 둘러싸고 벌어진 국지적인 분쟁들은 미래에 새로운 강대국들이 새로운 전쟁터에서 벌일 전쟁을 예시한다. 이 소규모 해전들에는 모두 이러저러한 방식으로 중국이, 중국의 바다가, 혹은 중국 인근의 섬들이 연루되어 있다. 스프래틀리군도, 파라셀제도, 프라타스군도, 스카버러 암초, 메이클즈필드 천퇴 등이 대표적이다.

1974년 사이공 정부에서 미국 석유회사들에 석유 탐사권을 할당하자 중국과 남베트남 사이에 전투가 벌어졌고, 이 전투에서 패한 남베트남은 파라셀제도에 대한 지배권을 상실했다. 1977년 필리핀은 중국과 타이완이 나누어 점유하고 있던 스프래틀리군도의 섬들을 점령하고자 시도했으나 실패했다.

1988년 중국은 스프래틀리군도의 한 암초를 자국 영해에 포함시킴으로써 경제수역 확장을 선언했다. 하지만 필리핀과 베트남 역시 이 구역을 자신들의 경제수역으로 강력히 주장하고 있었다. 1995년이 시작되자, 중국인들은 팔라완섬 근해 암초들 위에 군사시설을 설치했다. 동남아시아국가연합ASEAN은 소유권 분쟁 중인 해당 지역에서 모든 군사적 움직임을 상호 공지하고, 해당 군도에 더 이상 새로운 시설을 설치하지 않겠다는 합의를 세 나라로부터 이끌어냈다. 하지만 세 나라 모두 합의를 어겼다. 2004년 5월 베트남은 스프래틀리군도의 한 섬에 공항을 지었다. 2009년 이후 중국은 산호로 이루어진 암초들에 대규모 성토 공사를 벌여 항구를 만들었다. 그리고 파라셀제도에 군사기지 네 곳을 설치했고, 스프래틀리군도 인근에 인공섬들을 만들었으며 또 다른 군사기지 네 곳을 설치했다. 필리핀 또한 자국이 주장하는 배타적 경제수역 안에서 인공섬들을 만들고 군사기지 세 곳을 설치했다. 이 인공섬들은 오래지 않아서 본래 주변에 있던 섬들보다도 더 커졌다.

2011년 6월, 필리핀에서는 남중국해를 가리켜 '필리핀 서해'라는 이름으로 고쳐 부르기로 결정했다. 2012년 중국은 필리핀이 스카버러 암초에 접근하는 것을 막았으며, 2015년 5월 수비 암초를 인공섬으로 만들어버렸다. 2016년 7월 12일 상설중재재판소PCA는 필리핀의 요청에 따라 판결을 내리면서 "해당 해역의 자원에 대해 중국이 주장하는 역사적 권리들에는 어떠한 법적 근거도 없다"라고 선언했다. 하지만 중국은 이 판결을 인정하지 않았다.

지배적인 미래 공간, 미래 분쟁의 원천

이러한 국지적 분쟁들은 다음 충돌이 어디에서 일어날지를 가늠케 한다. 경쟁 관계에 있는 세력들은 늘 그래왔듯이 바다에서 충돌할 것이다. 이들의 분쟁이 일반적으로 땅에 관한 것이라 해도 마찬가지다. 그 이유와 목표는 포위, 침공, 상륙 지연, 봉쇄, 혹은 적국의 무역 경로와 해저 케이블 통제, 해저 자원 전유 등 다양하다.[37] 경쟁 국가들이 잠수함에서 발사한 미사일로 대치하는 것이 아닌 한 충돌은 언제나 바다에서 일어난다.

이미 지배적인 지위에 올랐거나 그런 지위에 오르려고 하는 국가들은 필시 태평양 주위에 위치해 있을 것이다. 이들 국가는, 우선 미국과 중국은 이 대양의 대부분을 지배하길 원할 것이다. 특히 1차 원재료와 화물 운송망에 대한 접근권을 통제하고자 할 것이다.

이들 국가는 대형 선박의 통과 구역들을 놓고 충돌할 것이다. 각 국가의 필수품 보급과 수출품 운송을 좌우할 수 있기 때문이다. 또한 이들 국가는 1차 원재료가 풍부한 지역과 해저 케이블이 지나는 전략적 요충지에서도 충돌할 것이다.[37]

주변적이거나 새로운 당사자들, 이를테면 범죄 조직이나 테러 조직은 분쟁 중인 세력들의 핵심을 타격하기 위해 이들 장소에 위협을 가할 것이다.[21]

여기서 잠재적인 분쟁 지역들을 가능성이 큰 순서대로 열거해보자면 다음과 같다.

- **남중국해(3500만 제곱킬로미터)** 베트남 동해안에서 중국 남해안까지, 그리고 필리핀 서해안에서 인도네시아 북해안에 이르는 해역이다. 선박이 매우 빈번하게 통과하는 해역으로, 중국 대외무역의 90퍼센트, 세계 해상 교통의 30퍼센트, 해상 원유 수송의 절반 이상이 이곳을 통과한다. 선박 통행량으로만 보면 수에즈 운하의 세 배, 파나마 운하의 다섯 배다. 어획량은 세계 총량의 8퍼센트를 차지한다. 이 해역의 섬들(스프래틀리군도, 파라셀제도, 프라타스군도) 주변에는 1차 원재료가 풍부하고 엄청난 양의 석유가 매장되어 있다. 특히 중국과 필리핀이 이 섬들의 지배권을 두고 극한 긴장 상태에 놓여 있다.[114]

- **동중국해(130만 제곱킬로미터)** 중국, 일본, 한국, 타이완 사이에 놓여 있어 전략적으로도 매우 중요하다. 세계에서 가장 큰 5개 항구가 위치해 있다. 그중 네 곳(닝보-저우산, 상하이, 광저우, 톈진)이 중국에 있고 나머지 하나(부산)가 한국에 있다. 이 바다에서 세계 무역의 20퍼센트가 이루어진다. 센카쿠열도 혹은 댜오위다오 및 부속 도서라고 불리는 5개의 작은 섬과 3개의 바위를 둘러싼 분쟁이 가열되고 있다.[114] 그밖에도 북한이 언제든 지구적 핵전쟁을 일으킬 위협이 존재한다.

- **인도양** 인도는 물론 중국의 수출입 화물의 절반가량이 인도양을 통과한다. 전략적으로 매우 중요하며, 언제든 수많은 분쟁이 일어날 수 있는 곳이다. 중국은 이러한 현실을 잘 이해하고, 자국 선박들을 위해 수많은 무역 거점들을 설치하고 있다.

- **홍해** 여전히 핵심적인 해역이다. 매년 아시아에서 유럽으로 향하

는 선박 2만 척이 홍해를 지난다. 이는 세계 공산품 및 석유 무역의 20퍼센트에 해당한다. 미국과 프랑스 함대가 지부티에 상시 주둔하고 있다.

- **페르시아만** 이라크에서 이란, 아라비아에서 카타르에 이르기까지 이슬람의 수니파 세력과 시아파 세력이 교차하고 마주치는 곳이다. 또한 세계 석유 매장량의 60퍼센트, 세계 석유 수출량의 30퍼센트가 이곳에 집중되어 있다.

- **지중해** 여전히 전략적으로 중요하다. 유럽 11개국과 아프리카 5개국, 아시아 5개국에 둘러싸여 있으며, 그 주변에 4억 2500만 명의 주민이 살고 있다. 외해로 연결되는 통로가 단 두 곳(수에즈와 지브롤터)밖에 없는 세계 최대의 내해인 셈이다. 세계 무역량의 30퍼센트가 지중해를 통과한다. 13만 척의 배가 매년 지중해에서 항해하는데, 그중 20퍼센트가 유조선이고 30퍼센트가 화물선이다. 프랑스가 수입하는 천연가스의 4분의 3이 지중해를 통해 들어온다. 특히 그리스, 키프로스, 이스라엘, 터키, 레바논의 인근 해역에서는 가스전이 발견되었다. 지중해 해변은 세계 최고의 관광지를 이룬다. 새로운 위기가 닥치지만 않는다면, 2030년에는 5억 명의 관광객이 지중해 해변을 찾을 것으로 보인다. 부유한 북쪽 해안의 주민 5억 명이 빈곤한 남쪽 해안의 주민 10억 명(곧 20억 명이 될)보다 오래 산다.

2016년 한 해에만 리비아와 튀니지에서 이탈리아로, 터키에서 그리스와 불가리아로 가기 위해 지중해를 건넌 이주민이 36만 명이다. 점점 더 규모가 큰 배들이 이용되고 있어 지금은 900명까지 한 배를 타고 바다를 건넌다. 하지만 곧 한 번에 수천 명을 태우게 될 것이다. 인질들을 태워 이탈리아, 스페인, 그리스, 프랑스로 보내지는 자살 테러 보트들도 두려움의 대상이 되고 있다. 오늘날에도 지중해에는 프랑스, 미국, 러시아의 함대가 주둔하고 있다(러시아는 적어도 2042년까지 시리아의 타르투스 항을 계속 점유할 예정이다).

- **대서양** 오랫동안 열강들이 탐내던 바다였으나, 현재로서는 분쟁의 쟁점이 되고 있지 않다. 심지어 미국 해군이 대서양에서 떠나버릴 수도 있을 듯하다. 하지만 남대서양은 여전히 감시의 대상이 되고 있다. 라틴아메리카와 아프리카 사이의 마약 거래가 남대서양을 통해 이루어지고 있기 때문이다. 또한 기니만에 거대한 유전과 풍부한 어장이 형성되어 있기 때문이기도 하다.

분쟁 가능성이 잠재된 해협

이들 바다를 연결하는 해협들 또한 특별히 전략적 중요성을 띠기 때문에 분쟁의 원천이 된다. 전쟁이 발발할 경우 이들 해협은 교전국들의 전략적 취약점이 된다.

- **말라카 해협**[138] 인도네시아의 수마트라, 말레이시아, 싱가포르 사이에 놓인 이 해협을 통해 매년 6만 5000척 이상의 배가 지난다. 전 세계 해상 물동량의 20퍼센트에 해당하는 양이다. 더욱이 전 세계 해상 운송 원유의 절반, 그리고 중국이 수입하는 에너지 자원의

80퍼센트가 이 해협을 통과한다.[138] 매우 좁기 때문에 지난 수천 년 동안 해적들과 테러리스트들이 노리기 쉬운 표적이 되어왔다. 이곳을 장악하기만 하면 하루아침에 세계 경제 전체를 손쉽게 마비시킬 수 있을 것이다. 배 3척을 침몰시키는 것만으로도 충분할 것이다.

- **호르무즈 해협**[121] 오만 인근, 이란과 아랍에미리트 사이에 위치한 폭 63킬로미터의 해협이다. 매년 2400척의 유조선이 지난다. 매일 1700만 배럴의 원유가 이곳을 통과하는 셈이다. 전 세계 원유 거래량의 30퍼센트에 해당한다. 역시 위험하다.

- **바브엘만데브('눈물의 문') 해협** 예멘과 지부티를 갈라놓는 해협이다. 홍해에서 아덴만으로, 즉 인도양으로 나오는 배는 이 해협을 통과해야 한다. 역시 위험하다.

- **모잠비크 해협** 모잠비크와 마다가스카르 사이의 해협으로 섬나라 코모로와 가깝다. 수많은 선박들이 이 해협을 통과하며, 해저에는 다량의 석유가 매장되어 있다. 특히 프랑스령 마요트에 인접해 있다. 역시 위험하다.

- **홍해-사해 운하** 추가해서 말하자면, 2018년부터 홍해와 사해를 잇는 길이 180킬로미터의 운하 건설 프로젝트가 시작된다. 사해는 해수면이 해마다 1미터씩 낮아지고 있는데, 이 운하가 건설되면 사해에 새로운 생명을 불어넣을 수 있을 것이다. 사해의 해안은 인류 역사상 최초의 도시 예리코가 건설된 곳이기도 하다. 이 운하의 건설을 통해 이스라엘-팔레스타인 문제에 건설적 해결책을 시작하는 데에도 기여할 수 있을 것이다.

통행과 청구의 공간, 북극해

북극에는 거대한 해저 유전이 숨겨져 있다. 하지만 남극과 달리 북극은 구체적인 조약을 통해 여러 나라의 탐욕으로부터 보호받고 있지 못하다. 다만 1982년 체결된 몬테고베이 조약의 일반 규칙들이 있을 뿐이다. 북극해에 면한 모든 해안 국가들은 '배타적 경제수역'을 설정해 점유할 권리를 주장하고 있으며, 또한 앞 장에서 다룬 항로들을 통해 자국의 선박들을 운항할 권리를 주장하고 있다. 이러한 각국의 권리 주장은 서로 상충된다. 각국의 배타적 경제수역이 겹치기 때문이다. 그러므로 북극에는 수많은 분쟁이 잠재되어 있다.[128]

덴마크는 자국령 그린란드 옆에 위치한 한스섬의 점유권을 주장했다. 하지만 한스섬의 토착민들은 에너지 기업들 및 채광 기업들과 직접 협상하고자 한다.

미국은 보퍼트해를 요구하고 있고, 툴레(그린란드)에 있는 공군기지를 이용해 레이더망을 운영하고 있다. 미국의 잠수함들은 허가를 구하지도 않은 채 이미 빙하 아래로 지나다니며 캐나다 섬들의 근해를 넘나들고 있다.

러시아는 북극점과 '로모노소프 해령'을 요구한다. 그리고 120만 제곱킬로미터에 달하는 이 광대한 영역이 자국의 대륙붕 내에 속한다고 주장하고 있다. 또한 러시아는 바렌츠해 스토크만의 가스전 개발 프로젝트를 진행 중이다. 이곳에는 전 세계 천연가스의 2퍼센트가 매장되어 있을 것으로 추정된다. 북극해 빙하가 현재와 같은 속도로 녹는다면 앞으로 5년 이내에 스토크만의 가스전도 개발 가능할 것이다.

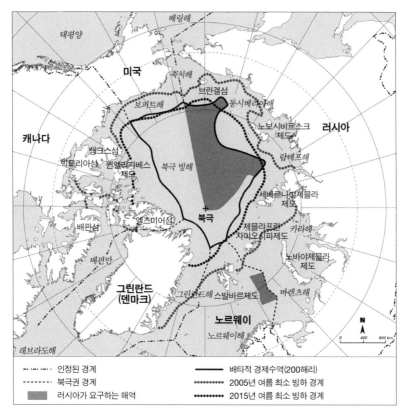

북극해의 경계들

중국 역시 이번 장의 앞부분에서 다루었던 북동 항로와 북서 항로의 통행권을 장악하고자 한다. 이 두 항로는 서방 시장에 수출하는 중국의 화물 운송 비용을 절감하는 데 핵심적인 역할을 할 것이다.

캐나다는 이러한 각국의 요구와 주장에 모두 반대하면서, (뉴펀들랜드 북쪽의) 배핀섬 북쪽에서 군사기지 건설에 착수했다. 캐나다는 이들 항로가 자국의 해역에 속한다고 보고 있다. 물론 캐나다 이외의 다른 나라들은 이를 인정하지 않는다.

해저 케이블 통과 구역

해저 케이블은 수심에 상관없이 모든 바다를 지나지만 그렇다고 취약점이 없는 것은 아니다. 자연적인 침식 작용으로 훼손될 수 있고, 상어에게 물릴 수도 있고, 해저면을 긁는 선박의 닻이나 어업용 그물에 걸려 망가질 수도 있다. 혹은 해저 화산 활동으로 케이블이 끊어질 수도 있다 (1929년 주식 대폭락 직후 해저 지진이 발생해, 전신과 전화만 가능했던 최초의 대서양 케이블 망이 파괴되었다). 물론 누군가가 의도적으로 해저 케이블을 끊어버린 일도 있다.

해저 케이블 또한 탐욕의 대상이 된다.[238] 미국 국가안보국NSA에서는 이미 해저 케이블의 몇몇 연결점을 통해, 전송 중인 전 세계 정보의 4분의 1을 중간에 가로채 수집하고 있다. 오늘날에는 소형 잠수함들이 해저에 내려가서 케이블을 통해 전송되는 모든 정보와 통신 내용을 가로챌 수도 있고 케이블을 절단할 수도 있다. 이러한 시대의 징표랄 수 있는 것은, 2014년에서 2015년 사이에 러시아 잠수함과 초계정이 해저 케이블 인근을 순찰하는 일이 50퍼센트 늘어났다는 사실이다.[221]

해저 케이블을 보호하기 위해 강대국들은 해당 구역에 전함을 파견하고 있다. 그리고 케이블을 더 두꺼운 외피로 감싸고 해저면 아래에 묻기 시작했다.

위협에 대처하는 각국 해군

세계는 바다에서, 그리고 바다 속에서 펼쳐지는 일들에 여전히 크게 의존하고 있고, 앞으로도 그러할 것이다. 여전히 여러 나라에서 생존을 위해 필요로 하는 것들은 대부분 바다를 거쳐 간다. 분쟁이 일어나는 경우, 늘 그러했듯이 적들이 가장 먼저 타격을 가하는 곳은 바다일 것이다. 상대국이 자원에 접근하는 것을 차단하고 상대국의 연합 세력이 도착하는 것을 저지하기 위해서다.

또한 우리가 주의를 기울이지 않으면, 언젠가는 테러 조직들이 관심을 갖게 되는 곳 또한 바다이다. 경제적이고 지정학적인 실제 권력이 어디에 있고, 그 권력의 취약점이 어디에 있는지를 그들 또한 이해할 것이기 때문이다.

그러므로 한 나라의 영토를 방어하는 일의 핵심은 가장 멀고 가장 깊은 바다와 바다 속에 있다.

이러한 위협에 직면해 상대를 공격하는 동시에 자신을 방어하기 위해서는, 모든 무기가 필요할 것이다. 해군도 필요하고, 항공모함이 있든 없든 공군도 필요하다. 또 정찰을 위해선 인공위성도 필요하고, 해안과 항구를 확실히 보호하고 선적을 보장하려면 육군도 필요하다.

특히 해군은 앞으로 엄청난 비중을 차지하게 될 것이다.

해군은 이미 상당히 발전되었다. 1914년 군함을 보유한 나라는 39개국이었다. 오늘날에는 150개국에서 군함을 보유하고 있으며, 그중 지배적 지위를 누리는 7개국은 유엔 안전보장이사회 상임이사국 5개 나라와 일본 및 인도다.

미래에 군비 경쟁은 가장 먼저 바다에서, 그리고 미국과 중국 사이에서 벌어질 것이다.

2030년이면 중국, 일본, 타이완, 한국, 베트남, 싱가포르, 인도, 파키스탄, 오스트레일리아, 인도네시아, 말레이시아가 세계 잠수함의 절반을 갖고, 지구의 나머지 지역에서 보유한 것과 거의 같은 수의 항공모함을 보유하게 될 것이다.

한편, 해상 테러리즘[134]은 장차 새로운 형태의 전쟁이 될 가능성이 있다. 우리는 그것이 취하게 될 형태들을 떠올릴 수 있다. 테러리스트들은 바다에서 잠수함과 드론을 이용하거나, 자살 보트를 돌진시키거나, 크루즈선 또는 항구에서 인질을 잡을 것이다. 그들은 또 폭발물과 이주민을 가득 채운 배들을 지중해의 반대편 해안으로 보내거나, 가장 중요한 해저 케이블을 끊어놓을 것이다.

11

미래:
바다가 죽을 수도 있을까

"바다는 바닷사람들에게 꿈을 가르치고
항구는 그 꿈을 죽여버린다."
베르나르 지로도, 《대지의 인간들Les Hommes à terre》

앞서 다룬 내용은 모두 인간이 바다에 가하는 압력이 점점 더 강해지고 있음을 보여준다. 어업, 해운, 폐기물, 지구 온난화, 해저 개발, 자연에 가한 폭력 등 온갖 형태로 인간은 바다를 압박하고 있다.

이 모두가 지구의 화학적 균형 및 물리적 균형을 무너뜨린다. 그리고 평범하지 않고, 생성되기 어렵고, 깨지기 쉬운 조건들을 무화시킨다. 이 조건들이란 30억 년 전 바다 속에서 생명이 등장하고, 5억 년 전에 생명이 육지에 도달하며, 마침내 생명이 진화해 우리에게까지 이르게 한 조건들이다.

그러므로 오늘날 바다의 역사는 바다에서 본 역사와 만난다. 한쪽은 다른 한쪽을 끝내버릴 수 있다. 바다에서 생명이 사라지는 일은 없을 것이다. 하지만 인간이라는 종은 사라져버릴 수도 있다.

바다는 오늘날에도 여전히 공기, 물, 양분, 기후 등 생명이 존재하는 데 필요한 대부분의 것을 제공하고 있으며, 미래에도 그러할 것이다. 바다가 제공하는 것 없이는 아무리 정교한 사회라도 생존하지 못할 것이다. 또한 깨지기 쉬운 화학적 균형과 물리적 균형이 몇 개만 무너져도 지구 전체가 적어도 인간이 살 수 없는 곳이 될 것이다.

이는 곧 여섯 번째 대량절멸로 이어질 것이다. 이전에 일어난 대량절멸은 자연 자체에 의해 일어난 것이었지만 이번에는 그와 달리 살아 있는 특정 종에 의해 촉발될 것이다.[64] 이러한 재난이 일어난다 해도, 생명 자체가 사라지지는 않을 것이다. 이전에 대량절멸 시기가 닥쳤을 때에도 생명 자체가 사라지지는 않았던 것과 같다. 생명은 간단하고 회복력이 좋은 형태로, 적어도 바다에서는 적절히 버텼다가 더 다양하고 더 예상치 못한 방식으로 다시 태어날 것이다. 하지만 인류는 남아 있지 못할 것이다.

우리 인류를, 그리고 생명 전체를 압박하는 위험은 많다. 여기서는 그중 여덟 가지만 점검해보겠다.

마실 수 있는 물의 부족

앞서 보았듯이 물은 지구상에 늘 일정한 양이 존재한다. 하지만 그 비율은 달라진다. 보통 염수가 97.4퍼센트이고 담수는 2.5퍼센트에 지나지 않는다(담수의 총량은 3550만 세제곱킬로미터). 담수는 지표면에 빙하(68.7퍼센트), 지하수(30.1퍼센트), 영구동토층(0.8퍼센트)의 형태로 존재하며, 대기에 수증기(0.4퍼센트)의 형태로 존재한다. 지구상에 액체 상태의 담수가 가장

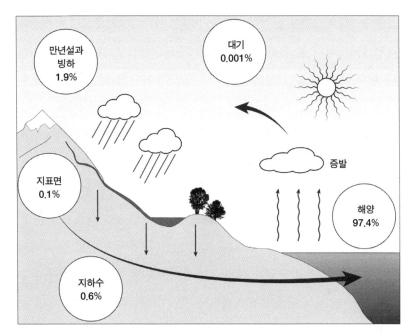

물의 분포

많이 집중되어 있는 곳은 바이칼 호수다. 23조 세제곱미터의 담수를 담고 있는 이 호수는 현존하는 가장 오래된(2500만 년 된) 호수이기도 하다. 결국 지구상에서 마실 수 있고 동시에 액체 상태로 존재하는 물은 전체 물의 0.8퍼센트도 되지 않는다. 웃음이 날 만큼 적은 양이다.

담수는 농업(70퍼센트), 산업(20퍼센트), 위생 등에 주로 쓰인다. 인간과 동물의 갈증 해소에 쓰이는 비율은 매우 낮다.

모든 생산 과정에는 엄청난 양의 물이 필요하다. 청바지 한 벌을 만드는 데는 10리터의 물이 필요하다. 1킬로그램의 면이나 1킬로그램의 쌀을 생산하려면 5000리터, 감자나 밀 1킬로그램을 생산하려면 600리터,

옥수수 1킬로그램을 생산하려면 450리터, 바나나 1킬로그램을 생산하려면 350리터의 물이 필요하다. 고기 1킬로그램을 생산하는 데는 이보다 훨씬 더 많은 물이 필요하다. 마지막으로, 1리터들이 플라스틱병 하나를 만드는 데는 0.25리터의 석유와 6리터의 물이 있어야 한다.

담수는 고르게 분포되어 있지 않다. 담수는 주로 (아마존, 알래스카, 시베리아, 캐나다, 북극과 남극처럼) 인구 밀도가 매우 낮은 지역에 풍부하고, (아프리카, 이라크를 제외한 중동, 중앙아시아, 방글라데시, 중국 북부처럼) 인구 밀도가 높은 곳에서는 부족하다. 해수면 위 지표면 40퍼센트가 받는 유량은 전 세계 유량의 2퍼센트밖에 되지 않는다. 중국과 인도 두 나라의 인구를 합치면 세계 인구의 3분의 2를 차지하지만, 이 인구가 사용할 수 있는 물은 전 세계 담수의 10퍼센트에 지나지 않는다. 단 9개국이 전 세계 담수의 60퍼센트를 보유하고 있다.[15]

지구적으로 경제가 성장하고 인구가 증가하고 있으며, 수원과 호수가 오염되고 있어서, 세계적으로 인간이 마실 수 있는 물이 부족해지기 시작했다. 지구상 주민 한 사람이 마실 수 있는 물의 평균량은 1950년에 1만 6800세제곱미터였으나 2017년에는 5700세제곱미터밖에 되지 않는다. 27억 명이 넘는 사람들이 이미 적어도 1년에 한 달은 물 부족을 경험하고 있다. 7억 5000만 명의 사람들이 물 부족으로 (1년에 마실 수 있는 물이 1700세제곱미터 이하) 고통을 겪고 있으며, 이들 가운데 36퍼센트는 아프리카 주민들이다. 중동 지역 주민들의 4분의 3도 물 부족으로 고통을 겪고 있으며, 그중 절반은 (이집트와 리비아에 있고) 1년에 500세제곱미터 미만의 물을 사용한다. 욕실 같은 적절한 위생시설을 사용하지 못하는 사람이 10억 명에 달한다.[15]

끌어올릴 수 있는 물의 양도 점점 더 줄어들고 있다. 인류의 절반에게 음용수를 제공하는 지하수층의 5분의 1이 과도하게 개발되었다.[213]

지금부터 2050년까지, 경제 성장과 인구 증가로 인해 음용수에 대한 수요도 55퍼센트 늘어날 것이다. 이중 70퍼센트가 농업용이고 가정용은 10퍼센트밖에 되지 않는다. 더욱이 음용수가 오염되는 비중도 더 늘어날 것이다. 한 사람이 1년간 사용 가능한 음용수의 평균량은 계속 줄어서 2030년에는 5100세제곱미터까지 떨어질 것으로 보인다. 이는 1950년의 3분의 1 수준이며 2017년과 비교해도 훨씬 적다. 그러한 결과로, 2025년부터는 25억 명이 물 부족 상태에 놓이고, 18억 명이 '절대적 물 부족' 상태—연간 1인당 500세제곱미터 미만의 물밖에 쓸 수 없는 상황—에서 살아가게 될 것이다.[15] 2050년에는 50억 명 이상이 물 부족에 시달리고, 23억 명이 절대적 물 부족을 겪을 것이다. 같은 시기에 갠지스강 유역, 스페인 남부와 이탈리아 남부의 상부 지하수층은 완전히 말라버릴 것이다. 그밖에 다른 곳들도 같은 위기에 처할 것이다. 바이칼 호수는 특히 환경오염으로 위협받고 있다.[15]

얼마 지나지 않아 음용수가 석유보다 소중해질 것이다. 또한 다른 1차 원재료보다 소중해질 것이다. 모래만 예외다.

고갈되는 모래

바다와 관련해서 고갈되고 있는 필수적 물질 중에는 물만 있는 것이 아니다. 물과 공기 다음으로 인류가 가장 많이 소비하는 자원은 모래다.

수십억 년의 침식 작용으로 형성된 모래는 사실 아주 오랜 시간 동안 수많은 인간의 주요 활동에 절대적으로 필요한 것이었다. 주택, 도로, 교량을 짓는 데는 많은 양의 모래가 사용된다. 평균 크기의 주택을 짓는 데 200톤의 모래가 있어야 하고, 고속도로 1킬로미터를 놓는 데는 3만 톤, 핵발전소 하나를 짓는 데는 1200만 톤의 모래가 필요하다. 모래는 시멘트와 철근 콘크리트(모래 3분의 1과 시멘트 3분의 1로 구성)를 만드는 기초 재료다. 조소와 회화, 헤어스프레이, 치약, 화장품, 자동차 타이어에도 모래가 들어간다. 더욱이 모래는 유리를 만드는 핵심 재료다.

그러한 까닭에 우리는 도처에서 모래를 찾고, 캐내고, 사고, 들여온다. 세계적으로 300억 톤의 모래가 매년 소비되는데, 그중 절반은 중국에서 쓰인다. 모래는 재활용될 수도 없다. 고대부터 모래는 채석장과 해변의 모래사장에서 채취해서 사용해왔다.

국토를 확장할 필요가 있는 싱가포르는 오늘날 세계 최대의 모래 수입국이 되었다. 셀 수 없이 많은 인공섬을 만드는 데 모래가 쓰인다. 중국은 2011년에서 2013년 사이에 미국이 20세기에 사용한 것보다 더 많은 모래를 사용했다. 프랑스는 자국 내 건축 수요를 충당하기 위해서만 매년 모래와 자갈로 된 골재 4억 5000만 톤을 소비한다. 세계적으로 교량, 공항, 빌딩, 도로를 건설하는 데 쓰일 모래에 대한 수요가 증가 일로에 있다.

그런데 채석장의 모래가 고갈됨에 따라 오직 바다와 강과 하천의 물에 의해 형성된 모래만을 생산활동에 사용할 수 있게 되었다. 사막 모래는 너무 푸석거려서 바스라지기 쉽다. 건축에 사용되는 모래는 각이 지고 거친 알갱이들이 있어서 서로 엉겨 붙어야 한다.

모래 채취 때문에 인도에서는 강바닥이 파괴되고, 인도네시아에서는 섬들이 사라지고, 베트남에서는 숲이 베어지고 있다. 이런 불법 활동을 감추고자 매년 수백 건의 살인 사건이 벌어진다. 이렇게 모래를 채취하는 데는 특별한 배들이 사용되는데, 하루에 최대 40만 세제곱미터의 모래를 강변이나 인근 지역에서 채취할 수 있는 배도 있다.

이런 속도라면 2100년엔 세계 모든 모래사장이 사라지고 없을 것이다. 플로리다에서는 모래사장 10곳 중 9곳이 이미 소멸 중이다.

물론 지구상에는 여전히 12×10^{16}톤의 모래가 있다고 추정된다. 이론상으로는 인류가 400만 년 동안 사용할 수 있는 양이다. 하지만 실제 사용 가능한 모래의 양은 미소하다.

고갈되는 해양생물

2050년이 되면 지구는 적어도 90억 명의 인구를 먹여 살려야 한다. 육상 농업은 (토양 및 환경 악화와 비료에 의해 위협받고 있기에) 이 인구를 먹일 충분한 농산물을 생산할 수 없을 것이다. 그러므로 오늘날보다 바다에서 이루어지는 먹을거리 생산이 더욱 중요해질 것이다. 하지만 어획량은 이미 허용치를 넘어섰다. 그럼에도 오늘날과 같은 양으로 더 많은 사람에게 생선을 공급하려면, 계속해서 바다에서 더 많은 양의 물고기를 잡거나 생산해야 할 것이다.

2022년 아시아인들은 1인당 연간 29킬로그램의 생선을 소비할 것으로 예상된다. 유럽인들은 28킬로그램, 북아메리카인은 25킬로그램, 오세아니아인은 24킬로그램, 남아메리카인은 12킬로그램, 아프리카인은 9킬로그램을 소비할 것이다. 그러니까 전 세계 주민이 연간 평균 1인당 20킬로그램의 생선을 먹게 되는 것인데, 1인당 소비량은 오늘날보다 많지 않지만, 전체 소비량은 더 많다.

많은 해양생물 종이 이미 사라지고 있다. 대형 어류(다랑어, 상어, 대구, 넙치) 개체군의 90퍼센트가 이미 사라졌다. 해양 척추동물의 24~40퍼센트가 곧 사라질 것이다. 오늘날 550종 이상의 해양 어류와 무척추동물이 국제자연보전연맹IUCN의 멸종위기종 적색 목록에 올라 있다. 공룡 이전부터 존재했으며 여전히 생태계에 꼭 필요한 상어와 가오리도 멸종 위기를 맞고 있다. 상어 개체 수는 지난 15년 동안 80퍼센트 감소했다. 뱀상어, 귀상어, 황소상어, 무태상어의 개체 수는 1970년대 초부터 지금까지 95퍼센트 감소했다. 사람들이 턱뼈를 얻으려고 잡는 큰양놀래기와 에야와디강(미얀마)의 돌고래도 멸종되어가는 중이다.

가장 큰 포식자들이 사라지면, 어부들은 먹이사슬의 더 아래 단계에 있는 물고기를 노리게 된다. 그러니 사람들은 작은 새우와 크릴새우를 대량으로 소비하게 될 것이다.

바다 생선의 생산량을 늘리는 것이 불가능해지면 가격이 폭등하고, 사람들은 양식 생산량을 늘릴 것이다. 사람들이 크게 개의치 않는다면, 유전자 조작 기술이 사용될 것이다. 유엔 식량농업기구FAO에 따르면 2030년엔 인류가 소비하는 물고기의 3분의 1만이 바다에서 나올 것이다.

해초 역시 대체 양분으로 공급될 것이다.

해안으로 집중되는 인구

세계 인구의 20퍼센트 이상이 해안에서 30킬로미터 이내에 살고 있다. 해안에서 100킬로미터 이내에 세계 인구의 절반이, 150킬로미터 이내에는 38억 명의 사람들이 산다. 2035년에는 세계 인구의 75퍼센트가 해안에 인접한 지역에 거주할 것이다. 해안 인근 지역에 더 많은 일자리와 기회가 있고, 앞으로도 그러할 것이기 때문이다.

이러한 인구 집중 현상은 처참한 결과를 낳을 것이다. 이를테면 바다와 육지의 오염, 경작 가능한 토지의 훼손, 동식물 감소, 호수와 강 등의 수원지 부족과 취약성, 해안 지역 담수의 염도 증가 등이다. 탄소를 가두고, 해안을 보호하며, 1억 명이 넘는 사람들에게 생활 및 농경 환경을 제공하는 맹그로브 숲도 사라질 수 있다(맹그로브는 이미 삼림보다 다섯 배 빠른 속도로 파괴되고 있다).

더 멀리 바라보자면, 이러한 현상은 지구 온난화로 인해 가속화되고 있다. 지구 온도가 오르면 해수면이 상승하고 해안 지역은 침수되어, 해안에 가까이 살던 사람들은 오도 가도 못하게 될 것이다.

폐기물 축적을 야기하는 인간 활동

살충제, 질산염, 인산염, 납, 수은, 아연, 비소는 결국 하천과 바다에 이른다. 이들 때문에 녹조류가 번성한다. 바다에서는 주로 폭풍 때문에 매년 1만 개의 컨테이너가 분실된다.

게다가 사람에게서 나오는 쓰레기는 대부분 적절한 처리 과정을 거치지 않는다. 또한 플라스틱 폐기물도 있다. 전 세계에서 매년 5000억 개의 플라스틱 포장재가(그중 120억 개는 중국에서) 생산되고, 거의 같은 개수의 플라스틱 병이 제조된다. 그린피스에 따르면 코카콜라 한 회사에서만 매년 1000억 개의 플라스틱 병을 생산한다.

이러한 플라스틱 포장은 평균적으로 15분밖에 사용되지 않고, 절반 정도는 1회용으로 쓰인 뒤에 하천이나 지하수층에 버려져 결국엔 바다에 이른다. 플라스틱 폐기물은 다른 어디보다도 중국에서 나오고 있다. 바다에 버려지는 플라스틱의 3분의 2가 세계 20대 하천 중 7개 하천에서 나오는데 이들 하천은 모두 중국을 지난다. 여기에 마이크로비즈(주로 화장품 업계에서 사용), 담배꽁초를 더해야 한다. 섬유산업에서 점점 더 많이 사용되고 부분적으로 플라스틱 재활용 과정에서 발생하는 미세 입자(길이 5밀리미터 미만)도 추가해야 한다. 바다 소금에서도 미세 플라스틱이 나올 정도다. 8개국(이란, 일본, 뉴질랜드, 포르투갈, 남아프리카공화국, 말레이시아, 프랑스)에서 실시한 연구에 따르면 소금 1킬로그램에 1~10개의 미세 플라스틱 입자가 포함되어 있다고 한다.

매년 바다와 호수에 버려지는 쓰레기가 2000만 톤에 달한다. 이중 거의 절반이 플라스틱 폐기물이다. 바다와 호수에 도달하는 쓰레기의 80퍼센트는 땅에서 이루어지는 활동에서 발생한 것이고, 나머지 20퍼센트만이 해상 활동에서 나온다.

오늘날 바다에는 물고기 5톤당 쓰레기 1톤이 포함되어 있다. 2025년이 되면 물고기 3톤당 쓰레기 1톤이 포함되어 있을 것이라고 한다. 이런 속도로 쓰레기가 늘어난다면, 2050년 바다에는 물고기보다 플라스틱이 더 많을 것이다.

이 쓰레기를 제거하는 것이 쉬울 거라고 생각해서는 안 된다. 오직 플라스틱 폐기물의 15퍼센트만이 물에 뜬다. 특히 '북태평양의 쓰레기 섬'에는 700만 톤이 넘는 쓰레기가 340만 제곱킬로미터 넓이(프랑스 국토 면적의 여섯 배)로 모여 있다. 하지만 쓰레기의 대부분은 바다 속에 가라앉는다.

더욱이 버려진 질산염과 인산염은 해수 표면의 박테리아와 해조류의 성장에 꼭 필요한 영양소가 되기 때문에 결과적으로 바다의 용존 산소량을 감소시킨다. 이러한 폐기물은 식물이나 동물, 특히 미생물과 박테리아를 자연스러운 그들의 본래 서식지로부터 아주 멀리 떨어진 곳까지 이동시킬 수 있다.

이 모든 일이 해양생물에게 가져온 결과는 처참하다. 우선 산소가 부족한 이른바 '죽음의 구역'들이 생겨난다. 즉 빛이 투과하지 못하기 때문에 식물의 광합성이 불가능해지고, 그 결과 산소 생산이 줄어드는 것이다. 2017년 남태평양, 발트해, 나미비아 해안, 벵골만, 멕시코만 등에서 400곳이 넘는 죽음의 구역이 보고되었다.

동물성 플랑크톤은 야간에 해수 표면으로 올라와 양분을 섭취한다. 이때 플라스틱도 함께 섭취하고, 낮 동안에 바다로 내려가 플라스틱을 토해낸다.

이 과정이 먹이사슬 전체를 통해 계속 이어진다. 모든 해양생물이 플라스틱 폐기물의 일부를 삼키고, 이 해양생물의 대부분이 인간에게 잡혀 소비된다. 2016년에 인류는 575종의 해양생물을 소비했고, 그럼으로써 플라스틱도 함께 섭취했다. 이는 2005년에 비해 두 배로 늘어난 양이다.

유럽에서 소비되는 물고기의 28퍼센트, 굴과 홍합의 3분의 1이 미세 플라스틱을 포함하고 있다. 유럽인 한 명이 홍합과 굴을 섭취하면서 연간 평균 1만 1000개의 미세 플라스틱을 삼키는 것으로 추정된다.

물론 인간이 삼킨 미세 플라스틱의 99퍼센트가 인체에 별다른 위험을 초래하지 않고 체외로 배출될 것이다. 하지만 매년 4000개의 미세 플라스틱 조각이 인체 조직에 축적되는 것으로 추정된다.

우리는 아직 체내에 축적된 미세 플라스틱이 생명체에 어떠한 결과를 가져올지 알지 못한다. 체내 축적된 플라스틱은 암을 유발할 수도 있으며, 적어도 어류에게는 그럴 수 있을 텐데, 그렇다면 이는 다른 수많은 해양생물의 생식 능력과 면역 체계를 손상시킬 수 있다. 인간에 대한 직접적인 위험은 확실히 입증되지는 않았지만, 세포를 뚫고 들어가는 극세 플라스틱 조각들은 필연적으로 위험할 수밖에 없다.

온난화를 초래하고 바다를 산성화하는 이산화탄소

숲, 토양, 이탄층과 더불어 바다는 대기에 존재하는 이산화탄소의 일부를 흡수함으로써, 지구적 차원의 기후를 안정적으로 유지하는 데 기여한다. 바다는 이산화탄소 배출량의 30퍼센트, 인간 활동에 의해 촉발된 기온 상승량의 93퍼센트를 흡수한다. 또한 오늘날 바다에는 대기보다 50배 많은 이산화탄소가 포함되어 있다. 대기의 이산화탄소 농도는 0.04퍼센트인 반면, 바다의 이산화탄소 농도는 0.2퍼센트다.[159]

매년 인간의 활동으로 320억 톤의 이산화탄소가 대기 중에 방출된다.

바다와 숲이 그중 일부를 흡수한다. 하지만 바닷물에 (그리고 숲에) 농축된 이산화탄소의 양이 늘어나서 거의 한계에 다다랐다. 따라서 바다와 숲에 흡수되는 이산화탄소의 비율이 점점 줄어들고 있다. 흡수되지 못한 이산화탄소는 대기 중에 머물게 된다. 대기 중 이산화탄소는 기원후 1년부터 18세기 말까지는 280ppm으로 계속 유지되어왔으나, 그 이후로 계속 늘어나 오늘날에는 400ppm을 넘어서서 지난 300만 년 동안 가장 높은 수준에 도달했다.[159]

대기와 해수에 축적된 이산화탄소의 양이 증가함에 따라 대기와 해수의 온도 또한 상승하고 있다. 사실 대기의 온도는 지질학적으로 현시대에 들어선 이후로 10도나 상승했다. 이산화탄소가 해수에 흡수되지 않았다면

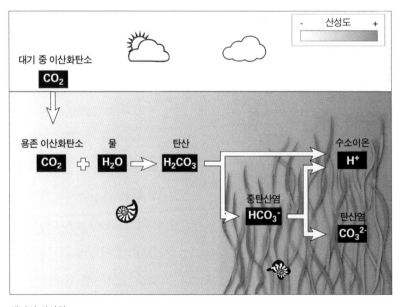

해양의 산성화

25도 이상 올랐을 것이다. 최근 50년 동안 3대 해양의 상층부 75미터의 평균 수온은 10년에 0.1도의 비율로 상승했다. 해수 온도는 앞으로도 계속 상승할 것이다. 특히 북극해의 수온은 지구의 여타 지역과 비교할 때 두 배나 빠른 속도로 오르고 있어, 2100년에는 현재보다 7~11도나 더 높을 것으로 예상된다.

해양의 수온이 상승하면 해수의 탄산가스 흡수 용량은 더욱 줄어들고, 해수 속 용존 산소 농도는 급격히 떨어져서(산소 결핍) 해양의 산성도가 높아진다. 이미 산업화 시대가 시작된 이후로 해양의 pH 수치가 0.1 정도 떨어졌으며, 이는 바다의 산성도가 4분의 1 정도 상승했음을 의미한다.[64]

지구 온난화에 따른 해수면 상승

바다의 수면이 바다의 수온과 함께 오르고 있다. 수온이 오르면 얼음이 녹고 물의 부피가 팽창하기 때문이다. 동절기 북극해 표면을 거의 모두 덮어야 할 얼음이 1960년대 이래로 점차 줄어들었고 그 속도도 더욱 빨라졌다. 2011년에서 2014년 사이에 녹아버린 얼음의 양은 2005년부터 2010년까지 녹은 양보다 31퍼센트 더 많았다. 1980년대에는 겨울철 북극해의 평균 얼음 면적이 600만 제곱킬로미터에 달했으나, 2012년에는 320만 제곱킬로미터에 그쳤다. 2003년에서 2010년 사이에 그린란드에서는 연간 40억 톤의 얼음이 소실되었다. 그 속도는 더욱 빨라지고 있다.

남극에서는—대륙이 존재하기 때문에 훨씬 더 안정되어 있긴 하지만

—라슨C라고 불리는 5000제곱킬로미터의 빙붕이 수년에 걸쳐 천천히 떨어져 나갔다. 이 과정은 2016년부터 갑자기 빨라졌고, 결국 2017년 7월 쥐라(면적이 약 5000제곱킬로미터인 프랑스 동부의 행정구역)만큼 넓은 빙붕이 나머지 빙하로부터 완전히 분리되었다.

지질학적으로 현시대에 들어선 이후로 해수면의 높이는 200미터 상승했다. 1990년 이후로는 2센티미터 상승했다. 서태평양의 열대지방과 남인도양에서는 세계 평균보다 세 배 빨리 상승했다.

미래에 대한 여전히 확실치 않은 연구 결과에 따르면, 2100년엔 해수면이 지금보다 평균 20센티미터에서 110센티미터 더 상승할 것이라고 한다. 하지만 지역마다 편차가 있어서, 열대지방에서는 해수면이 올라가지만, 오래된 빙하에 인접한 지역에서는 오히려 해수면이 내려갈 것이다. 인도양 동편과 태평양 중앙부에서는 해수면 상승이 더 크게 일어날 것이다. 북극해의 빙하는 2040년경에 완전히 사라질 것이다. 그린란드의 얼음이 모두 녹는다면 해수면은 10미터 상승할 것이다. 남극 대륙과 그 주변의 얼음까지 모두 녹는다면 거기서 50미터 더 상승할 것이다. 결국 남극, 북극, 그린란드의 얼음이 모두 녹는다면 해수면은 70미터 상승할 것이다.

인구 이동

결과적으로 해안에서는 삶의 질이 떨어질 것이다. 물고기는 작아지고 약해질 것이다. 열대 해안 지역에서는 지구 온난화로 인해 말라리아와 뎅기열 같은 감염병에 대한 인간의 취약성이 심해질 것이다.

더욱이 해수 온도의 상승은 홍수, 연안 침식, 빈번하고 파괴적인 열대성 폭풍, 그리고 항구의 대규모 손상을 가져올 것이다. 이로 인해 염수가 강 하구 및 삼각주 지대에 침투하게 되고, 그러면 습지와 맹그로브 숲의 파괴를 촉진해 수산물 양식장을 옮겨야 할 것이다.[15]

해수면 상승으로 2030년에는 8억 명이, 2060년에는 12억 명이 삶에 위협을 받게 될 것이다. 인도네시아, 카리브제도, 인도, 방글라데시, 베트남, 미얀마, 태국, 일본, 미국, 이집트, 브라질, 네덜란드가 가장 큰 위협에 처할 나라들이다.[15] 지금부터 2050년까지 자카르타의 주민 중 200만 명 이상이 해수면 상승의 영향을 받을 것이다(현재는 51만 3000명이 영향을 받고 있다). 그중에서도 가장 크게 영향을 받을 방글라데시는 2050년에 영토의 20퍼센트가 물에 잠길 것으로 보인다. 수도인 다카에서만 1100만 명이 극단적인 홍수를 겪게 될 것이다.[15] 2100년이 되면, 프랑스에서는 해수면이 40~75센티미터 상승해 보르도 같은 저지대 평야는 모두 물에 잠길 것이다. 네덜란드와 벨기에, 발트해 국가들도 마찬가지다. 2050년까지 투발루, 몰디브, 키리바시의 섬들은 표면적이 급격하게 줄어들 것이다. 18만 개에 달하는 지구상의 주요 섬들 가운데 1만~2만 개의 섬이 아틀란티스처럼 물에 잠겨 사라질 수 있다.

이들 나라의 주민들은 그럼에도 여전히 몰려 살고 있는 해안 지방을 곧 떠날 것이다. 이미 2008년부터 2014년까지 1억 8460만 명의 새로운 이재민이 발생했다. 이중 1억 200만 명은 홍수 때문에, 5390만 명은 폭풍 때문에 살던 곳을 떠나야 했던 사람들이다. 유엔에서는 2050년에는 2억 5000만 명의 기후 난민이 발생할 것으로 보고 있다.

지구 온난화로 인해 내륙 지역에서도 생활이 매우 어려워질 것이다. 특히 오늘날 1억 3500만 명의 사람들이 살고 있는 사헬 지대[사하라 사막 남쪽에 동서 방향으로 길게 분포하는 극도의 건조 지역]의 상황이 심각할 것이다. 어떤 모델에 따르면, 북극의 기후 변화 때문에 비가 북쪽으로 덜 올라오고 양도 줄어서 사헬 지대는 더욱 건조해지고 사하라 사막이 남쪽으로 더 확장될 것으로 예상된다. 그러면 경작 가능한 면적이 100만 제곱킬로미터 이상 줄어들고 조와 수수의 수확량이 급격히 감소하게 된다. 한편 출생률이 낮아지지 않는다면, 2100년 사헬 지대에는 5억 4000만에서 6억 7000만 명의 인구가 살고 있을 것이다. 그중 적어도 3억 6000만명은 식량 부족을 겪고 이 지역을 떠나려 할 것이다. 그 결과 대륙의 내륙까지 거대한 혼란에 빠지고 말 것이다.

사헬 지대에서만 적어도 3억 6000만 명의 기후 이주민이 살던 곳을 떠나 유럽으로 향할 것이다.

새로운 대량절멸이 시작되었다

이러한 변화는 해양생물에게도 극적인 결과를 가져올 것이다.

우선, 바다에 버려진 쓰레기는 수많은 생물 종의 서식지와 그들의 양분을 파괴한다. 그 결과 다양한 생물 종의 생존이 불안정해질 수밖에 없다.

한편 지구상의 얼음이 녹으면서 해양의 바닥과 표면의 온도 차이가 확대되고, 확대된 온도 차는 해저로 향하는 산소의 이동을 변화시킬 것이다. 해수의 순환은 느려질 것이다. 양분이 풍부한 해저의 물은 더 천천히 올라오고, 식물 플랑크톤의 양분 공급은 더 느려질 것이다. 그러면 정상적 순환 주기는 더 이상 안정적으로 유지될 수 없고 식물 플랑크톤의 번식 속도도 더 느려질 것이다. 이는 이미 현실이 되고 있다. 2015년 미국 항공우주국NASA에서 실시한 연구에 따르면 2010년대가 시작된 이래 식물 플랑크톤이 주로 극지방에서, 특히 북극에서 대량으로 감소했다. 2016년에 실시된 또 다른 연구는 인도양 서부에서 식물 플랑크톤의 양이 2000년 이후로 30퍼센트 감소했음을 보여주었다.

식물 플랑크톤의 감소는 대부분 아극亞極 지역, 열대 지역, 내해에 위치한 해양생물 종들의 재생 장소를 교란시킨다. 그러면 지중해의 포시도니아와 같이 생태계에 매우 중요한 해양 식물도 사라진다. 해양 식물은 1제곱미터당 매일 14리터의 산소를 발생시키며, 성게와 키조개 등 1200종 이상의 생물이 이 산소에 의존한다.

더욱이 지구 온난화로 바다가 산성화되면 (산호와 패각의 경도를 결정하는) 농축된 탄산칼슘이 줄어들고 가장 움직임이 적은 해양생물 종들, 특히 산호의 생존이 위기에 처할 것이다. 그레이트배리어리프〔오스트레일리아 북동부 해안에 위치한 세계 최대 산호초 지역〕는 1975년 이후 국제 조약에 의해 보호되고 있음에도 불구하고 산호초의 절반 이상이 이와 같은 이유로 소멸 위기에 처해 있다.

그레이트배리어리프는 3000개의 암초와 900개의 섬으로 이루어진 35만 제곱킬로미터의 해역에서 400종의 산호와 1500종의 물고기(흰 동가리, 140종의 상어와 가오리, 6종의 바다거북 포함), 4000종의 연체동물과 (해우의 일종인) 듀공 같은 수많은 여타 동물들의 서식처가 되어준다. 하지만 2016년 4월, 이곳 산호초의 93퍼센트가 백화 현상 조짐을 보이는 것으로 나타났다. 이는 수온 상승과 관련되어 있다. 이 속도대로라면 그레이트배리어리프는 2050년 이전에 사라질 것이다. 그곳에 의지해 살아가던 생물들도 모두 사라질 것이다.

그밖에도 잘 알려지지는 않았지만, 잠수함이 통신에 사용하는 음파(11.5킬로헤르츠) 또한 해양생물에게 영향을 미친다. 특히 야누스 프로젝트의 경우 북대서양조약기구의 후원 아래 바다 속에서 사용되는 음파를 암호화하고 있다.

당장에 멸종된 물고기는 없다. 하지만 15종의 해양생물이 멸종되었다. 해양생물의 소멸은 이미 현실이다. 세계자연기금wwF에 따르면 1970년에서 2012년 사이에 해양동물의 개체 수가 절반으로 줄었다고 한다. 물고기와 갑각류 600종 가운데 30퍼센트가 멸종될 처지에 놓여 있다. 사실 해양생물의 감소는 육상생물의 감소에 비해 인지하기가 어렵다. 오늘날 사람들은 육상생물이 사라지고 있고 그 속도가 엄청나게 빨라지고 있다는 것을 이미 알고 있다. 지난 한 세기 동안 200종의 척추동물이 멸종되었다. 이미 조사된 종들 가운데 32퍼센트의 개체 수가 감소하고 있다. 우리에게 친근한 치타, 사자, 원숭이도 2050년이 오기 전에 사라질 수 있다.

결국 지구 온난화는 인간 활동의 다른 측면들과 결합해, 이전에 몇 차례 닥쳐왔던 대량절멸의 조건들을 다시 만들어내고 있다. 이로써 2억 5200만 년 전에 등장했던 현생 생물 종의 90퍼센트가 사라질 수 있다.

인간이 사라져도 해양생물은 사라지지 않고 계속 존재할 것이다. 학대당한 바다는 자기 역할을 충분히 해내지 못할 것이므로 인간 또한 사라질 것이다.

우리가 사라진 뒤에 바다는…

인류가 사라진다 해도 생명은 적어도 바다 속에서 계속되어 다른 형태로 다시 등장할 것이다. 이전에 바다와 육지에서 발생했던 대량절멸이 지난 뒤에도 그러했다. 인류는 다시금 변모할 바다의 진화를 보지 못할 것이다. 현재의 소말리아와 사우디아라비아를 갈라놓은 바다는 3000만 년 전에 생성되었다. 이 바다는 100만 년에 약 20킬로미터씩 그 폭이 넓어지고 있다. 그러니 언젠가는 새로운 대양이 될 수 있을 것이다. 그리고 모든 대륙은 오늘날의 북극 주변으로 모여들 것이다. 예일대학교의 지질학자 로스 미첼Ross Mitchell이 추산한 바로는, 우선 5000만 년 뒤에 남아메리카 대륙과 북아메리카 대륙이 합쳐지고, 1억 년 뒤에는 아시아 북부가 더해져서 북극해의 소멸을 촉진할 것이다.

인류가 그것을 목격할 가능성은 거의 없다.

12

바다를 구하라

“두 번째 난파 사고에선 절대 바다를 탓하지 마라.”
푸블리우스 시루스, 《명언집》

오늘날 가장 중요한 현안은 바다인가? 싸워야 할 싸움을 하나만 골라야 한다면, 바다를 위한 싸움을 선택해야 할까? 물론 그렇다. 우리가 인류에 대한 위협과 미래에 대한 모든 약속에 관심을 기울인다면, 그 모두는 결국 바다로 귀결된다.

인류에 대한 위협 중에는 지구적 한계치 내에서 유지되어야 할 조건들이 있다. 이 한계치들은 이러저러한 방식으로 바다 자체와 바다가 겪는 폭력에 좌우된다.

1. 대기 중 이산화탄소 축적: 바다에서 흡수하는 이산화탄소의 용량에 좌우된다.
2. 대기 중 오존 비율: 해수의 산성화 정도에 좌우되며 해양의 산성도

에 관여한다.

3. 해양의 산성도: 해양의 열기에서 비롯되며 해양생물의 생존을 결정한다. 특히 산호의 건강과 어류 골격의 경도에 영향을 미친다.

4. 농업과 하수를 통해 해양에 유입된 인의 비율: 해양의 산소 감소와 해조류 증식에 관여한다.

5. 대기 및 토양 중 질소 비율: 산업 및 농업 활동에 좌우되며, 해양 식물의 생존에 필요한 산소 일부를 고갈시키는 플랑크톤의 증식을 가속화한다.

6. 음용수 이용 가능성: 해양의 균형 유지와 거기에서 비롯되는 물의 순환 주기에 전적으로 관련된다.

7. 경작 가능한 토지 이용 가능성: 본질적으로 도시화, 이용 가능한 담수, 기후, 해수면 상승과 관련된다.

8. 생물 다양성 유지: 이 문제에 있어서 바다는 매우 중요하면서도 취약하다. 오늘날 바다의 생물 다양성은 어업과 해양 쓰레기로 인해 큰 위기에 처해 있다.

이들은 모두 가깝게든 멀게든 바다에서 일어나는 일들에 연결되어 있다. 이 가운데 세 가지 조건(이산화탄소 축적, 대기 중 질소 비율, 생물 다양성 유지)과 관련해서는 인간의 삶이 불가능해질 수 있는 구역에 들어섰다. 반대로, 바다가 우리에게 약속하는 것들도 중요하다.

1. 바다는 인간이 숨 쉬고, 마시고, 먹고, 교류하는 데 필요한 모든 것을 품고 있다.

2. 바다에는 아직 전혀 개발되지 않은 온갖 종류의 광물과 에너지 자원이 풍부하다.

3. 바다는 이미 막대한 경제적 가치를 산출하고 있다. 바다의 경제적 가치는 24조 달러로 추산되며, 연간 바다에서 생산되는 재화와 용역의 가치는 2조 5000억 달러다. 이는 세계 7위의 경제 규모에 해당한다.[162]

4. 바다는 수백 년은 아니더라도 수십 년 동안 재화와 정보의 주요 운송 통로가 되어왔다.

5. 바다는 인류의 미래를 약속하는 새로운 제품의 혁신과 창조가 이루어지는 공간이다. 특히 의약품과 식료품 분야가 두드러진다.

6. 바다는 무엇보다도 자유로운 삶을 살고, 풍요로운 자연을 동경하고 탐험하며 우리가 누구인지를 이해하기 위한 이상적인 공간이다.

그러므로 우리가 누릴 풍요로운 미래의 핵심은 바다를 통해 이루어질 것이다. 하지만 우리는 또한 바다에 의해 죽게 될 수도 있을 것이다.

바다를 보호해야 한다. 행동해야 한다. 가능한 모든 층위에서.

우선은 소박하게 소비자, 여행자, 시민으로서 행동을 시작하고, 그런 다음 모든 집단적 층위, 즉 기업, 국가, 지구 차원에서 행동해야 한다. 지구를 하나의 마을로 생각하고 인류의 모든 세대와 살아 있는 모든 이들의 공동 유산으로 만들어야 하는 절박함의 정당성을 바다만큼 잘 설득할 수 있는 것도 없다. 또한 우리가 생산하고 소비하고 생활하고 서로를 조직하는 방식을 근본적으로 재고하도록 바다만큼 잘 설득할 수 있는 것도 없다.

우리는 '건설적인' 사람이 되어야 한다. 즉 우리의 삶으로 다음 세대를 위해 봉사해야 한다(이는 또한 우리 자신에게 지금 여기에서 가장 행복한 삶을 보장하는 것이기도 하다).

건설적인 개인이 바다를 위해 할 수 있는 일

개인적인 우선순위를 존중하면서도, 각자는 일상생활에서도 매 순간 자신이 장기적으로 바다에 미칠 영향을 생각하면서 행동해야 할 것이다. 자녀에게 남겨줄 것을 생각해야 한다. 바다에서 멀리 떨어져 사는 사람들도 마찬가지다. 적어도 내가 생각하기에, 이 책은 수십억의 사람들이 동시에 행하는 수십억의 행동들이 바다를 파괴할 수 있음을, 또한 바다 이전에 우리 자신을 파괴할 수 있음을 잘 보여주었다. 바다에 관한 한 이타주의자로 행세하는 것이 우리 자신에게도 엄청나게 이롭다. 바다가 우리를 잘 다루어주도록 우리가 바다를 잘 다루는 것 또한 마찬가지다. 바다는 다른 어떤 것보다도 미래 세대의 유익에 더 많이 관여한다. 바다는 미래 세대가 물려받을 유산의 한 부분을 이룬다.

물론 가장 부유하고 가장 큰 힘을 가진 이들에게 더 큰 책임이 있다. 그들에게는 행동할 수 있는 더 큰 자유가 있기 때문이다. 하지만 우리는 모두 자신이 가진 수단이 무엇이든 그것의 한계 안에서 가장 일상적인 행위 하나하나를 통해 다음과 같이 행동해야 한다.

1. 종이나 유리로 포장된 제품을 선별하여 소비한다. 더 일반적으로 말하자면, 플라스틱으로 된 봉투, 병, 컵, 칼, 포크, 빨대를 피해야 한다. 재활용 플라스틱으로 만들어진 옷도 피해야 한다. 이런 옷은 첫 빨래에 수많은 미세 플라스틱을 하수도로 흘려보낸다. 자연에 해로울 수 있는 성분으로 만들어진 제품을 소비하지 말아야 한다.

2. 어떤 종류의 쓰레기든, 쓰레기를 줄이기 위해 현명하게 소비해야 한다. 교통수단부터 시작해서, 다른 사람들과 함께 나누어 사용할 수 있는 것은 모두 그렇게 해야 한다.

3. 이산화탄소를 발생시키는 모든 소비활동을 줄여야 한다. 주택의 단열을 완벽히 하고 물과 전기 사용을 점검해야 한다. 최대한 대중교통을 이용해야 한다. 재활용할 수 있게 고안된 제품들을 사용하도록 주의를 기울여야 한다.

4. 생선을 덜 먹고, 먹더라도 제철 생선만 먹어야 한다. 가능하다면 멸종위기 생선은 먹지 말아야 한다(만새기, 성대, 아구, 농어, 고등어, 명태, 나일퍼치, 가오리, 상어, 노랑촉수, 볼락, 메기, 지중해 가자미, 참다랑어, 황다랑어, 송어, 황새치, 오렌지라피, 검정갈치, 뱀장어, 북동 대서양산 대구 및 서대서양산 대구, 자연산 붉은 새우. 특히 먹이사슬의 최상층에 있는 다랑어). 되도록이면 태평양산 대구, 갈색 새우, 스파이더크랩, 청어, 대구, 정어리, 멸치, 헤이스팅스산 가자미, 넙치를 소비해야 한다. 더 일반적으로 말하자면, 먹이사슬의 하부에 있는 물고기일수록 독소가 덜 축적되어 있다. mrgoodfish.com이나 consoglobe.com

과 같은 인터넷 사이트는 이러한 권고 사항을 계속 업데이트하고
있다.

5. 육류 소비를 줄여야 한다. 육류 소비는 이산화탄소와 메탄가스 배
   출만이 아니라 많은 양의 담수를 소비하게 하는 원인이다.

6. 비료를 적게 사용해 지역에서 생산한 제철 과일과 채소를 소비해
   야 한다.

7. 반려동물에게 생선을 너무 자주 먹이지 말아야 한다. 고양이 배변
   용 모래를 변기에 버리지 말아야 한다. 바닷물고기를 수족관에 넣
   지 말아야 하고, 수족관에 있던 물고기를 바다에 버리지 말아야
   한다.

8. 휴가철에 바다를 이용할 때는 각별히 주의해야 한다. 해변에서든
   배에서든 쓰레기를 버려서는 안 된다. 바닷물을 오염시키지 않는
   자외선 차단제를 선택해야 한다. 잠수를 하더라도 산호를 채집해
   서는 안 된다.

9. 이와 관련된 주제들이 사회단체와 정당에서 매우 심각하게 다루어
   지도록, 온갖 방법을 동원해 주변에서부터 가능한 한 폭넓은 운동
   을 벌여야 한다.

건설적인 미디어가 해야 할 일

미디어는 당연히 청중과 그들의 생존 조건에 대해 먼저 생각해야 한다.
그리고 이러한 맥락에서 장기적 문제들에 더 많은 관심을 유도할 방법

을 찾아야 한다. 그러므로 미디어는 내가 '건설적 미디어'라고 부르는 것이 되어야 한다. 건설적 미디어는 좋은 소식을 전해주어서가 아니라, 장기적 문제들에 대해 우리를 각성시키고 미래 세대에게 이로운 정보를 제공하기 때문에 건설적이다.

앞에서 살펴보았듯이, 바다를 이야기하며 우리를 각성시키는 영화와 책이 이미 많이 나와 있다. 하지만 앞으로도 더 많이 나와야 한다.

성공을 거둔 텔레비전 프로그램들이 본보기가 되어야 한다. 2001년 영국 BBC에서 방영한 데이비드 애튼버러의 〈블루 플래닛The Blue Planet〉 시리즈는 대중에게 매우 중요한 영향을 미쳤다. 이후에 역시 BBC에서 방영한 〈바다Ocean〉 시리즈는 이 책에서 살펴본 모든 주제를 8개의 에피소드로 다루었다. 프랑스에서는 조르주 페르누의 〈탈라사Thalassa〉 시리즈가 1975년부터 월간 프로그램으로 방영되다가 1980년 이후로 매주 방영되면서 바다에 관련된 모든 주제를 다루고 있다. 또한 내셔널지오그래픽과 오스트레일리아 시라이프Australia Sea Life에서도 바다에 관한 많은 프로그램을 살펴볼 수 있다. 마지막으로, 사령관 쿠스토에 관한 다큐멘터리는 전 세계의 수백만 명이 텔레비전을 통해 시청했다. 그럼에도 이 모두는 여전히 주변부에 머물러 있으며, 앞으로 더 많은 프로그램이 제작될 수 있다.

다른 형태의 경고가 존재할 수도 있을 것이다. 물론 매년 유엔이 주관하는 '세계 바다의 날'이 더욱 눈에 잘 띄도록 해야 할 것이다. 이날은 특별히 바다와 관련된 유엔의 지속 가능 발전 목표 14항('대양, 바다, 해양자원의 지속 가능한 이용과 보전')의 홍보를 겨냥한 것이다. 사실 이 목표를 실행하기 위해 2017년 6월에 열린 유엔 회의는 실질적으로 별다른 관심을 끌지 못한 채 지나가 버렸다. 더욱이 이 회의에서는 어떠한 합의도 이끌어내지 못했다.

비정부기구NGO와 민간 위원회도 유익한 역할을 해내고 있다. 퓨Pew 공익신탁에서 자금을 대고 전임 코스타리카 대통령 호세 마리아 피게레스와 전임 영국 외교부 장관 데이비드 밀리밴드가 주재하는 비정부기구 '월드오션'은 구체적인 제안들을 진척시키는 데 매우 값진 기여를 했다. 폴 왓슨 선장 역시 자신이 설립한 비정부기구 시셰퍼드 컨저베이션 소사이어티Sea Shepherd Conservation Society를 통해 매우 활발하게 활동하고 있다. 그밖에도 그린피스를 비롯해 쿠스토재단, WWF, 팔리포디오션스 Parley for the Oceans 등도 모두 해양 환경 보전을 위해 열심히 활동하고 있다.

건설적인 기업이 해야 할 일

기업은 수익성은 물론 기업이 사회와 환경에 끼치는 영향도 동시에 생각해야 한다. 다음에 이어지는 내용은 바로 이러한 맥락에서 논의되는 것이다. 특히 모든 기업은 해양 보존에 요구되는 사항들을 반드시 고려해야 한다.[233] 바다와 직접 접하며 일하는 기업들은 물론이고, 자신들은 바다에 거의 영향을 끼치지 않는다고 잘못 생각할 수 있는 기업들도 마찬가지다. 새로운 규제책이나 보완책이 등장해 기업들을 유도해주기를 기다리지 말고, 기업들이 직접 나서야 한다.

1. 조선소: 해양 환경을 충분히 고려해 선박을 건조해야 한다. 컨테이너를 제작할 때도 마찬가지다.

2. 선주: 에너지를 경제적으로 사용하고 도색으로 바다를 오염시키지 않는 선박만 이용해야 한다. 승무원과 선박 운항 관리에서도 바다에 대한 의식을 고취해야 한다. 선원의 실제 생활 조건 또한 현저하게 개선해야 한다. 선원을 정당하고 품위 있게 대우한다면, 인건비가 상승할 것이고, 그렇다면 바다는 오히려 훨씬 덜 착취당할 것이다. 이를 위해서 특별히 G20에 속한 국가들은 편의치적기를 단 선박의 항구 접근 자체를 막아야 한다.

3. 항구: 에너지를 경제적으로 사용하고, 에너지 측면에서 가장 경제적인 배에 우선권을 부여하는 디지털 경영 기술을 개발해야 한다.

4. 농식품 기업: 해산물 사용에 주의를 기울여야 한다. 유럽에서는 48개 기업이 '참치 2020' 제의를 실행에 옮겼다. 이 제의는 참치 공급망 추적을 예정하고 있다. 이들 기업은 또한 자신들의 공급망에서 불법 채취 해산물을 몰아내고, 책임 있는 방식으로 확보한 생선만을 취급하겠다고 약속했다.

5. 모든 기업: 체계적인 친환경 디자인으로, 폐기물 재활용에 필요한 조건에 맞게 제품을 구상해야 한다. 그리고 그에 상응해 모든 제품과 포장에서 플라스틱 제품의 사용을 줄여야 한다. 어떤 기업은 이미 이러한 방향으로 움직이기 시작했다. 2015년 아디다스는 팔리포디오션스와 협력 관계를 맺고, 신발과 의류, 그리고 포장에서 모든 플라스틱 제품을 줄이기로 약속했다. 하지만 그것이 다만 겉치레에 지나지 않는지 지켜볼 필요가 있다. 어떤 기업은 모든 제품을

재활용하는 척하면서 실제로는 5퍼센트의 제품만 재활용하기도 했다. 유리와 콘크리트도 마찬가지로 재활용해야 한다.

6. 수익성이 있는 플라스틱 폐기물 수거 계획을 실행해야 한다. 네덜란드의 플라스틱웨일이라는 회사는 암스테르담의 운하에서 수거한 병으로 배를 만들어서 수익을 내고자 한다. 또 다른 네덜란드 회사 보얀슬라트Boyan Slat는 오션클린업이라는 플라스틱 수거 체계를 고안했다. 기다란 파이프 같은 장치를 바다에 띄워놓으면 폐기물이 거기에 걸려들고, 이렇게 모인 폐기물을 가져다 재활용하는 것이다. 오스트레일리아의 한 서퍼가 구상한 시빈Seabin은 물 위에 떠다니는 고리에 천연섬유를 걸어서 만든 일종의 쓰레기통이다. 연결된 전기 모터가 계속 물결을 일으켜서 떠다니는 쓰레기들을 모은다. 이밖에도 바다를 누비고 다니는 선박의 도움을 받아 쓰레기를 끌어모으는 프로젝트도 있다.

7. 담수를 생산해야 한다: 바다에는 여전히 기업들이 참여해야 할 큰 시장이 있다. 이미 세계에는 1만 2000개의 담수화 공장이 존재한다. 이스라엘은 국내에서 사용하는 담수의 55퍼센트를 담수화 과정을 통해 제공하며, 또한 폐수를 다시 모아 재활용하거나 관개용수로 사용한다.[212] 담수화 과정을 통해 생산된 담수의 가격은 (2016년에 이미 1990년 가격의 3분의 1밖에 되지 않았다) 2030년에는 3분의 2 정도 줄어들 것으로 보인다. 해수에서 염분을 제거하는 두 가지 주요 기술(증류와 역삼투)은 똑같이 전망이 밝다. 두 기술 모두 태양 에너지를 사용할 것이다. 수익성이 있는 혁신을 통해 두 기술 모두 더욱 향상되었다. LG워터솔루션은 나노 여과막을 통한 역삼투 기술을 개

발해 기존 여과막을 사용할 때보다 비용을 30퍼센트 낮췄다. 텍사스대학과 마르부르크대학은 오케아노스테크놀로지와 협력해 염분 제거 공정을 최적화하는 전자 칩을 개발했다.

8. 거대한 음용수 시장은 폐수와 농업용수 한 방울까지 처리하는 기술로 완성되어야 한다. 그러한 기술의 발전을 통해 수천만 명의 농부들이, 특히 아랍-페르시아만, 마그레브, 근동 지역에서, 오늘날 물 부족에 가장 많이 영향을 받고 있는 7억 헥타르의 땅을 경작할 수 있게 될 것이다.

9. 효율적이고 건설적인 양식업을 발전시켜야 한다. 예를 들어 아부다비에서는 양식업에서 해수를 사용한 뒤, 유기 영양이 풍부해진 물을 재활용해, 특히 대체연료로 쓰일 수 있는 퉁퉁마디 같은 식물들을 기르고 경작지에 관개한다.

10. 새로운 해양 기술을 개발해야 한다. 바다는 생명공학, 해양 에너지, 해저 농업에서 나오는 새로운 생산품의 거대한 보고다. 이를테면 지중해의 포시도니아(앞서 보았듯이 두께가 15미터에 이르도록 얽혀서 자라며 뿌리 속에 탄소를 축적하는 해저 식물)를 산업용으로 개발해, 부분적으로나마 탄소 격리 문제를 해소할 수 있을 것이다.

11. 농업 분야에서 화학제품 사용을 더욱 엄격히 규제해야 한다. 또한 인간의 건강에 영향을 끼치는 모든 화학제품을 완전히 금지해야 한다.

12. 시멘트, 콘크리트, 유리 제조 시 해저면에서 채취한 모래를 대체할 수 있는 방법을 찾아내기 위해 충분한 혁신이 이루어져야 한다. 기업가라면 누구나 이들 시장에서, 인류의 미래를 위해 필요하면

서 동시에 수익성이 있는 대체재를 개발하는 데 열중해야 한다.

13. 그밖에도 더욱 혁신적인 기술 발전을 상상할 여지가 많다. 예를 들어 지구 맨틀에 포함된 물의 양과 규산염 결정 속에 묻힌 물의 양은 해수의 양보다 적어도 열 배는 더 많다.

건설적인 정부가 해야 할 일

각 나라 국민은 다음 세대의 이익을 존중하되, 특히 바다와 관련해 건설적인 방식으로 생활해야 한다. 그럼에도 바다에 관련된 사안들을 분명하게 전담하는 부처를 둔 정부는 거의 없다. 그 이유는 바다가 매우 다양한 영역과 관련된 문제이기 때문이다. 이를 다루기 위해서는 전통적으로 국방부, 내무부, 외교부, 환경부, 교육부, 교통부, 농업부 등 각 부처의 관할 업무를 재편성해야 한다. 하지만 이 모든 현안을 지구적 정치 차원에서 재편성하고, 각 나라가 자국이 처한 지리적 상황과 역사에 맞게 전략을 세우는 것이 중요하다.

1. 강과 하천이 바다를 오염시키지 않도록 삼각주 지역 전체를 (특히 플라스틱에 의한 오염을) 정화해야 한다.
2. 모든 분야에서 해양 기업의 발전을 지원해야 한다.
3. 어획량 제한을 설정해야 한다. 공해에서의 산업석 고기잡이에 대한 보조금 지급을 점차 중단해야 하며, 이로 인해 생업을 전환해야 하는 어부들에게는 보상금을 지급해야 한다. 바다와 관련된 일자

리와 수익성이 좋은 다른 활동을 어부들에게 제공해야 한다. 캐나다에서는 세인트로렌스강 하구의 대구잡이 어부들에게 어업을 중단하는 데 대한 보조금을 정당하고 효과적인 방식으로 지급했다. 어획량 제한이 강제되고 통제가 증대한 덕분에 남아프리카공화국 근해의 넙치, 대구, 가자미, 아프리카 남부의 멸치, 앙골라 근해의 정어리와 같은 종들은 이미 개체 수를 회복하고 있다.

4. 상업용 선박의 폐기물 투척에 관한 기존 법률, 특히 마폴MARPOL 협약이 제대로 준수되는지 지켜보아야 한다. 인공위성과 감시카메라 같은 신기술을 활용하고, 항구와 해안 구역에서 패턴 인식법을 사용해 해안 감시를 강화해야 한다.

5. 핵심적인 자연보전구역을 설정해 보호해야 한다. 수많은 나라에서 주도적으로 그렇게 해나가고 있다. 이탈리아에서는 아드리아해를 중심으로, 바다와 해안으로 구성된 자연보호구역인 토레구아체토 공원이 대표적이다. 필리핀과 모잠비크에도 비슷한 곳들이 있다 (모잠비크의 퀴림바스국립공원은 해양과 육지에 걸친 자연보호공원이다).

6. 이웃한 나라들이나 같은 문제를 공유한 나라들은 공동의 주도권을 가지고 행동해야 한다. 2015년 모리타니·세이셸 어업 투명성 이니셔티브FITI는 더욱 책임감 있는 어업을 촉진하고, 불법적이거나 과도한 물고기잡이에 맞서 싸우는 것을 목표로 한다. 마찬가지로 2009년에는 인도네시아, 말레이시아, 파푸아, 필리핀, 솔로몬제도, 티모르가 참여해 세계적으로 가장 다양한 생물이 살고 있는 산호초 삼각지역을 보전하고자 코랄 트라이앵글 이니셔티브CTI라는 협력체를 창설했다. 이들 해안 국가는 또한 밀렵을 근절하기로 약속

했다. 2018년에는 아프리카에서 가장 넓은 해양보호구역이 설정된다. 이 보호구역은 9개의 해양 공원과 가봉 근해의 11개 수상 보전 지구가 연결된 망으로 구성된다.

7. 플라스틱 폐기물 산출량을 줄여야 한다. 규제 정책과 재정 정책이 반드시 있어야 한다. 어떤 구체적인 이니셔티브는 이미 열매를 맺기 시작했다. 아일랜드는 2002년 플라스틱 봉투의 가격을 50퍼센트 인상하기로 결정한 뒤 2017년에 산업과 상업에서 플라스틱 봉투 사용이 91퍼센트나 줄었다. 각 나라의 정부는 다양한 대책들을 세우고 실행할 수 있을 것이다. 플라스틱 사용을 대체할 수 있는 경우, 즉 미세 플라스틱 사용과 선박 외장 도료에 플라스틱 사용을 금해야 한다. 1회용 포장이나 용기의 사용을 줄여야 한다. 고분자 화합물과 같은 화합물의 정의를 분명히 해야 한다. 플라스틱을 사용한 제품의 디자인을 최적화해 플라스틱 재활용을 용이하게 해야 한다.

8. 재활용 방식을 개선하면서, 재활용된 제품을 산업적으로 사용하는 것을 규제해야 한다. 예를 들어 플라스틱을 재활용해 섬유나 직물로 만드는 것을 규제해야 한다. 그렇게 생산된 의복은 더 많은 미세섬유를 배출하고 플라스틱이 먹이사슬에 침투하는 속도를 더욱 높이기 때문이다.

국제 공동체가 해야 할 일

1982년 자메이카 몬테고베이에서 열린 유엔 회의 이후로 바다와 관련해서 어떠한 정상급 회의도 열리지 않았다. G7이나 G20에서도, 또한 유엔총회에서도 바다에 대해 의미 있는 시간을 할애하지 않았다. 특수한 개인, 기업, 정부가 어떤 결정을 하건 지구상에서 단 하나의 국가만이라도 올바른 결정을 한다면, 나머지 다른 나라들도 올바른 결정을 할 수 있도록 격려함으로써 건설적인 사회 조건들을 효과적으로 창출할 수 있을 것이다.

하지만 아무도 그러한 결정을 하지 않는다고 해도 그건 우연한 일이 아니다. 공해상 어업에서 가장 많은 이윤을 얻고 가장 많은 폐기물을 버리고 가장 많이 자원을 낭비하는 미국, 중국, 일본 같은 나라들은 지나치게 구속적인 규정들을 효과적으로 반대하고 있다.

그럼에도 바다에 관한 진정한 정상급 회담이나, 아니면 적어도 G20 특별회담을 개최해, 유엔의 밀레니엄 개발목표MDGs를 본뜬 지속 가능한 해양 개발 계획을 정립해야 한다. 그 순서는 다음과 같이 할 수 있겠다.

1. 파리기후협약의 성공을 확고히 해야 한다. 2017년 4월 미국의 탈퇴는 협약의 실효성을 약화시켰다.
2. 더 강한 구속력을 갖는 수단으로 탄소 배출 감축에 관한 파리협약을 완성해야 한다. 특히 2020년 40달러로 책정된 탄소 거래 가격을 2030년에는 100달러로 인상해야 한다. 그래야만 국가와 기업의 실제 행동 변화가 가능해질 것이다. 그리고 생명공학에 투자하고 에

너지 전환을 강화하도록 국가와 기업에 압력을 가할 수 있을 것이다.

3. 더 일반적으로 바다와 관련해 건설적인 방식으로 행동하도록 기업을 자극할 수 있는 재정적 수단들을 채택해야 한다. 바다에 유해한 활동에 대해서는 보조금을 감축해야 한다.

4. 해양에 관한 지식을 현실에 적용해야 하는데, 특히 어린이 교육에 적용해야 한다. 바다에 관한 과학 연구를 발전시키고, 해양 관리에 관한 실천 방식들을 공유해야 한다.

5. 세계 모든 선박이 저급 연료를 사용하지 않고, 선체에 칠하는 방수 도료를 30퍼센트 줄이도록 강제해야 한다. 그리고 가능할 때는 패러글라이드로 선박을 끌어서 연료의 20퍼센트를 절약하도록 해야 한다. 또한 가능한 한 바다와 하천에서 수중익선을 사용해야 한다.

6. 2030년 이전에 적어도 전체 해안의 3분의 1에서 생물 다양성을 보전하고 관리하겠다고 약속해야 한다. 그리고 그로부터 적절한 토지법과 재산법을 연역적으로 제정해야 한다.

7. 가장 크게 위협받고 있어 멸종위기종 목록 상단에 있는 어류의 소비를 금지해야 한다.

8. 불법 포획된 물고기의 판매를 제한하기 위해 포획된 물고기의 추적 가능성을 높여야 한다.

9. 불법적인 조업과 규제되지 않는 어로 행위에 맞서 싸우기 위한 수단들을 강화해야 한다. 관련된 선적船籍 국가나 수출 국가에 의해 합법적으로 인정된 방식으로 생산된 해산물만 역내로 수입되도록 하는 유럽연합의 모델을 따라야 한다.

10. 세계적으로 수심 800미터 이상의 해저에서 어로 행위를 금지하고, 공해상 조업에 지급되는 정부 보조금을 제한하되 앞으로 5년 뒤에는 완전히 중단해야 한다.

11. 서방 선박들이 기니만의 어업 해역에 접근하지 못하도록 막아야 한다.

12. 1992년에 설치된 해양보호구역AMP을 확장해야 한다(해양보호구역은 1995년에 1300개, 2014년에는 6500개였으며, 그중 392개가 프랑스 영해에 있다. 전 세계적으로 해양의 1.6퍼센트에서 어로 행위, 채굴, 관광을 포함한 모든 유형의 개발 활동이 완전히 금지되어 있다). 리우 회의 이후 생물 다양성 협약은—이후 '아이치 목표'로 진화되었고—지구 수면의 20퍼센트를 자연보전지역으로 지정하도록 규정하고 있다. 이는 오늘날 보호되고 있는 것보다 15배가량 높은 비율이다. 2016년 9월 국제자연보전연맹IUCN은 하와이에서 열린 세계자연보전총회WCC에서 이 비율을 30퍼센트까지 끌어올리기로 결정했다. 이미 지구 수면의 10퍼센트가 효과적으로 보호되고 있다면, 이는 지구 어업 자원의 회복을 가능하게 하고, 수많은 종의 결정적인 소멸을 막고, 물의 산성화를 멈추고, 해수면 상승과 폭풍에 취약한 해안 지방을 보호하고, 지구 온난화나 바다 오염으로 위협받는 해양생물 종들을 보존할 수 있을 것이다.

13. 어업과 관련된 증빙의 책임을 반대로 뒤집어야 한다. 즉 오늘날과는 반대로 어로 행위 일반을 모두 금지하고, 명시된 구역에서만 어획을 허가해주어야 한다.

14. 국가 및 국제 회계에서 해양의 가치를 명확히 평가해야 한다.

15. 바다에 방출되는 플라스틱 폐기물을 줄여야 한다. 이를 위한 국제적인 해결책이 수없이 채택되었으나 별다른 효과가 없었다. 예를 들어 2000년과 2008년에 유럽연합에서는 두 가지 강령을 채택했고, 2015년 유럽위원회EC에서는 순환 경제 전략을 채택했다. 2015년엔 G7에서도 각국이 폐기물을 더 잘 관리하도록 압박하는 해결책을 의결했다. 2016년 5월 나이로비에서 열린 유엔 환경 총회에서는 이러한 방향으로 회원국들의 활동을 조율하기 위한 해결책을 채택했다. 이러한 해결책들이 단지 사문서가 되어서는 안 된다.

16. 바다의 이용을 줄여야 한다. 3D 기술을 사용하면 해저 케이블을 통한 정보 송신량이 늘어나면서 장기적으로 해수면의 이용이 줄고, 해저면 지하의 이용이 상당히 늘 것이다. 이에 더해 앞서 살펴보았듯이, 해로가 변경되면 태평양, 지중해, 대서양에서는 선박의 통행이 줄어들고 북극 주변에 집중될 것이다. 마지막으로 육상의 '새로운 실크로드'가 바다를 통한 운송량을 줄일 것이다. 언젠가는 중국 동부에서 런던을 잇는 철길이 적어도 제한적으로나마 바닷길을 대체할 것이기 때문이다.

17. 해저 케이블 전체를 지구의 공동 자산으로 삼는 것을 지향해야 한다.[145]

실제 권력을 행사할 수 있는
세계해양기구를 창설해야 한다

마지막으로, 이러한 결정들이 실행되기 위해서는 이를테면 세계해양기구 같은 새로운 국제기구가 창설되어야 한다. 이 기구가 실효를 발휘하기 위해서는 실제적 수단을 가지고 어업을 통제하고 불법 어획을 근절하며, 플라스틱 폐기물을 줄일 수 있어야 한다. 또한 빈곤 국가들이 주도권을 가지고 자국 영해를 보호할 수 있도록 지원해야 한다. 해양보호구역과 같이 지정된 해역과 자연보존구역을 보호하고 인류 공동의 자산인 해저 케이블을 보호할 수 있어야 한다. 이를 위해 새로운 국제기구는 다음 사항들을 갖추어야 한다.

1. 여러 국가가 보장하는 해양 보호 기금이 필요하다. 이 기금은 이른바 청색채권이라고도 하는 블루본드Blue Bonds〔해양 환경 문제 해결에 사용되는 기금을 조성하기 위한 채권 상품〕와, 어부, 유람선 관광객, 해운업자, 해저 케이블 사용자 등이 납부하는 일종의 해양 연대 세금으로 충당될 것이다.

2. 일반 해안, 배타적 경제수역, 해양보호구역, 자연보존구역, 공해를 불법 어획과 폐기물 투기·가스 배출·해적·인신매매·테러리즘으로부터 보호하기 위한 국제해양보호군이 필요하다. 앞서 말한 해양 연대 세금을 징수한다면 군대 운영에 필요한 자금을 충당할 수 있을 것이다. 이러한 군대가 실제 창설되기까지는, 애틀랜타 작전〔2008년부터 아덴만 일대의 해적을 소탕하기 위해 유럽연합을 중심으로 다수

국가의 해군이 실시해온 연합 군사작전)을 통해 페르시아만에서 효과적으로 해적에 대처했듯이 각국의 해군을 이용할 수 있을 것이다.

3. 마지막으로 극도로 효율적이고 근본적인 수단이 필요하다. 앞에 제시한 요구사항들을 존중하지 않는 나라들의 배타적 경제수역 개발을 효과적인 방법으로 금지해야 한다.

나는 이 모든 것이 매우 이상적이면서도 꼭 필요한 것임을 잘 알고 있다. 사실 모든 생명의 미래가 걸린 수많은 일이 다 그러하다.

이 모든 것은 각 개인이 스스로를 오늘날의 세계에 파견된 미래 세대의 사절이라고 여길 때라야 실현될 수 있을 것이다. 적극적이고 강력한 사절이 되어 오늘날의 세계를 향해 말할 수 없는 미래 세대를 대변해 말하고 행동해야 한다.

맺으며

이 책을 읽은 독자들이 바다를 다르게 보고, 바다를 더 잘 알고 싶은 생각이 들기를 바란다. 이제는 소비자의 태도가 아니라, 서로를 존중하고 서로에게 이끌리는 협력자의 태도로 바다를 대해야 한다. 여전히 지각 없는 약탈자로 머물러 있어서는 안 될 것이다. 미래를 향해 배를 몰고 가는 뱃사공의 자세로 바다를 존중하고, 바다에 경탄해야겠다.

바다에서 영감을 얻은 가치들을 보호할 수 있는 모두의 역량에 각자의 미래가 달려 있음을 인정해야 한다. 용기, 진취성, 자아 완성의 갈망, 삶의 덧없음에 대한 인식, 호기심, 세상에 대한 개방성, 연대성, 이타주의 등의 가치가 없이는 바다에서든 육지에서든 어떠한 인간의 삶도 가능하지 않다.

해양과 해안에 관한 현실적 전략을 실행할 줄 아는 사람들에게 각 나라 국민의 미래가 달려 있음을 깨달아야 한다. 바다를 계속해서 약탈하지 말고, 미래 세대의 가장 큰 유익을 위해 이 믿기지 않는 보물을 소중히 여기고 보호해야 한다.

　마지막으로, 바다의 희귀한 자원들을 신중하고 겸손하게 관리하는 우리의 집단적 능력에 인류의 미래가 달려 있음을 생각해야 한다. 우리는 그저 잠시 바다를 관리하는 정원사일 뿐이다. 지구 또한 우주라는 대양에 띄워진 수많은 배 가운데 하나일 뿐이다.

바다의 시간

감사의 말

수년에 걸친 많은 대화들이 이 책을 쓰는 데 큰 도움이 되었다. 나의 주요한 대화 상대가 되어준 이들은 이미 〈들어가며〉에서 언급했다. 벨랄 벤 아마라, 캉탱 부아롱, 플로리앙 도티유, 클레망 라미, 마리우스 마르탱, 로린 모로의 제안과 도움을 받아 연대를 확인하고 참고자료 목록을 작성할 수 있었다. 파야르출판사의 디안 페엘과 토마스 폰데어셰어가 출판사의 교정자들과 더불어 아주 꼼꼼하게 교정해주었다. 다비드 스트르펜은 영업 관련 업무를. 마리 라피트는 인쇄 관련 업무를 확실하게 처리해주었다. 소피 드 클로제는 초기부터 자원해서 집필 작업에 동반해주었고, 늘 적절한 지적과 조언을 제시해주었다. 물론 최종 결과물에 대한 책임은 모두 나에게 있다. 독자들이 j@attali.com으로 메일을 보내준다면 즐거운 대화를 나눌 수 있겠다.

옮긴이의 말

오늘날 바다가 문제라는 것은 누구나 알고 있다. 각종 미디어에서, 인터넷에서, 소셜네트워크에서 바다에 관한 소식들이 쏟아져 나온다. 인간이 버린 폐기물로 몸살을 앓고 있는 해양생물들의 모습은 이제 너무 익숙하다. 기후 변화로 인한 해수면 상승에 대한 두려움은 현실적인 위협으로 닥쳐오고 있다. 난바다의 작은 섬 하나를 둘러싸고 여러 나라가 촉각을 곤두세우며 다투고 있는 것도 어제오늘의 일이 아니다. 하지만 이 바다라는 광활한 공간에서 도대체 무슨 일이 벌어지고 있는지를 알고, 이 바다가 우리에게 어떤 의미를 지녔는지를 포괄적으로 이해하며, 한 걸음 더 나아가, 그래서 우리는 어떻게 해야 할 것인가를 고민하는 일은 결코 쉬운 일이 아니다. 그 쉽지 않은 일을 프랑스의 엘리트 중 엘리트인 자크 아탈리가 놀랄 만큼 명료하게 해낸 결과가 바로 이 책이다.

이 책의 지은이 자크 아탈리는 해양학을 전공한 과학자도 아니고, 오랫동안 바다에서 일해온 항해사나 어부도 아니다. 우리에게는 주로 경제학을 전공한 미래학자로 알려져 있지만, 아탈리는 그렇게 단순한 인물이 아니다. 그는 20대 말에 경제학 박사학위를 받기 전, 이미 프랑스 엘리트 교육기관인 그랑제콜 중에서도 최고로 꼽히는 학교를 무려 네 곳이나 졸업했는데, 두 곳은 이공계 학교였고, 다른 두 곳은 정경계 학교였다. 20대 말부터 프랑스 정부의 주요 요직을 거쳤을 뿐 아니라, 유럽연합을 비롯한 외교 무대에서도 크게 활약했고, 수십 권의 다양한 책을 출간했으며, 컨설팅 회사를 운영하면서 문화·예술 분야에서도 적극적으로 활동하고 있다. 이 책은 이러한 자크 아탈리가 바다라는 주제에 관심을 기울였을 때 산출된 놀라운 결과물이다.

사실 번역자에게 이런 사람의 책을 번역하는 것은 정말 고된 작업이다. 아탈리는 단지 바다에 관한 하나의 주제, 이를테면 오늘날 가장 이슈가 되고 있는 해양 오염 문제만을 골라서 집중적으로 다루는 식의 글은 쓰지 않는다. 그는 애초에 이 바다라는 것이 지구상에 어떻게 존재하게 되었는가 하는 물음에서 출발한다. 자연사적 관점에서 시작된 그의 탐구는 생물의 역사로 넘어오고, 또다시 인간의 역사로 넘어온다. 그리고 인류의 역사에서 바다가 갖는 의미를 정치, 경제, 사회, 문화 측면에서 두루 살핀 뒤 다시 한 번 전 지구적 차원에서 바다를 조망한다. 그러다 보니 그를 우리말로 옮길 때 온갖 분야의 용어와 표현을 이해하고 풀어내야 하는 어려움이 있었다. 하지만 그런 만큼, 바다에 관심을 가지고 이 책을 읽는 독자라면 바다에 대해 이야기할 수 있는 온갖 주제들을 명료하고도 깊이 있게 총망라하는 기쁨을 누릴 수 있을 것이다.

특히 아탈리는 구체적이고 정확한 근거들을 제시하고 있다는 점에서 탁월하다. 바다가 형성되는 과정이나 바다에서 생물이 진화하는 과정은 물론이고, 바다를 둘러싸고 세계 경제와 정치의 패권이 이동해온 역사나 오늘날 해양 오염이 심각해진 상황을 설명할 때에도 두루뭉술한 서술이 아니라 상세한 자료들을 제시함으로써 자신의 견해를 뒷받침한다. 또한 포괄적으로 전체를 조망하면서도 소홀하기 쉬운 세부 사항을 놓치는 법이 없고 한쪽으로 치우치지도 않는다. 이를테면 바다를 둘러싼 세계 패권의 이동 과정을 설명하면서 유럽만이 아니라 아시아의 상황도 균형 있게 다루고 있으며, 어업과 무역의 발전을 설명할 때에도 선원들의 열악한 노동환경을 지적하는 것도 잊지 않는다. 또한 정치와 경제에 관한 설명을 하면서도 기술 발전에 의한 변화 역시 충분히 논의한다. 그리고 무엇보다도, 아탈리는 지나간 역사를 논하는 데서 그치지 않고 오늘날의 위기 상황을 조목조목 지적하면서 위기를 타개할 방안까지도 매우 구체적으로 제시하고 있다. 다양한 학문을 공부한 뒤에 그저 백면서생이 되지 않고 정부와 국제기구에서 오랜 세월 실무를 추진했던 인물만이 가질 수 있는 탁월함이 아닐까 생각된다.

이미 말했듯, 이토록 탁월한 지은이가 쓴, 그리 길지는 않지만 너무나 방대하고도 세세한 글을 이해하고 풀이하는 작업은 결코 쉽지 않았다. 하지만 번역을 마치고 책의 틀을 갖춰가는 교정 원고를 받아 다시 읽어보니 내심 뿌듯하다. 바다를 알고 생각하고자 하는 독자들에게 이 책이 큰 도움이 되리라 확신한다. 옮긴이가 감탄했던 지은이의 탁월하고 예리한 통찰, 그리고 바다에 대한 다양한 정보를 많은 독자들도 누리기를 바란다.

2021년 5월 전경훈

참고자료

단행본

1. Alomar (Bruno) *et alii*, *Grandes questions européennes*, Armand Colin, 2013.

2. Asselain (Jean-Charles), *Histoire économique de la France du xviiie siècle à nos jours*, vol. 1, De l'Ancien Régime à la Première Guerre mondiale, Seuil, 1984.

3. _____, *Histoire économique de la France*, vol. 2, De 1919 à nos jours, Points, 2011.

4. Attali (Jacques), *L'Ordre cannibale*, Fayard, 1979.

5. _____, *Histoires du temps*, Fayard, 1982.

6. _____, *1492*, Fayard, 1991.

7. _____, *Chemins de sagesse*, Fayard, 1996.

8. _____, *Les Juifs, le monde et l'argent. Histoire économique du peuple juif*, Fayard, 2002.

9. _____, *Une brève histoire de l'avenir*, Fayard, 2006.

10. _____, *L'Homme nomade*, Fayard, 2003 ; LGF, 2009.

11. _____, *Dictionnaire amoureux du judaïsme*, Plon-Fayard, 2009.

12. _____, *Histoire de la modernité*, Robert Laffont, 2010.

13. _____ (dir.), *Paris et la mer. La Seine est capitale*, Fayard, 2010.

14. _____ , avec Salfati (Pierre-Henry), *Le Destin de l'Occident. Athènes,*

Jérusalem, Fayard, 2016.

15. _____, *Vivement après-demain!*, Fayard, 2016 ; Pluriel, 2017.

16. Banville (Marc de), *Le Canal de Panama. Un siècle d'histoires*, Glénat, 2014.

17. Baudelaire (Charles), *Les Fleurs du mal*, Larousse, 2011.

18. Beltran (Alain), Carré (Patrice), *La Vie électrique. Histoire et imaginaire (XVIIIᵉ-XXIᵉ siècle)*, Belin, 2016.

19. Besson (André), *La Fabuleuse Histoire du sel*, Éditions Cabédita, 1998.

20. Boccace (Jean), *Le Décaméron*, LGF, 1994.

21. Boulanger (Philippe), *Géographie militaire et géostratégie. Enjeux et crises du monde contemporain*, Armand Colin, 2015.

22. Boxer (C.R.), *The Portuguese Seaborne Empire, 1415-1825*, Hutchinson, 1969.

23. Braudel (Fernand), *La Méditerranée*, Armand Colin, 1949.

24. _____, *Civilisation matérielle, économie et capitalisme*, 3 t., Armand Colin, 1979.

25. Buchet (Christian), De Souza (Philip), Arnaud (Pascal), *La Mer dans l'Histoire. L'Antiquité*, The Boydell Press, 2017.

26. _____, Balard (Michel), *La Mer dans l'Histoire. Le Moyen Âge*, The Boydell Press, 2017.

27. _____, Le Bouëdec (Gérard), *La Mer dans l'Histoire. La Période moderne*, The Boydell Press, 2017.

28. _____, Rodger (N.A.M.), *La Mer dans l'Histoire. La Période contemporaine*, The Boydell Press, 2017.

29. Buffotot (Patrice), *La Seconde Guerre mondiale*, Armand Colin, 2014.

30. Casson (Lionel), *Les Marins de l'Antiquité. Explorateurs et combattants sur la Méditerranée d'autrefois*, Hachette, 1961.

31. Conrad (Joseph), *Nouvelles complètes*, Gallimard, 2003.

32. Corvisier (Jean-Nicolas), *Guerre et Société dans les mondes grecs (490-322 av. J.-C.)*, Armand Colin, 1999.

33. Cotterell (Arthur), *Encyclopedia of World Mythology*, Parragon, 2000.

34. Couderc (Arthur), *Histoire de l'astronomie*, PUF, 1960.

35. Courmont (Barthélemy), *Géopolitique du Japon*, Artège, 2010.

36. Cousteau (Jacques-Yves), *Le Monde des océans*, Robert Laffont, 1980.

37. Coutansais (Cyrille), *Géopolitique des océans. L'Eldorado maritime*, Ellipses, 2012.

38. Croix (Robert de La), *Histoire de la piraterie*, Ancre de marine, 2014.

39. Defoe (Daniel), *Robinson Crusoé*, LGF, 2003.

40. Duhoux (Jonathan), *La Peste noire et ses ravages. L'Europe décimée au XIVe siècle*, 50 Minutes, 2015.

41. Dumont (Delphine), *La Bataille de Marathon. Le conflit mythique qui a mis fin à la première guerre médique*, 50 Minutes, 2013.

42. Durand (Rodolphe), Vergne (Jean-Philippe), *L'Organisation pirate. Essai sur l'évolution du capitalisme*, Le Bord de l'eau, 2010.

43. Dutarte (Philippe), *Les Instruments de l'astronomie ancienne. De l'Antiquité à la Renaissance*, Vuibert, 2006.

44. Dwyer (Philip), *Citizen Emperor : Napoleon in Power (1799-1815)*, Bloomsbury, 2013.

45. Encrenaz (Thérèse), *À la recherche de l'eau dans l'Univers*, Belin, 2004.

46. Fairbank (John), Goldman (Merle), *Histoire de la Chine. Des origines à nos jours*, Tallandier, 2016.

47. Favier (Jean), *Les Grandes Découvertes. D'Alexandre à Magellan*, Fayard, 1991 ; Pluriel, 2010.

48. Fenimore Cooper (James), *Le Pilote*, G. Barba, 1877.

49. Fouchard (Gérard) *et alii*, *Du Morse à l'Internet. 150 ans de télécommunications par câbles sous-marins*, AACSM, 2006.

50. Galgani (François), Poitou (Isabelle), Colasse (Laurent), *Une mer propre, mission impossible ? 70 clés pour comprendre les déchets en mer*, Quae, 2013.

51. Gernet (Jacques), *Le Monde chinois*, vol. 1, *De l'âge de Bronze au Moyen Âge (2100 av. J.-C. -Xe siècle av. J.-C.)*, Pocket, 2006.

52. Giblin (Béatrice), *Les Conflits dans le monde. Approche géopolitique*, Armand Colin, 2011.

53. Giraudeau (Bernard), *Les Hommes à terre*, Métailié, 2004.

54. Grosser (Pierre), *Les Temps de la Guerre froide. Réflexions sur l'histoire de la Guerre froide et sur les causes de sa fin*, Complexe, 1995.

55. Haddad (Leïla), Duprat (Guillaume), *Mondes. Mythes et images de l'univers*, Seuil, 2016.

56. Hérodote et Thucydide, *OEuvres complètes*, traduction de Barguet (André) et Roussel (Denis), Gallimard, 1973.

57. Heller-Roazen (Daniel), *L'Ennemi de tous. Le pirate contre les nations*, Seuil, 2010.

58. Hemingway (Ernest), *Le Vieil Homme et la mer*, Gallimard, 2017.

59. Hislop (Alexandre), *Les Deux Babylones*, Fischbacher, 2000.

60. Homère, *Odyssée*, traduction de Bérard (Victor), LGF, 1974.

61. Hugo (Victor), *Les Travailleurs de la mer*, LGF, 2002.

62. Kersauson (Olivier de), *Promenades en bord de mer et étonnements heureux*, Le Cherche Midi, 2016.

63. Klein (Bernhard), Mackenthun (Gesa), *Sea Changes : Historicizing the Ocean*, Routledge, 2004.

64. Kolbert (Elizabeth), *The Sixth Extinction : An Unnatural History*, Bloomsbury, 2014.

65. *La Bible*, Société biblique de Genève, 2007.

66. Lançon (Bertrand), Moreau (Tiphaine), *Constantin. Un Auguste chrétien*, Armand Colin, 2012.

67. Las Casas (Emmanuel de), *Le Mémorial de Sainte-Hélène*.

68. *Les Mille et Une Nuits. Sinbad le marin*, traduction de Galland (Antoine), J'ai lu, 2003.

69. *L'Évangile selon Marc*, Cerf, 2004.

70. *Le Coran*, Albouraq, 2000.

71. Le Moing (Guy), *L'Histoire de la marine pour les nuls*, First Éditions, 2016.

72. _____, *La Bataille navale de L'Écluse (24 juin 1340)*, Economica, 2013.

73. Levinson (Marc), *The Box. L'empire du container*, Max Milo, 2011.

74. Lindow (John), *Norse Mythology : A Guide to Gods, Heroes, Rituals and Beliefs*, Oxford University Press, 2002.

75. Loizillon (Gabriel-Jean), *Philippe Bunau-Varilla, l'homme du Panama*, lulu.com, 2012.

76. Louchet (André), *Atlas des mers et océans. Conquêtes, tensions, explorations,*

Éditions Autrement, 2015 et *Les Océans. Bilan et perspectives*, Armand Colin, 2015.

77. Mack (John), *The Sea : A Cultural History*, Reaktion Books, 2013.

78. Mahan (Alfred Thayer), *The Influence of Sea Power upon History, 1660-1783*, Little, Brown and Co., 1890.

79. Manneville (Philippe) *et alii*, *Les Havrais et la mer. Le port, les transatlantiques, les bains de mer*, PTC, 2004.

80. Mark (Philip), *Resisting Napoleon : The British Response to the Threat of Invasion (1797-1815)*, Ashgate Publishing, 2006.

81. Martroye (François), *Genséric. La conquête vandale en Afrique et la destruction de l'Empire d'Occident*, Kessinger Publishing, 2010.

82. Meinesz (Alexandre), *Comment la vie a commencé*, Belin, 2017.

83. Melville (Herman), *Moby Dick*, Gallimard, 1996.

84. Michel (Francisque), *Les Voyages merveilleux de saint Brendan à la recherche du paradis terrestre. Légende en vers du Xe siècle, publié d'après le manuscrit du Musée britannique*, A. Claudin, 1878.

85. Mollo (Pierre), Noury (Anne), *Le Manuel du plancton*, C.L. Mayer, 2013.

86. Monaque (Rémi), *Une histoire de la marine de guerre française*, Perrin, 2016.

87. Noirsain (Serge), *La Confédération sudiste (1861-1865). Mythes et réalités*, Economica, 2006.

88. Orsenna (Erik), *Petit précis de mondialisation*, vol. 2, *L'Avenir de l'eau*, Fayard, 2008.

89. Paine (Lincoln), *The Sea and Civilization : A Maritime History of the World*, Vintage, 2015.

90. Parry (J.H.), *The Spanish Seaborne Empire*, Hutchinson, 1973.

91. Petit (Maxime), *Les Sièges célèbres de l'Antiquité, du Moyen Âge et des Temps modernes* (éd. 1881), Hachette-BNF, 2012.

92. Picq (Pascal), *Au commencement était l'Homme. De Toumaï à Cro-Magnon*, Odile Jacob, 2003.

93. Piquet (Caroline), *Histoire du canal de Suez*, Perrin, 2009.

94. Poe (Edgar Allan), *Aventures d'Arthur Gordon Pym*, traduction de Baudelaire (Charles), Lévy Frères, 1868.

95. Pons (Anne), *Lapérouse*, Gallimard, 2010.

96. Pryor (John), Jeffreys (Elizabeth), *The Age of the Dromön : The Byzantine Navy ca 500-1204*, Brill, 2006.

97. Quenet (Philippe), *Les Échanges du nord de la Mésopotamie avec ses voisins proche-orientaux au IIIe millénaire (3100-2300 av. J.-C.)*, Turnhout, 2008.

98. Raban (Jonathan), *The Oxford Book of the Sea*, Oxford University Press, 1992.

99. Raisson (Virginie), 2038, *les futurs du monde*, Robert Laffont, 2016.

100. Régnier (Philippe), *Singapour et son environnement régional. Étude d'une cité-État au sein du monde malais*, PUF, 2014.

101. Ross (Jennifer), Steadman (Sharon), *Ancient Complex Societies*, Routledge, 2017.

102. Rouvière (Jean-Marc), *Brèves méditations sur la création du monde*, L'Harmattan, 2006.

103. Royer (Pierre), *Géopolitique des mers et des océans. Qui tient la mer tient le monde*, PUF, 2014.

104. Shakespeare (William), *La Tempête*, Flammarion, 1991.

105. Slive (Seymour), *Dutch Painting, 1600-1800*, Yale University Press, 1995.

106. Sobecki (Sebastian), *The Sea and Englishness in the Middle Ages : Maritime Narratives, Identity & Culture*, Brewer, 2011.

107. Souyri (Pierre-Francois), *Histoire du Japon médiéval. Le monde à l'envers*, Perrin, 2013.

108. Stavridis (James), *Sea Power : The History and Geopolitics of the World's Oceans*, Penguin Press, 2017.

109. Stevenson (Robert-Louis), *L'Île au trésor*, LGF, 1973.

110. Stow (Dorrik), *Encyclopedia of the Oceans*, Oxford University Press, 2004.

111. Strachey (William), *True Reportory of the Wreck and Redemption of Sir Thomas Gates, Knight, upon and from the Islands of the Bermudas. A Voyage to Virginia in 1609*, Charlottesville, 1965.

112. Sue (Eugène), *Kernok le pirate*, Oskar Editions, 2007.

113. _____, *La Salamandre*, C. Gosselin, 1845.

114. Suk (Kyoon Kim), *Maritime Disputes in Northeast Asia : Regional Challenges and Cooperation*, Brill, 2017.

115. Testot (Laurent), Norel (Philippe), *Une histoire du monde global*, Sciences humaines Éditions, 2013.

116. Thomas (Hugh), *La Traite des Noirs. Histoire du commerce d'esclaves transatlantique (1440-1870)*, Robert Laffont, 2006.

117. Traven (B.), *Le Vaisseau des morts*, traduction de Valencia (Michèle), La Découverte, [1926] 2004.

118. Tremml-Werner (Birgit), *Spain, China, and Japan in Manila (1571-1644) : Local Comparisons and Global Connections*, Amsterdam University Press, 2015.

119. Verge-Franceschi (Michel), *Dictionnaire d'histoire maritime*, Robert Laffont, 2002.

120. Willis (Sam), *The Struggle for Sea Power : A Naval History of American Independence*, Atlantic Books, 2015.

연구 논문

121. Fahad Al-Nasser, « La défense d'Ormuz », *Outre-Terre*, vol. 25-26, 2, 2010, p. 389-392.

122. Maurice Aymard, Jean-Claude Hocquet, « Le sel et la fortune de Venise », *Annales. Économies, Sociétés, Civilisations*, 38ᵉ année, 2, 1983, p. 414-417.

123. J. Bidez, P. Jouguet, « L'impérialisme macédonien et l'hellénisation de l'Orient », *Revue belge de philologie et d'histoire*, tome 7, fasc. 1, 1928, p. 217-219.

124. Jean-Noel Biraben, « Le point sur l'histoire de la population du Japon », *Population*, 48ᵉ année, 2, 1993, p. 443-472.

125. L. Bopp, L. Legendre, P. Monfray, « La pompe à carbone va-t-elle se gripper ? », *La Recherche*, 2002, p. 48-50.

126. Dominique Boullier, « Internet est maritime. Les enjeux des câbles sous-marins », *Revue internationale et stratégique*, vol. 95, 3, 2014, p. 149-158.

127. Patrick Boureille, « L'outil naval français et la sortie de la guerre froide (1985-1994) », *Revue historique des armées*, 2006, p. 46-61.

128. L.W. Brigham, « Thinking about the Arctic's Future : Scenarios for 2040 », *The Futurist*, 41(5), 2007, p. 27-34

129. Georges Coedes, « Les États hindouisés d'Indochine et d'Indonésie », *Revue d'histoire des colonies*, tome 35, 123-124, 1948, p. 308.

130. M.-Y. Daire, « Le sel à l'âge du fer. Réflexions sur la production et les enjeux économiques », *Revue archéologique de l'Ouest*, 16, 1999, p. 195-207.

131. Robert Deschaux, « Merveilleux et fantastique dans le Haut Livre du Graal : Perlesvaus », *Cahiers de civilisation médiévale*, 26ᵉ année, 104, 1983, p. 335-340.

132. Jean Dufourcq, « La France et la mer. Approche stratégique du rôle de la Marine nationale », *Hérodote*, vol. 163, 4, 2016, p. 167-174.

133. Hugues Eudeline, « Terrorisme maritime et piraterie d'aujourd'hui. Les risques d'une collusion contre-nature », *EchoGéo*, 10, 2009.

134. _____ , « Le terrorisme maritime, une nouvelle forme de guerre », *Outre-Terre*, 25-26, 2010, p. 83-99.

135. Paul Gille, « Les navires à rames de l'Antiquité, trières grecques et liburnes romaines », *Journal des savants*, 1965, vol. 1, 1, p. 36-72.

136. Jacqueline Goy, « La mer dans l'Odyssée », *Gaia : revue interdisciplinaire sur la Grèce archaïque*, 7, 2003, p. 225-231.

137. Léon Gozlan, « De la littérature maritime », *Revue des Deux Mondes*, Période initiale, tome 5, 1832, p. 46-80.

138. Vincent Herbert, Jean-Rene Vanney, « Le détroit de Malacca : une entité géographique identifiée par ses caractères naturels », *Outre-Terre*, 25-26, 2010, p. 235-247.

139. P.D. Hughes, J.C. Woodward, « Timing of glaciation in the Mediterranean mountains during the last cold stage », *Journal of Quaternary Science*, vol. 23, 2008, p. 575-588.

140. Isabelle Landry-Deron, « La Chine des Ming et de Matteo Ricci (1552-1610) », *Revue de l'histoire des religions*, 1, 2016, p. 144-146.

141. Frédéric Lasserre, « Vers l'ouverture d'un passage du Nord-Ouest stratégique? Entre les Etats-Unis et le Canada », *Outre-Terre*, vol. 25-26, 2, 2010, p. 437-452.

142. Jean Luccioni, « Platon et la mer », *Revue des études anciennes*, tome 61, 1-2, 1959, p. 15-47.

143. Jean Margueron, « Jean-Louis Huot, *Les Sumériens, entre le Tigre et l'Euphrate*, collection des Néréides », *Syria*, tome 71, 3-4, 1994, p. 463-466.

144. Jean-Sebastien Mora, « La mer malade de l'aquaculture », *Manière de voir*, vol. 144, 12, 2015, p. 34.

145. Camille Morel, « Les câbles sous-marins : un bien commun mondial? », *Études*, 3, 2017, p. 19-28.

146. Amit Moshe, « Le Pirée dans l'histoire d'Athènes à l'époque classique », *Bulletin de l'Association Guillaume Budé : Lettres d'humanité*, 20, 1961, p. 464-474.

147. A.H.J. Prins, « Maritime art in an Islamic context : oculos and therion in Lamu ships », *The Mariner's Mirror*, 56, 1970, p. 327-339.

148. Jean-Luc Racine, « La nouvelle géopolitique indienne de la mer : de l'océan Indien à l'Indo-acifique », *Hérodote*, vol. 163, 4, 2016, p. 101-129.

149. Jacques Schwartz, « L'Empire romain, l'Égypte et le commerce oriental », *Annales. Économies, Sociétés, Civilisations*, 15ᵉ année, 1, 1960, p. 18-44.

150. L. Shuicheng, L. Olivier, « L'archéologie de l'industrie du sel en Chine », *Antiquités nationales*, 40, 2009, p. 261-278.

151. Marc Tarrats, « Les grandes aires marines protégées des Marquises et des Australes : enjeu géopolitique », *Hérodote*, vol. 163, 4, 2016, p. 193-208.

152. Gail Whiteman, Chris Hope, Peter Wadhams, « Climate science : vast costs of Arctic change », *Nature*, 499, 2013, p. 403-404.

보고서

153. Centre d'étude stratégique de la marine, US Navy, « Quelle puissance navale au XXIᵉ siècle? », 2015.

154. Centre d'analyse stratégique, « Rapport Énergie 2050 », 2012.

155. CNUCED, « Étude sur les transports maritimes », 2011.

156. _____, « Étude sur les transports maritimes », 2014.

157. _____, « Étude sur les transports maritimes », 2015.

158. Conseil économique, social et environnemental, « Les ports et le territoire : à quand le déclic ? », 2013.

159. IUCN, « Explaining ocean warming : Causes, scale, effects and conse-

quences », 2016.

160. Michel Le Scouarnec, « Écologie, développement et mobilité durables (pêche et agriculture) », 2016.

161. Ministère de l'Écologie, du Développement durable et de l'Énergie, « La plaisance en quelques chiffres : du 1er septembre 2015 au 31 août 2016 », 2016.

162. OCDE, « L'économie de la mer en 2030 », 2017.

163. _____, « Statistiques de l'OCDE sur les échanges internationaux de services », 2016.

164. Organisation des Nations unies pour l'alimentation et l'agriculture (FAO), « La situation mondiale de la pêche et de l'aquaculture », 2016.

165. Organisation mondiale des douanes, « Commerce illicite », 2013.

166. US Energy Information Administration, « World Energy Out-look 2016 », 2016.

167. WWF, Global Change Institute, Boston Consulting Group, « Raviver l'économie des océans », 2015.

168. Yann Alix, « Les corridors de transport », 2012.

169. BCE, « The international role of the euro », juillet 2017.

회의 자료

170. ONU, *Nos océans, notre futur*, 5-9 juin 2017, New York.

인터넷 자료

171. http://www.aires-marines.fr

172. « La vie des Babyloniens » : http://antique.mrugala.net/Meso-potamie/Vie%20quotidienne%20a%20Babylone.htm

173. « Esclavage moderne? Les conditions de vie effroyables des équipages des navires de croisière » : http://www.atlantico.fr/decryptage/conditions-vie-eff royables-equipages-navires-croisiere-453357.html

174. http://www.banquemondiale.org/

175. « 10 great battleship and war-at-sea films » : http://www.bfi.org.uk/news-opinion/news-bfi/lists/10-great-battle-sea-films

176. « Concurrencés par la Chine, les chantiers navals sud-coreensaffrontent la crise » : http://www.capital.fr/a-la-une/actualites/concurrences-par-la-chine-les-chantiers-navals-sud-coreens-affrontent-la-crise-1128356

177. « Les enjeux politiques autour des frontières maritimes » : http://ceriscope.sciences-po.fr/content/part2/les-enjeux-politiques-autour-des-frontieres-maritimes?page=2

178. « Eau potable, le dessalement de l'eau de mer » : http://www.cnrs.fr/cw/dossiers/doseau/decouv/potable/dessalEau.html

179. « L'explosion cambrienne » : http://www.cnrs.fr/cw/dossiers/dosevol/decouv/articles/chap2/vannier.html

180. « Découverte de l'existence d'une vie complexe et pluricellulairedatant de plus de deux milliards d'années » : http://www2.cnrs.fr/presse/communique/1928.htm

181. « La tectonique des plaques » : http://www.cnrs.fr/cnrsimages/sciencesdelaterreaulycee/contenu/dyn_int1-1.htm

182. « L'eau sur les autres planètes » : http://www.cnrs.fr/cw/dossiers/doseau/decouv/univers/eauPlan.html

183. « Le Pacifique : un océan stratégique » : http://www.colsbleus.fr/articles/1321

184. https://cousteaudivers.wordpress.com

185. « Opération Atalante » : http://www.defense.gouv.fr/marine/enjeux/l-europe-navale/operation-atalante

186. « Our Oceans, Seas and Coasts » : http://ec.europa.eu/environment/marine/good-environmental-status/descriptor-10/pdf/ MSFD%20Measures%20to%20Combat%20Marine%20Litter.pdf

187. « Shark fin soup alters an ecosystem » : http://edition.cnn.com/2008/WORLD/asiapcf/12/10/pip.shark.finning/index.html

188. « Le Parlement interdit la pêche en eaux profondes audelàde 800 mètres dans l'Atlantique Nord-Est » : http://www.europarl.europa.eu/news/fr/news-room/20161208IPR55152/peche-en-eaux-profondes-limitee-a-800m-de-profondeur-dansl'atlantique-ord-st

189. « Affaires maritimes et pêche » : https://europa.eu/europeanunion/topics/

maritime-affairs-fisheries_fr

190. « COP 21 : les réfugiés climatiques, éternels "oubliés dudroit" ? » : http://www.europe1.fr/societe/les-refugies-climatiques-eternels-oublies-du-droit-2628513

191. « Nouvelles routes de la soie : le projet titanesque de laChine qui inquiète l'Europe » : http://www.europe1.fr/international/nouvelles-routes-de-la-soie-le-projet-titanesque-de-la-chinequi-inquiete-leurope-3332300

192. http://www.fao.org/home/fr/

193. http://fisheriestransparency.org/fr/

194. http://www.futura-sciences.com/

195. « Océans : le phytoplancton gravement en péril » : http://www.futura-sciences.com/planete/actualites/oceanographie-oceans-phytoplancton-gravement-peril-24616/

196. « Taxon Lazare » : http://www.futura-sciences.com/planete/definitions/paleontologie-taxon-lazare-8654/

197. « Télécommunication. Un lien planétaire : les câblessous-marins » : https://www.franceculture.fr/emissions/lesenjeux-internationaux/telecommunications-un-lien-planetaire-lescables-sous-marins

198. « Commerce international. L'évolution des grandes routesmaritimes mondiales » : https://www.franceculture.fr/emissions/les-enjeux-internationaux/commerce-international-levolution-desgrandes-routes-maritimes

199. « L'explosion de la diversité » : http://www2.ggl.ulaval.ca/personnel/bourque/s4/explosion.biodiversite.html

200. « Les Aborigènes d'Australie, premiers à quitter le berceauafricain » : http://www.hominides.com/html/actualites/aborigenes-australie-premiers-a-quitter-berceau-africain-0498.php

201. http://www.inrap.fr/

202. « Cycle océanique de l'azote face aux changements climatiques » : http://www.insu.cnrs.fr/node/4418

203. https://www.insee.fr/fr/accueil

204. « Le plancton arctique » : http://www.jeanlouisetienne.com/poleairship/images/encyclo/imprimer/20.htm

바다의 시간

205. « Début de reprise pour les 100 premiers ports mondiaux » : http://www. lantenne.com/Debut-de-reprise-pour-les-100-premiers-ports-mondiaux_ a36257.html

206. http://www.larousse.fr/dictionnaires/francais

207. « Google et Facebook vont construire un câble sous-maringéant à travers le Pacifique » : http://www.lefigaro.fr/secteur/high-tech/2016/10/14/32001-201 61014ARTFIG00197-google-etfacebook-vont-construire-un-cable-sous-marin -geant-a-travers-lepacifique.php

208. « Les zones mortes se multiplient dans les océans » : http://www.lemonde. fr/planete/article/2016/12/05/les-zones-mortes-semultiplient-dans-les-oceans _5043712_3244.html

209. « Préserver les stocks de poisson pour renforcer la résilienceclimatique sur les côtes africaines » : http://lemonde.fr/afrique/article/2016/11/08/preserver-les -stocks-de-poisson-pour-renforcerla-resilience-climatique-sur-les-cotes-afric aines_5027521_3212.html

210. « La ciguatera, maladie des mers chaudes » : http://lemonde.fr/planete/ article/2012/08/18/la-ciguatera-maladie-des-mers-chaudes_1747370_3244. html

211. « Nouveau record en voile : Francis Joyon et son équipagebouclent le tour du monde en 40 jours » : http://lemonde.fr/voile/article/2017/01/26/voile-fra ncis-joyon-et-son-equipage-signent-unrecord-absolu-du-tour-du-monde-en -40-jours_5069278_1616887.html

212. « Le dessalement, recette miracle au stress hydrique enIsraël » : lemonde.fr/ planete/article/2015/07/29/en-israel-70-del-eau-consommee-vient-de-la-mer _4702964_3244.html

213. « Ces "guerres de l'eau" qui nous menacent » : https://www.lesechos. fr/30/08/2016/LesEchos/22265-031-ECH_ces-guerresde-l-eau-qui-nous-mena cent.htm

214. « Bientôt 250 millions de "réfugiés climatiques" dans lemonde ? » : http:// www.lexpress.fr/actualite/societe/environnement/bientot-250-millions-de-ref ugies-climatiques-dans-lemonde_1717951.html

215. https://mission-blue.org

216. http://musee-marine.fr/

217. http://www.nationalgeographic.fr/

218. « Japan's Kamikaze winds, the stuff of legend, may have beenreal » : http://nationalgeographic.com/news/2014/11/141104-kami-kaze-kublai-khan-winds-typhoon-japan-invasion/

219. « This may be the oldest known sign of life on earth » : http://news.nationalgeographic.com/2017/03/oldest-life-earthiron-fossils-canada-vents-science/

220. « All about sea ice » : https://nsidc.org/cryosphere/seaice/characteristics/formation.html

221. « Russian ships near data cables are too close for U.S.comfort » : https://www.nytimes.com/2015/10/26/world/europe/russian-presence-near-undersea-cables-concerns-us.html

222. « The global conveyor belt » : http://oceanservice.noaa.gov/education/tutorial_currents/05conveyor2.html

223. http://www.onml.fr

224. « L'observation des océans polaires durant et après l'annéepolaire internationale » : https://public.wmo.int/fr/ressources/bulletin/l'observation-es-ceans-olaires-urant-t-pres-'annee-olaire-nternationale

225. « The great Greenland meltdown » : http://www.sciencemag.org/news/2017/02/great-greenland-meltdown?utm_cam-paign=news_daily_2017-02-23&et_rid=17045543&et_cid=1182175

226. « Embarquez sur les cargos du futur » : http://sites.arte.tv/futuremag/fr/embarquez-sur-les-cargos-du-futur-futuremag

227. « Poem of the week : *The Rime of the Ancient Mariner* by Samuel Taylor Coleridge » : https://www.theguardian.com/books/booksblog/2009/oct/26/rime-ancient-mariner

228. « California's farmers need water. Is desalination the answer ? » : http://time.com/7357/california-drought-debate-over-desalination/

229. http://un.org/fr/

230. http://unesco.org/

231. http://unhcr.org/fr/

232. « Sous-marins (repères chronologiques) » : http://www.universalis.fr/encyclopedie/sous-marins-reperes-chronologiques/

233. « Reviving the oceans economy : The case for action - 2015 » : https://www.worldwildlife.org/publications/reviving-theoceans-economy-the-case-for-action-2015

234. https://www.worldwildlife.org/

235. « Seawater » : https://wikipedia.org/wiki/Seawater

236. « Water cycle » : https://wikipedia.org/wiki/Water_cycle

237. « Sea in culture » : https://wikipedia.org/wiki/Sea_in_culture

238. « Undersea Internet Cables Are Surprisingly Vulnerable » : https://www.wired.com/2015/10/undersea-cable-maps/

영상 자료

239. Georges Méliès, *Vingt Mille Lieues sous les mers*, 1907.

240. Jean Grémillon, *Remorques*, 1941.

241. Walter Forde, *Atlantic Ferry*, 1941.

242. Charles Frend, *La Mer cruelle*, 1952.

243. Jacques-Yves Cousteau et Louis Malle, *Le Monde du silence*, 1956.

244. Alfred Hitchcock, *Life Boat*, 1944.

245. Michael Powell, *La Bataille du Rio de la Plata*, 1956.

246. Steven Spielberg, *Les Dents de la mer*, 1987.

247. Luc Besson, *Le Grand Bleu*, 1988.

248. John McTiernan, *À la poursuite d'Octobre Rouge*, 1990.

249. James Cameron, *Titanic*, 1997.

250. Peter Weir, *Master and Commander*, 2003.

251. Jacques Perrin et Jacques Cluzaud, *Océans*, 2010.

252. Paul Greengrass, *Capitaine Phillips*, 2013.

253. Jérôme Salle, *L'Odyssée*, 2016.

도판 출처

그림과 지도는 필리프 파레르Philippe Paraire가 제작했으며, 각각의 출처는 다음과 같다. 다만 한국어판 96쪽의 '14세기 한자동맹의 주요 도시와 교역로' 지도는 조홍식의 《문명의 그물》(책과함께, 2018)에서 가져왔다.

26쪽 지구와 생명의 연대기 : Neekoo, « L'histoire de la Terre et de la vie », http://www.hominides.com/html/chronologie/chronoterre.php

30쪽 대륙 판 : U.S. Geological Survey, Historical Perspective, https://pubs.usgs.gov/gip/dynamic/slabs.html

33쪽 이산화탄소의 전이 : Ocean & Climate Platform, « Pompe à carbone physique », http://www.ocean-climate.org/?page_id=2020 (2016).

36쪽 열염 순환 : Rapport du GIEC, La Circulation thermohaline, http://www.bien-etre-et-ecologie.com/images/circulation_thermohaline.jpg (2001).

96쪽 14세기 한자동맹의 주요 도시와 교역로 : 조홍식, 《문명의 그물》, 책과함께, 2018.

189쪽 바다의 수역에 관한 국제법 : Wikipédia, « Zonecontiguë », https://fr.wikipedia.org/wiki/Zone_contigu%C3%AB

229쪽 새로운 실크로드 : Le Dessous des cartes, http://ddc.arte.tv/nos-cartes/vers-une-nouvelle-route-de-la-soie (janvier 2015).

230쪽 전 세계 해로 : Les Affaires, « De nouvelles routes via le pôle Nord », http://www.lesaffaires.com/secteurs-d-activite/transport/de-nouvelles-routes-via-le-pole-nord/590450 (2016).

231쪽 북서 항로 : Wikimédia Commons, « L'archipel canadien et le passage du Nord-Ouest », https://fr.wikipedia.org/wiki/Passage_du_Nord-Ouest

257쪽 북극해의 경계들 : Wikipédia, « Revendications territoriales en Arctique », https://fr.wikipedia.org/wiki/Revendications_territoriales_en_Arctique#/media/File:Boundaries_in_the_Arctic_-_map-fr.svg

263쪽 물의 분포 : Ocean & Climate Platform, « Le cycle de l'eau » : http://www.ocean-climate.org/?page_id=2021 (2015).

273쪽 해양의 산성화 : UK Ocean Acidification Research Program, Ocean Acidification, http://www.oceanacidification.org.uk/

찾아보기

바다의 시간

바다에서 이루어진 역사적 순간들,
바다가 결정지을 우리의 미래

1판 1쇄 2021년 6월 24일
1판 3쇄 2023년 7월 26일

지은이 | 자크 아탈리
옮긴이 | 전경훈

펴낸이 | 류종필
편집 | 이정우, 이은진, 권준
경영지원 | 김유리
표지 디자인 | 박미정
본문 디자인 | 박애영

펴낸곳 | (주) 도서출판 책과함께
　　　　주소 (04022) 서울시 마포구 동교로 70 소와소빌딩 2층
　　　　전화 (02) 335-1982
　　　　팩스 (02) 335-1316
　　　　전자우편 prpub@daum.net
　　　　블로그 blog.naver.com/prpub
　　　　등록 2003년 4월 3일 제2003-000392호

ISBN 979-11-91432-09-1　03900